Hoffmann-Eberle / Moreau / Schäfer • BONJOUR, COLLÈGUE

BONJOUR, COLLÈGUE

Französischunterricht
bei der Polizei

Von

Maria Hoffmann-Eberle

Jacques Moreau

Stephanie Schäfer

VERLAG DEUTSCHE POLIZEILITERATUR GMBH
Buchvertrieb

Die Deutsche Bibliothek – CIP-Einheitsaufnahme

Hoffmann-Eberle, Maria:
Bonjour, collègue : Französischunterricht bei der Polizei / von Maria
Hoffmann-Eberle ; Jacques Moreau ; Stephanie Schäfer. - 1. Aufl. -
Hilden/Rhld. : Verl. Dt. Polizeiliteratur, 1999
ISBN 3-8011-0392-7

Der Inhalt dieses Werkes wurde auf
chlorfrei gebleichtem Papier gedruckt.

© VERLAG DEUTSCHE POLIZEILITERATUR GMBH Buchvertrieb; Hilden/Rhld. 1999
Alle Rechte vorbehalten
Satz: VDP GMBH Buchvertrieb, Hilden/Rhld.
Zeichnungen: Oliver de Werth, Düsseldorf
Druck und Bindung: Theissen Druck, Monheim/Rhld.
Printed in Germany
ISBN 3-8011-0392-7

Vorwort

„BONJOUR, COLLÈGUE" ist ein Lehrwerk für den Französischunterricht bei der Polizei. Es richtet sich an Polizeibeamtinnen und Polizeibeamte, die für den täglichen Umgang mit französischen Bürgern auf der Straße sprachlich besser vorbereitet sein wollen. Die verschiedenen Einheiten mit ihren berufsspezifischen Situationen sollen ihnen helfen, berufliche Aufgaben, bei denen die französische Sprache erforderlich ist, besser zu bewältigen.

Die langjährige Berufserfahrung des Autorenteams im Sprachunterricht an den Polizeischulen der grenznahen Bundesländer ermöglichte eine praxisnahe Gestaltung der Inhalte. Darüberhinaus wurde auf eine sinnvolle Progression, sowohl im lexikalischen wie auch im grammatischen Bereich geachtet.

Das Lehrwerk setzt geringe Kenntnisse der französischen Sprache voraus und eignet sich sowohl zum Sprachunterricht im Klassenverband der Aus- und Fortbildung, wie auch zum Selbststudium.

Eine Besonderheit stellen die kurzen Dossiers über die französische Police Nationale, die Gendarmerie Nationale und über das französische Rechtssystem dar. Die hier vermittelten Kenntnisse erleichtern das Verständnis für die französische Polizeiarbeit.

Unser Dank gilt den zahlreichen Polizeibeamtinnen und Polizeibeamten unserer Sprachkurse, die durch Anregungen aller Art zur Gestaltung dieses Lehrbuches beigetragen haben.

Den Vertretern und Mitwirkenden der *Légion de Gendarmerie* in Metz, der *Compagnie de Gendarmerie* in Forbach, bzw. der *Délégation Régionale au Recrutement et à la Formation de la Police Nationale* in Metz, sowie Herrn Untersuchungsrichter Stephanus vom *Tribunal de Grande Instance* in Sarreguemines danken wir für die fachliche Beratung und praktische Unterstützung bei der Entstehung der Unités 12, 13 und 14. Auch all denen, die Texte und Bildmaterial zur Verfügung gestellt haben, sei hier gedankt.

Nicht zuletzt gilt unser besonderer Dank Frau Lassine und Herrn Zimmermann vom VERLAG DEUTSCHE POLIZEILITERATUR GMBH Buchvertrieb für ihr Verständnis, ihre Geduld und ihre Unterstützung bei der Umsetzung der Autorenwünsche.

Das Autorenteam																		März 1999

Inhaltsverzeichnis

Abbildungs-, Text- und Quellennachweise

Textnachweise:

„© **Michelin et la route**" Straßenatlas, 1. Ausgabe 1998 (Gen-Nr.: 9807351): Seite 44, 56, 60, 69

„**Constat amiable d'accident automobile**": Seite 47

„**Dernières Nouvelles d'Alsace**": Seite 53

„**La conduite sur Autoroute**" – 1995: Seite 68, 70

„**Revue de la presse**": Seite 86

„**Ecoute**": Seite 94

Informationsbroschüre „**A propos de la drogue ...**" vom Innenministerium Baden-Württemberg: Seite 110, 111, 112

Informationsbroschüre „**La drogue, le jeu mortel avec la vie**" vom Innenministerium Baden-Württemberg: Seite 116

„**Informationsbroschüre**" O. R. P. C. vom Innenministerium Baden-Württemberg: Seite 117

„**LKA Saar Report**" 1997: Seite 123, 138

„**GendInfo**"

– Nr. 192, Mai 1997 „Retrouvez Nadine" nach Artikel „Retrouvez Célia": Seite 130

– Nr. 193, Juni 1997, Comic vom Zeichner: B. Decastro: Seite 132

Informationsbroschüre „**Gendarmerie Nationale**": Seite 161

Weitere Quellen:

– **Frankreich**, Beck'sche Reihe, H. J. Tümmers, 1991

– **Procédure pénale**, Carl Heymanns Verlag KG, Köln, Berlin Bonn, München 1985

– **Instruction Civique**, 98-98, Bernard Lescot, Jean Sinou, Paris 1998

– **Wörterbuch der Rechts- u. Wirtschaftssprache** (Dictionnaire juridique et économique), Doucet/Fleck

– **Le système judiciaire et l'organisation des forces de police en France**, Ministère de l'Intérieur, DGPN, Clermont-Ferrand, 1995

Abbildungsnachweise:

Freiburg – Offizieller Stadtführer – Stadtplan: Seite 11

Zeichnungen vom **Herrn Oliver de Werth**: Seite 12, 13, 21, 22, 25, 32, 33, 35, 38, 43, 44, 56, 65, 66, 79, 94, 97, 98, 104, 107, 177

Fotos von **Frau Stephanie Schäfer**: Seite 24, 77, 86, 100, 134, 158, 159, 164

Foto von **Herrn Bernd Maurer**: Seite 78

Fotos vom **Landeskriminalamt Saarbrücken**, Archiv: Seite 84, 89, 95, 101, 102, 127, 130

Fotos von **Herrn Hans-Jürgen Feller**: Seite 91

Foto von **KRIMFO GmbH Kriminal- und Fototechnik**: Seite 96

Fotos von **Herrn Guy Becam**/SIRP: Seite 110, 167 (2)

Fotos aus der Informationsbroschüre „**La drogue, le jeu mortel avec la vie**" vom Innenministerium Baden-Württemberg: Seite 111, 112

Fotos aus der Informationsbroschüre „**Rauschgift, ohne mich**" vom Innenministerium Baden-Württemberg: Seite 115

„**Prospekt der Deutschen Bundesbank, Service de presse et Direction de l'information**", Frankfurt am Main: Seite 140

Fotos aus der Broschüre „**Gendarmerie nationale – Une force humaine**": Seite 160, 161

Foto von **Herrn Jérôme Martin**: Seite 168

Expliquer un itinéraire   Unité 1

1.1   Connaissez-vous Fribourg?

 Regardez le plan et faites des phrases.

Ex.: Dans le centre ville de Fribourg, il y a .... C'est le numéro .... sur le plan.
Le Augustinerkloster est rue „Grünwälderstraße"/ est sur la place „Augustinerplatz".

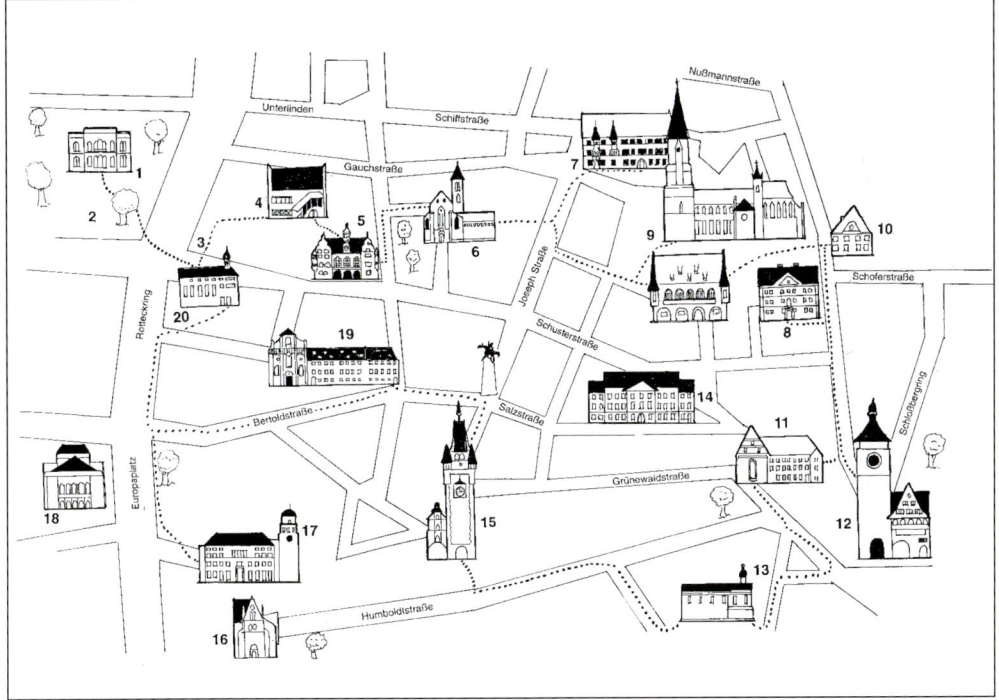

Colombischlößle (1)	Museum für Stadtgeschichte (8)	Martinstor (15)
Colombipark (2)	Münster Unserer Lieben Frau (9)	Alte Universitätsbibliothek (16)
Freiburg-Information (3)	Konvikt u. Konviktskirche (10)	Peterhof (17)
Gerichtslaube (4)	Augustinerkloster (11)	Stadttheater (18)
Altes und Neues Rathaus (5)	Schwabentor (12)	Alte Universität (19)
Ehem. Franziskanerkloster (6)	Adelhauser Neukloster (13)	St. Ursula Kirche (20)
Regierungspräsidium (7)	Palais Sickingen (14)	

1.2 Präpositionen und Adverbien zu Ortsangaben und Richtungen

ici	hier
là-bas	dort
à gauche de	links von
à droite de	rechts von
sur votre gauche / droite	auf Ihrer linken / rechten Seite
à côté de	neben
près de	in der Nähe von
jusqu'à	bis
devant (räumlich)	vor
derrière	hinter
avant l'église (hier räumlich)	*etwa:* bevor Sie zur Kirche kommen
zeitlich: avant cette date	*vor diesem Datum*
après 200 mètres (hier räumlich)	*etwa:* nachdem Sie 200 Meter gefahren sind
zeitlich: après l'année 1997	*nach dem Jahre 1997*
au bout de	am Ende des /der
en face de	gegenüber von
dans	in
en dehors de	außerhalb von
au milieu de	inmitten von
entre	zwischen
à	in, an, zu, nach
de	von

Merke:
Zur Benutzung von 'à' und 'de', auch in Verbindung mit anderen Präpositionen (z.B. *jusqu'à*):

Je vais ...	Je viens ...
à Paris.	de Paris.
à la poste.	de la poste.
à l'école.	de l'école.
au parking.	du parking.
aux spectacles.	des spectacles.

Regardez encore une fois le plan de la ville de Fribourg et complétez les phrases.

1. Le Kaufhaus est .... du Münster (neben).
2. La zone piétonne est .... le Schloßbergring et le Rotteckring (zwischen).
3. L'office de tourisme est .... du Schwarzes Kloster (neben), ... de la Gerichtslaube (in der Nähe von).
4. Le Historisches Kaufhaus est ....du Münster (rechts von).
5. La Martinstor est .... la Niemensstraße (am Ende der).
6. Le Bertoldsbrunnen est .... zone piétonne (mitten in).
7. L'hôtel de ville est .... Rathausplatz (links von).
8. La Gerichtslaube est .... hôtel de ville (gegenüber von).
9. Regardez Madame, le théâtre est .... (links von Ihnen).
10. Le Bertoldsbrunnen? Allez .... Martinstor (bis), c'est .... (dort).

1.3   Demandez encore une fois.

Vous êtes ici **X**
– Que cherchez-vous? La poste?
Allez dans cette direction et laissez la première rue à gauche,
continuez tout droit jusqu'au parc,
traversez le parc,
à l'autre bout du parc allez 200 mètres jusqu'au croisement et tournez à gauche,
puis tout droit jusqu'au feu et encore une fois à gauche,
puis la prochaine rue à droite,
puis la prochaine rue à gauche,
montez jusqu'au feu,
tournez à droite,
puis prenez la deuxième rue à gauche,
continuez jusqu'au rond-point,
traversez le rond-point.
Puis... .

+ Puis?

– Puis vous tombez sur le bureau de la poste.
Ou ... demandez encore une fois à une autre personne.

1.4   Konjugation von Verben

1.4.1   Präsens der Verben auf -er

Ausnahme:

montrer	**s'arrêter**	**aller**
je montre	je m'arrête (me)	je vais
tu montres	tu t'arrêtes (te)	tu vas
il/elle montre	il/elle s'arrête (se)	il/elle va
nous montrons	nous nous arrêtons	nous allons
vous montrez	vous vous arrêtez	vous allez
ils/elles montrent	ils/elles s'arrêtent (se)	ils/elles vont

Vor Vokalen wird je apostrophiert: z. B. *j'aime*

1.4.2   Wichtige unregelmäßige Verben im Präsens

avoir	**être**	**faire**	**prendre**
j'ai	je suis	je fais	je prends
tu as	tu es	tu fais	tu prends
il/elle a	il/elle est	il/elle fait	il/elle prend
nous avons	nous sommes	nous faisons	nous prenons
vous avez	vous êtes	vous faites	vous prenez
ils/elles ont	ils/elles sont	ils/elles font	ils/elles prennent

   Complétez.

1. Vous .... une voiture? Oui, ma voiture .... là-bas (avoir, être).
2. Il y .... des travaux. La route .... barrée (avoir, être).
3. Vous .... la première rue à gauche (prendre).
4. Nous .... devant la gare (se trouver).
5. Je .... l'autoroute à la première sortie (quitter).
6. Le chemin .... indiqué (être).
7. Ils .... un restaurant (avoir). Il .... à côté de la gare (être).
8. M. et Mme Leroux .... devant la voiture (s'arrêter).
9. Je (J') .... une maison en France (avoir).
10. Regardez la carte. Vous .... au centre ville (se trouver).
11. Nous .... à Paris toute la semaine (être).
12. Vous .... un voyage (faire)?
13. Je .... la carte (regarder). Nous .... ici (être).
14. Donc, pour .... la gare, je.............. la prochaine rue à droite (trouver, prendre).
15. Vous .... au centre ville (aller)? Alors, vous .... dans la mauvaise direction (être).

1.5 Der Imperativ

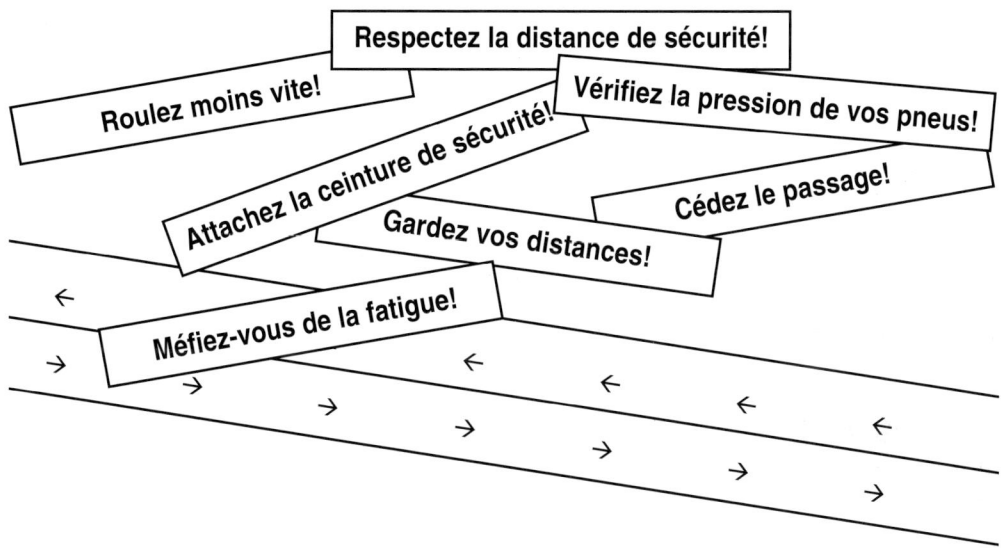

Montrer (Zeigen)

Montre. (Zeige.)
Montrons. (Laßt uns zeigen.)
Montrez. (Zeigen Sie. Zeigt.)

S'arrêter (Stehenbleiben)

Arrête-toi. (Bleib stehen.)
Arrêtons-nous. (Laßt uns stehenbleiben.)
Arrêtez-vous. (Bleiben Sie stehen. Bleibt stehen.)

Der Imperativ steht grundätzlich ohne Personalpronomen.
Der Imperativ der 2. Pers. Sg. (*du*) wird gebildet mit der 1. Pers. Sg. Präsens des Verbes.
Unregelmäßige Imperative: *sois, soyons, soyez (être),*
                                        va, allons, allez (aller)

Im Singular steht als Reflexivpronomen das betonte **toi**.

  Formez des phrases à l'impératif.

Ex.: Tournez à droite.

aller   la place
tourner   sur cette route
traverser   sur le parking
rester   à droite
continuer   tout droit
stationner   jusqu'au feu

1.6   Expressions utiles

Sie wollen nach dem Weg fragen.

„Pour aller à ... ?"   (Um nach ... zu gehen?)

„Pardon, je cherche ..."   (Entschuldigen Sie, ich suche ...)

„Pouvez-vous m'expliquer le   (Können Sie mir den Weg nach ... erklären?)
chemin pour aller à ... ?"

Sie wollen jemandem helfen, den Weg zu finden.

„Que cherchez-vous exactement?"   (Was genau suchen Sie?)

„Avez-vous un plan de la ville?"   (Haben Sie einen Stadtplan?)

Retournez jusqu'au rond-point.   ....
Faites demi-tour ici.   ....

Allez	tout droit	jusqu'à la gare.	....
Continuez	environ deux cents mètres	après l'église.	....
Marchez	dans cette direction.		

Prenez	la première rue à gauche.		....
	la deuxième rue à droite.		....
	l'autoroute.		....
	la file de droite.		....

Traversez	la grande place.		....
	le croisement.		....
			....

| Passez | le pont. | | .... |
| | la frontière. | | .... |

| Le commissariat de police est | sur votre droite. | .... |
| Le musée est | sur votre gauche. | .... |

| Longez | les grands immeubles. | .... |
| Contournez | le commissariat de police. | .... |

| Restez sur | la file de gauche. | .... |
| | l'autoroute. | .... |

1.7   Das Demonstrativpronomen

	Maskulin	**Feminin**
Singular	ce village	cette voiture
	cet hôtel	
Plural	ces villages, ces hôtels	ces voitures

 Trouvez la forme correcte.

Ex.: la gare – cette gare
le signe; le croisement; la direction; le chantier; les routes; le panneau; la ville; les plans;
l'hôtel; les fabriques; le magasin; la boulangerie.

1.8   On peut vous aider?

Pendant la foire internationale, beaucoup de Français viennent à Saarebruck.
Un îlotier patrouille dans la zone piétonne et donne des renseignements.

Ilotier: Un magasin pour acheter des jouets? Continuez dans cette rue jusqu'au croisement,
tournez à gauche et après environ 200 mètres, il y a un grand magasin.

Ilotier: Une banque? En face de ce bâtiment, Madame.

Visiteur: Excusez-moi, je cherche la gare.
Ilotier: La gare? Suivez cette rue pendant 400 mètres et vous êtes devant la gare.
Visiteur: Merci beaucoup.
Ilotier: De rien.

Visiteur: Pardon, Monsieur, l'entrée de l'autoroute, c'est dans quelle direction?
Ilotier: L'autoroute? Où allez-vous? Il y a l'autoroute pour Paris et l'autoroute pour Mann-
heim.
Visiteur: Ah, oui, naturellement! Nous voulons aller à Paris.
Ilotier: Continuez jusqu'au deuxième feu. Là, tournez à gauche. Après 300 mètres, vous
arrivez à un rond-point. A partir de ce rond-point, c'est indiqué. Suivez les panneaux.
Visiteur: Donc, je vais tout droit jusqu'au feu ...
Ilotier: Jusqu'au deuxième feu, Monsieur!
Visiteur: Oui, jusqu'au deuxième feu, là, je tourne à gauche. Ensuite, je vais tout droit jusqu'au
rond-point. Et après?
Ilotier: Vous suivez les panneaux, Monsieur. C'est facile à trouver.

Visiteur: Merci beaucoup, Monsieur, au revoir.

Ilotier: A votre service. Au revoir.

Visiteur: Monsieur, je cherche ma voiture. Elle est sur un parking. Mais je ne trouve plus ce parking. J'ai perdu l'orientation.

Ilotier: Monsieur, parlez lentement, s.v.p. Je ne parle pas très bien le français.

Visiteur: Je ne trouve plus mon parking.

Ilotier: Ce n'est pas vraiment un problème. Il n'y a pas beaucoup de parkings à Saarebruck. C'est un grand parking?

Visiteur: Oui, Monsieur, c'est un grand parking. Et pas loin du parking, il y a une église et un château. Je ne sais plus le nom de la rue.

Ilotier: Ah, oui, maintenant c'est clair. Continuez sur cette rue jusqu'au magasin Karstadt, tournez à droite avant le Karstadt et passez le pont. Sur l'autre côté du pont, vous voyez le château et le parking est à côté du château.

Visiteur: Merci beaucoup, Monsieur.

1.9   Verneinung

Votre plan de la ville n'est plus actuel, Monsieur.

La poste **n'est pas** dans la Hochstraße, elle est dans la Talstraße.
Le cinéma **ne se trouve plus** devant le parc, il se trouve à côté de l'église.
Nous n'avons qu'une seule banque, **il n'y a pas** de Crédit Agricole ici.
Ne prenez pas cette direction, il y a un chantier là-bas.

Das konjugierte Verb wird von den Verneinungspartikeln umschlossen,
vor Vokalen wird *ne* apostrophiert: *Il n'est pas là.*

Im Präsens steht das Reflexivpronomen innerhalb der Verneinungspartikel:
Il ne se trompe pas.

In der gesprochenen Sprache wird *ne* oft weggelassen.
ne ... pas (nicht); ne ... que (nur); ne ... seulement (nur); ne ... plus (nicht mehr).

  Mettez les phrases à la forme négative.

Ex.: La route est barrée (ne ... plus). La route n'est plus barrée.

1. Il prend la voiture (ne ... pas).
2. Nous prenons le train (ne ... que).
3. Le bus s'arrête ici (ne ... plus).
4. Vous voyez le panneau (ne ... pas).
5. Tournez à gauche (ne ... pas).
6. Il rêve de l'Amérique (ne ... que).
7. Le chemin est indiqué (ne ... pas).
8. Le magasin est ouvert (ne ... plus).
9. Stationnez ici (ne ... pas), c'est interdit.
10. Traversez à côté du passage pour piétons (ne ... plus).

1.10 Fragen

a) Fragen ohne Fragewort

Vous allez à Paris?

Allez-vous à Paris?

Est-ce que vous allez à Paris?

M. Hulot va à Paris?

—————

Est-ce que M. Hulot va à Paris?

b) Fragen mit Fragewort

Vous allez où?[1]

Où allez-vous?

Où est-ce que vous allez?

M. Hulot va où?[1]

Où va M. Hulot?[2]

M. Hulot, où va-t-il?

Où est-ce que M. Hulot va?

Die wichtigsten Fragewörter:

où – wo; quand – wann; comment – wie; que – was, betont oft: Qu'est-ce que;
pourquoi – warum ...
(qui – wer, qui – wen, vgl. 2.4)

 Posez des questions suivant l'exemple.

Ex.: Il travaille **à Paris**.
     Où travaille-t-il?

1. Il prend l'autoroute **parce qu'il y a un chantier en ville.**
2. Vous quittez l'autoroute **à la première sortie.**
3. Je vois **un grand panneau** là-bas. (...vous?)
4. Elle trouve la ville **jolie.**
5. Vous rentrez **après le concert.**
6. Il respecte **la distance de sécurité.**
7. Cette voiture roule **bien.**
8. Le conducteur s'arrête **devant un policier.**
9. Je cherche **l'autoroute pour Paris.** (...vous?)
10. Tu viens **ce soir.**

Die Frage mit quel

	Maskulin	**Feminin**
Singular	quel chemin	quelle autoroute
Plural	quels villages	quelles villes

---

[1] umgangssprachlich
[2] Die Inversionsfrage mit Fragewort, wie in diesem Beispielsatz, ist möglich, wenn das Subjekt aus einem Namen oder einem Substantiv besteht.
   Ausnahme: *pourquoi.*

1.11 Les autoroutes

L'autoroute A6 traverse Saarebruck. En plus, il y a un accès d'autoroute en direction de Neunkirchen, un accès en direction de Trèves et on peut rejoindre l'autoroute pour Paris. Dans la ville de Saarebruck, il y a plusieurs accès et sorties d'autoroutes.

Ex.: Depuis la gare, vous pouvez joindre l'autoroute pour Luxembourg par l'accès de l'autoroute n° 15 – c'est par la Westspange – ou par l'accès de l'autoroute n°16.
Pour aller à Francfort, prenez l'autoroute en direction de Kaiserslautern.
L'autoroute pour Paris? Prenez l'autoroute en direction de Kaiserslautern et changez d'autoroute à l'échangeur d'autoroute par la sortie n°22.

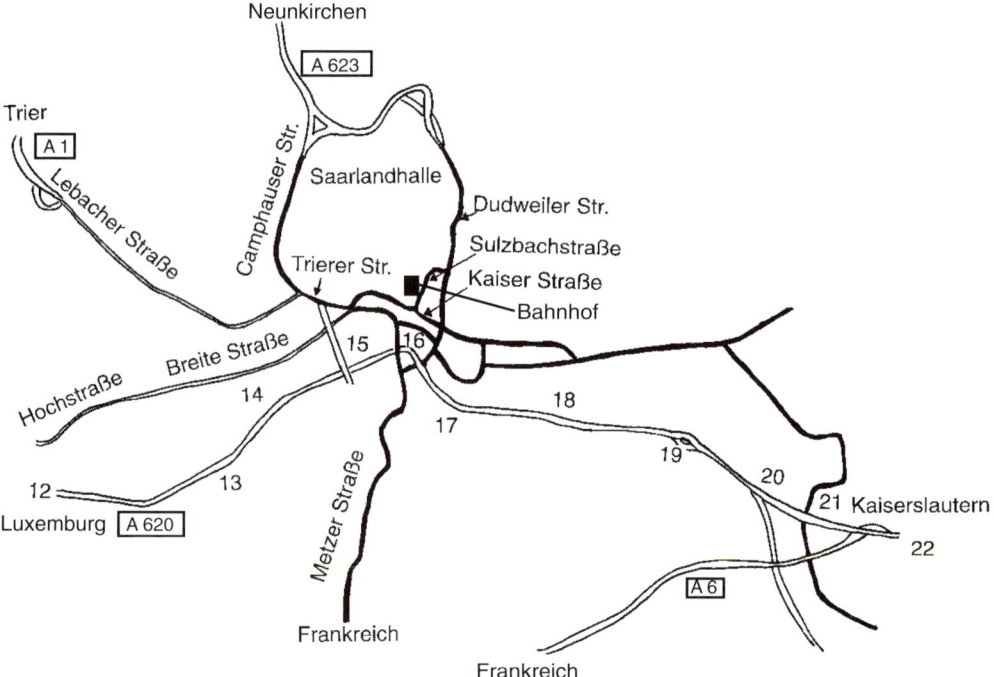

Vous venez de Kaiserslautern. Quelle sortie prenez-vous pour aller à la Saarland-halle? **Décrivez le chemin à la Saarlandhalle depuis la sortie de l'autoroute.**

Vous êtes dans la Sulzbachstraße. On vous demande le chemin pour Paris. **Expliquez.**

Les autoroutes de France

Dites quelles autoroutes vous prenez
* de Mulhouse à Lyon,
* de Toulouse à Poitiers,
* de Paris à Bordeaux,
* de Fréjus à Paris,
* de Saarebruck à Clermont-Ferrand.

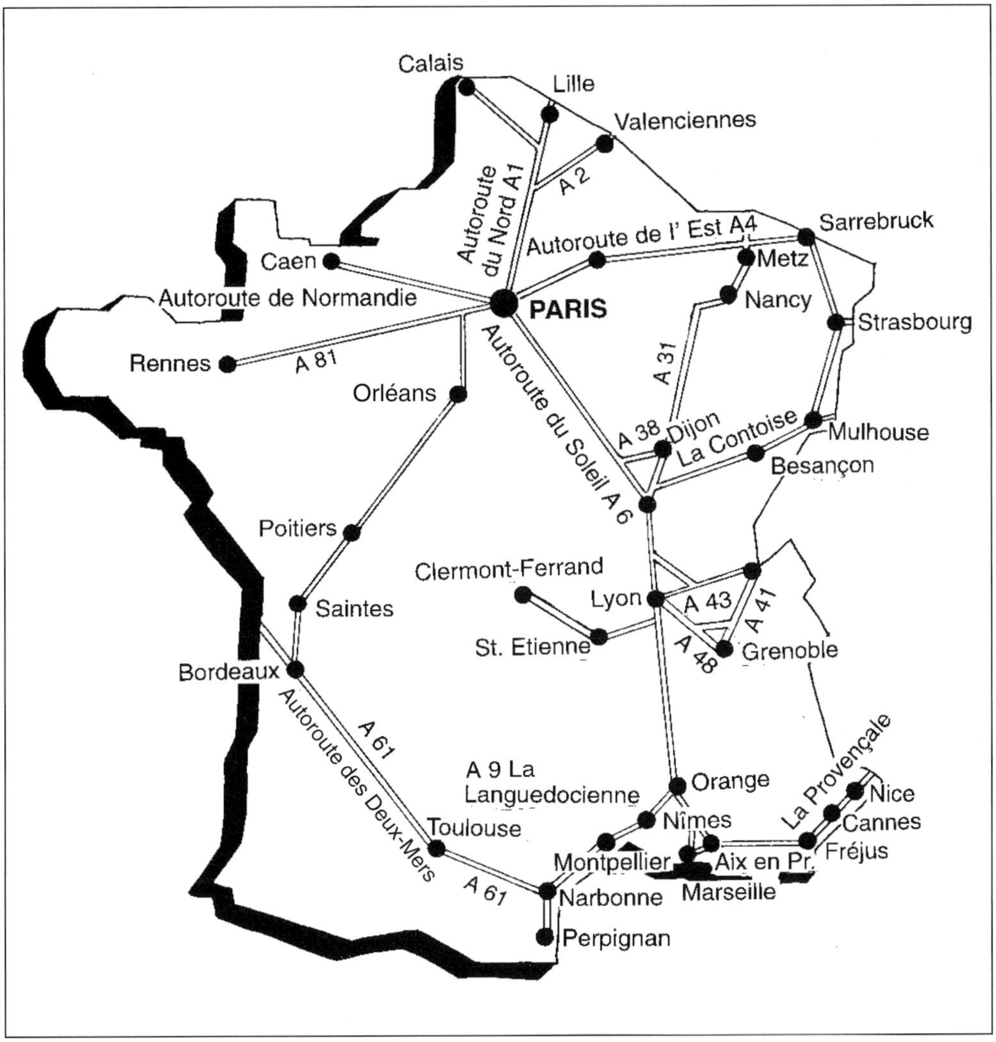

1.12 La déviation

Une voiture d'immatriculation française roule en direction d'un chantier. Un policier fait un signe au conducteur de la voiture.

La voiture s'arrête.

Policier: Bonjour, Monsieur. Je suis de la police de la route. Je regrette, mais vous roulez en direction d'un chantier. La route est barrée.

Conducteur: Mais je prends toujours cette route.

Policier: C'est possible. Mais maintenant, il y a des travaux. Vous devez prendre une déviation. Que cherchez-vous?

Conducteur: Je veux aller à l'usine Peugeot, Monsieur.

Policier: Avez-vous un plan de la ville?

Conducteur: Non, Monsieur.

Policier: Alors, faites demi-tour et allez jusqu'au premier croisement.
Vous voyez le grand camion là-bas?

Conducteur: Oui, je le vois.

Policier: Là, vous prenez l'autoroute pour Mannheim jusqu'à la deuxième sortie. Après, le chemin est indiqué.

Conducteur: Donc, je retourne et je vais jusqu'au premier croisement. Je prends l'autoroute en direction de Mannheim et je quitte cette autoroute à la deuxième sortie.

Policier: C'est exact. Et ensuite, vous suivez les panneaux pour Sarreguemines. C'est la bonne direction.

Conducteur: Merci beaucoup. Au revoir, Monsieur.

Policier: Au revoir. Et bonne route.

 Traduisez.

in Richtung einer Baustelle fahren; eine Straße sperren; eine andere Straße nehmen; einen Stadtplan haben; umkehren und bis zur Kreuzung fahren; die Autobahn verlassen; an der zweiten Abfahrt; den Schildern folgen.

 Etablissez, à l'aide du vocabulaire de l'unité 1, le champ sémantique.

aller:

rouler, passer, ...

la rue:

la route, la place, ...

1.13 Modale Hilfsverben

vouloir	**pouvoir**	**devoir**	**savoir**
wollen	*können, in der Lage sein*	*müssen*	*können, wissen*

je veux	je peux	je dois	je sais
tu veux	tu peux	tu dois	tu sais
il veut	il peut	il doit	il sait
nous voulons	nous pouvons	nous devons	nous savons
vous voulez	vous pouvez	vous devez	vous savez
ils veulent	ils peuvent	ils doivent	ils savent

je voudrais	*Pourriez-vous ...?*	verneint:
ich möchte	Könnten Sie...?	nicht dürfen
	Puis-je ... ?	
	Kann ich ... ?	

Verneinung:
Vous ne pouvez pas monter ici.
Vous ne devez pas tourner à gauche.

Frageform:
Puis-je prendre cette route?
Ne pouvez-vous pas prendre le train?

 Répondez suivant l'exemple.

Ex.:   Vous pouvez prendre le train?
        Oui, je peux prendre le train. Non, je ne peux pas prendre le train.

1. Vous pouvez partir maintenant?
2. Vous voulez visiter Paris?
3. Vous savez conduire une motocyclette?
4. Vous pouvez voir le panneau?
5. Vous voulez chercher un restaurant?

 Traduisez.

1. Wir wollen nach Paris fahren. Wir können nicht den Zug nehmen.
2. Kannst du kommen?
3. Er will nach Frankreich fahren. Aber er kann nicht französisch reden.
4. Sie können ein Taxi nehmen. *(Anrede)*
5. Ihr dürft nicht per Autostop fahren *(faire de l' auto-stop)*.
6. Können Sie das Schild sehen?
7. Sie dürfen nicht hier entlang *(par là)* fahren. *(Anrede)*
8. Sie müssen der Umleitung folgen. *(Anrede)*
9. Sie wollen die Autobahn nehmen. *(Anrede)*
10. Ich kann den Weg nicht finden.
11. Ich will nicht zu Fuß gehen.

12. Sie dürfen diese Straße nicht benutzen. *(Anrede)*
13. Kann ich hier parken?
14. Sie müssen in diese Richtung fahren. *(Anrede)*
15. Ich will nicht hier parken.
16. Ich kann meinen Stadtplan nicht finden.
17. Wohin wollen Sie fahren?
18. Wann wollen Sie dort sein?
19. Warum wollen Sie nicht die Autobahn nehmen?
20. Welche Autobahn wollen Sie nehmen?

1.14 Prenez donc le bus

Dans la banlieue de Sarrebruck, un conducteur français, Monsieur Michel, s'adresse à un policier allemand. Il cherche le centre ville pour faire des achats avec sa femme. C'est jeudi après-midi et la circulation est très dense.
Le policier conseille au conducteur de prendre le bus.

M. Michel: Excusez-moi, Monsieur, c'est la bonne direction pour aller au centre ville?

Policier: Oui, Monsieur, vous êtes sur la bonne route. Mais aujourd'hui, vous trouverez difficilement un parking. Par contre, nous avons un excellent système de 'Transports Publics'. Le prochain arrêt d'autobus n'est pas loin d'ici.

M. Michel: D'accord, mais on veut faire des courses et c'est plus facile en voiture.

Policier: Mais seulement, si vous trouvez un parking avec le monde qu'il y a. En plus, il y a des travaux dans la ville.

M. Michel: D'accord, Monsieur, où est l'arrêt de l'autobus?

Policier: Pas loin d'ici. Vous suivez cette rue jusqu'au prochain croisement. Là, vous tournez à gauche et vous continuez ensuite jusqu'à un grand bâtiment jaune, l'ancien Arbeitsamt. Vous pouvez laisser la voiture au parking à côté de ce bâtiment. Vous avez l'arrêt d'autobus juste en face.

M. Michel: Je vous remercie, Monsieur.

Policier: De rien, au revoir, Monsieur.

 Questions de compréhension.

1. Qu'est-ce que M. Michel cherche?
2. Que doit-il faire pour trouver l'arrêt de l'autobus?

   Formulez des phrases avec „Il doit ...“

1.15 La bretelle de l'autoroute

Tous les employés de la SNCF font la grève. Les
usagers des trains doivent venir en voiture.
Un jeune ouvrier, Philippe Lenoir, qui prend habi-
tuellement le train pour venir de Forbach à Neunkirchen, s'est trompé de chemin. Il s'est perdu à
Saarebruck et il cherche maintenant la bretelle de
l'autoroute.
Heureusement, il rencontre un policier qui parle
bien français.

M. Lenoir:	Excusez-moi, Monsieur. Pouvez-vous m'aider?
Policier:	Bonjour, Monsieur. Que puis-je faire pour vous?

M. Lenoir: Je me suis trompé de chemin. Je cherche l'autoroute pour aller à Neunkirchen. Et
je suis un peu pressé, car je suis déjà en retard.

Policier: L'autoroute pour Neunkirchen, rien n'est plus simple: suivez cette rue jusqu'à la
prochaine bifurcation. C'est à 200 mètres d'ici. Là, vous tournez à droite et puis
vous continuez tout droit. Vous longez l'hôtel de ville. Après 300 mètres environ,
vous arrivez à un pont. On le voit déjà de loin. Et juste après ce pont, vous tournez
à gauche pour prendre la bretelle de l'autoroute. Faites attention de prendre la
bonne entrée, car vous pouvez rejoindre l'autoroute dans les deux directions.
Prenez la file de gauche.

M. Lenoir: Et quelle direction dois-je prendre?

Policier: Prenez la direction de Mannheim. Pour la direction de Mannheim, vous devez
tourner à gauche.

M. Lenoir: Alors, je répète: je continue sur cette rue jusqu'à la prochaine bifurcation. Puis, je
tourne à droite, je longe l'hôtel de ville, j'arrive à un pont et là, je trouve la bretelle
de l'autoroute. Et je vais en direction de Mannheim.

Policier: Oui, c'est exact.

M. Lenoir: Combien de temps me faut-il pour arriver à Neunkirchen?

Policier: Il vous faut une demi-heure environ.

M. Lenoir: Je vous remercie, Monsieur.

Policier: Bonne route.

M. Lenoir: Merci, au revoir.

 Traduisez.

1. Bleiben Sie auf dieser Straße bis zur nächsten Abzweigung!
2. Biegen Sie nach rechts ab und fahren Sie am Rathaus vorbei!
3. Biegen Sie hinter der Brücke nach links ab!
4. Benutzen Sie die linke Spur!
5. Sie können von der Brücke aus auf die Autobahn fahren.
6. Sie brauchen ungefähr eine halbe Stunde.

Unité 2	Relever l'identité d'une personne

2.1   L'audition d'un témoin

Dieter a des ennuis. Hier soir, au supermarché, on lui a volé son porte-monnaie avec tout son argent et ses papiers. Le lendemain, Dieter se rend au commissariat de police pour déposer plainte.

Arrivé au commissariat, Dieter demande au policier de permanence à qui il faut s'adresser.

Policier: Vous allez au premier étage, au bureau n°23, c'est le capitaine Arnaud qui s'occupe des vols.

Dieter: Je vous remercie, Monsieur.

Dieter monte au premier étage, frappe à la porte du bureau n°23 et entre.

Cap. Arnaud: Bonjour, Monsieur. Que puis-je faire pour vous?

Dieter: Bonjour Monsieur. J'ai un problème. On m'a volé mon porte-monnaie avec mon argent et mes papiers.

Cap. Arnaud: Ça s'est passé où?

Dieter: Au supermarché Carrefour, j'étais en train de faire mes courses quand un jeune homme m'a bousculé et je suis tombé par terre. Lorsque je me suis relevé, je l'ai vu s'enfuir avec mon porte-monnaie à la main. J'ai couru derrière lui, mais il a réussi à disparaître dans la foule.

Cap. Arnaud: Pouvez-vous décrire le voleur?

Dieter: Il avait environ 20 ans. Il était grand, il mesurait au moins 1,90 m. Il portait des cheveux longs. Il était blond et avait une cicatrice sur la joue gauche. Il portait un jean et un blouson en cuir noir.

Cap. Arnaud: Avez-vous remarqué encore autre chose?

Dieter: Oui, il portait des bottines.

Cap. Arnaud: Est-ce qu'il y a des témoins?

Dieter: Oui, il y a un monsieur qui m'a donné son nom et son adresse. Les voilà!

Cap. Arnaud: Qu'est-ce qu'il y avait dans votre porte-monnaie?

Dieter: Ma carte d'identité, ma carte de crédit et environ 300 francs.

Cap. Arnaud: Votre porte-monnaie était de quelle couleur?

Dieter: Noir.

Cap. Arnaud: J'ai besoin de quelques renseignements pour remplir la déclaration de vol. Tout d'abord quel est votre nom?

Dieter: Flaig.

Cap. Arnaud: Pouvez-vous l'épeler?

Dieter: F L A I G.

Cap. Arnaud: Votre prénom?

Dieter:	Dieter avec un i et un e.
Cap. Arnaud:	Vous êtes Allemand?
Dieter:	Oui, j'habite à Mannheim.
Cap. Arnaud:	Mais vous parlez très bien français. Bien, signez ici et indiquez-moi où je peux vous joindre si on retrouve votre porte-monnaie.
Dieter:	En ce moment, j'habite chez ma soeur. Voilà son adresse. A partir de la semaine prochaine, je suis de nouveau à Mannheim. Je vous donne ma carte de visite. Vous pouvez vous adresser à ma soeur, si vous avez des nouvelles de mon porte-monnaie.
Cap. Arnaud:	Merci, Monsieur. Au revoir.
Dieter:	Au revoir.

 Questions de compréhension.

1. Pourquoi est-ce que Dieter se rend au commissariat de police?
2. Qu'est-ce qu'on lui a volé?
3. Comment est-ce que le vol a été commis?
4. Comment est-ce que Dieter décrit le voleur?
5. Est-ce qu'il y avait un témoin?

2.2   L'interrogatoire d'un suspect

Deux semaines après le vol, la police arrête un suspect. La police interroge le suspect:

Cap. Arnaud:	Est-ce que vous avez une carte d'identité?
Le suspect:	Oui, mais je ne l'ai pas sur moi.
Cap. Arnaud:	Quel est votre nom?
Le suspect:	Charrier.
Cap. Arnaud:	Et votre prénom?
Le suspect:	Antoine.
Cap. Arnaud:	Quel est votre âge?
Le suspect:	J'ai 38 ans.
Cap. Arnaud:	Votre date de naissance?
Le suspect:	Le 5 avril 1959.
Cap. Arnaud:	Et le lieu de naissance?
Le suspect:	St. Marie aux Mines.
Cap. Arnaud:	Qu'est-ce que vous faites dans la vie?
Le suspect:	Je suis au chômage.
Cap. Arnaud:	Où est-ce que vous habitez?
Le suspect:	J'habite à Colmar, 30, rue d'Eguisheim.
Cap. Arnaud:	Vous êtes de quelle nationalité?
Le suspect:	Je suis Français.
Cap. Arnaud:	Quelle est votre situation de famille?
Le suspect:	Je suis divorcé.

Cap. Arnaud: Où est-ce que vous étiez le 30 janvier, à 10 heures?

Le suspect: J'étais à la maison, j'ai dormi. Je me rappelle la date, parce que le 29 on a fêté   l'anniversaire d'un copain. Le lendemain je me suis levé vers 11 heures avec une sacrée gueule de bois.

Cap. Arnaud: Est-ce qu'il y a des témoins qui peuvent confirmer que vous étiez à la maison?

Le suspect: Non, je vis seul.

Cap. Arnaud: Mais nous avons un témoin qui vous a vu au supermarché Carrefour. Vous avez bousculé un jeune homme et vous avez pris son porte-monnaie.

Le suspect: Non, moi, je n'étais pas au supermarché Carrefour. Je n'y vais jamais de toute façon.

Cap. Arnaud: Bon, on va faire une confrontation.

  Jeu de rôle.

Votre voisin est témoin/ suspect dans un délit de vol. Vous l'interrogez sur son identité, comme dans les dialogues 2.1 et 2.2.

2.3   Konjugation von Verben

2.3.1   Präsens der Verben auf -ir

Verben auf -ir
mit Stammerweiterung

Verben auf -ir
ohne Stammerweiterung

finir

je fin**is**
tu fin**is**
il fin**it**
nous fin**issons**
vous fin**issez**
ils fin**issent**

ebenso:
répartir, assortir

dormir

je dor**s**
tu dor**s**
il dor**t**
nous dorm**ons**
vous dorm**ez**
ils dorm**ent**

ebenso:
sentir, mentir, sortir

partir

je par**s**
tu par**s**
il par**t**
nous part**ons**
vous part**ez**
ils part**ent**

2.3.2   Präsens der Verben auf -re

rendre

je rend**s**
tu rend**s**
il ren**d**
nous rend**ons**
vous rend**ez**
ils rend**ent**

croire

je croi**s**
tu croi**s**
il croi**t**
nous croy**ons**
vous croy**ez**
ils croi**ent**

suivre

je sui**s**
tu sui**s**
il sui**t**
nous suiv**ons**
vous suiv**ez**
ils suiv**ent**

conduire

je condui**s**
tu condui**s**
il condui**t**
nous conduis**ons**
vous conduis**ez**
ils conduis**ent**

2.4   Fragen mit den Interrogativpronomen "qui" und "que"

2.4.1   Frage nach einer Person

- **Qui**   a porté plainte? (Wer hat Anzeige erstattet?)
- **Qui est-ce qui** a porté plainte? (Wer hat Anzeige erstattet?)

Nach "qui" als Subjekt (Wer?) steht die normale Satzstellung (Subjekt – Prädikat – Objekt).

- **Qui**   Dieter a-t-il décrit?   (Wen hat Dieter beschrieben?)
- **Qui est-ce que** Dieter a décrit?   (Wen hat Dieter beschrieben?)

Nach "qui" als Objekt (Wen?) folgt in der Schriftsprache die Inversion oder in der Umgangssprache "est-ce que".

2.4.2   Frage nach einer Sache

- **Que**   pensez-vous du voleur?   (Was halten Sie von dem Dieb?)
- **Qu'est-ce que** vous pensez du voleur?   (Was halten Sie von dem Dieb?)

In den Fragen nach einer Sache haben Sie die Wahl zwischen einer Inversionsfrage wie im ersten Beispielsatz oder einer Frage, die mit "est-ce-que" umschrieben wird, wie im zweiten Beispielsatz. Geläufiger ist die zweite Lösung.

 Complétez.

Monsieur Lafont est au commissariat de police pour faire une déclaration de vol.
Vous êtes l'agent de police et vous posez à M. Lafont des questions sur le vol.
Ecrivez le dialogue.

M. Lafont: Je voudrais faire une déclaration de vol.

Vous: ....?

M. Lafont: On a volé **mon appareil-photo**.

Vous: ....?

M. Lafont: On l'a volé **dans ma voiture**.

Vous: ....?

M. Lafont: Ça s'est passé **ce matin entre 10 heures et midi**.

Vous: ....?

M. Lafont: Ma voiture était garée **sur le parking de la place Kléber**.

Vous: ....?

M. Lafont: **Non, elle était fermée**. On a forcé la porte.

Vous: ....?

M. Lafont: **Quand j'ai voulu ouvrir ma voiture**, j'ai remarqué qu'on avait forcé la porte.

Vous: Bon, j'ai encore besoin de quelques renseignements sur votre personne.

               ....?

M. Lafont: Je m'appelle **Christian Lafont**.

Vous:	....?
M. Lafont:	Je suis né **le 20 décembre 1953**.
Vous:	....?
M. Lafont:	J'habite **9, avenue de la Forêt-Noire à Strasbourg**.
Vous:	Bon, on va s'en occuper.

 Jeu de rôle.

Vous ne connaissez pas les deux suspects, Dominique Vallier et Martine Dumont. Votre collègue a plus de renseignements sur ces deux personnes. Demandez ces renseignements à votre collègue.

	Dominique Vallier	**Martine Dumont**
Domicile:	30, rue des Lilas St. Dié	6, avenue de Rennes Belfort
Lieu de naissance:	Paris	Figeac
Date de naissance:	13 mars 1949	1 août 1967
Etat civil:	divorcé	célibataire
Enfants:	2	0
Profession:	mécanicien	vendeuse
Employeur:	Garage Crozet, St. Dié	(sans emploi pour le moment)
Casier judiciaire:	vierge	arrêtée pour vol le 29 avril 1994
Lieux fréquentés:	Bar „Chez Antoine" dans le centre ville	observée plusieurs fois devant l'Hôtel de la Paix
Relations:	fréquente une jeune fille, Camille Mignot, qui travaille dans le nightclub „Chez Rose"	souvent avec Nico- las Armand, soup- çonné de trafic de drogues

Questions utiles:

Où est-ce qu'il/elle habite? Quand est-ce qu'il/elle est né(e)?

A-t-il/elle un casier judiciaire?

2.5   Das Futur composé

Je **vais boire** un verre d'eau.
Tu **vas chercher** un restaurant?
Le capitaine Arnaud est malade. Il ne **va** pas **travailler** aujourd'hui.
Nous **allons aider** les touristes.
Vous **allez manger** au bar?
Ils **vont manger** au restaurant.

2.5.1   Bildung

Diese Futurform wird mit der konjugierten Form von „aller" und dem Infinitiv gebildet.
Die Verneinung umschließt das Verb „aller". (Il **ne** va **pas** travailler.)

2.5.2   Gebrauch

Das Futur composé bezeichnet Ereignisse der nahen Zukunft.

 Demain ... Utilisez le futur composé.

Aujourd'hui on m'a volé mon porte-monnaie. Demain ...

je	(Anzeige erstatten) au commissariat de police.
je	(beschreiben) le voleur.
je	(nicht nehmen) un taxi car je n'ai plus d'argent.
je	(telefonieren) à mes parents pour expliquer ma situation.
Et je	(zurückfahren) à Mannheim.

Unité 3 — Décrire une personne

3.1   Le corps humain

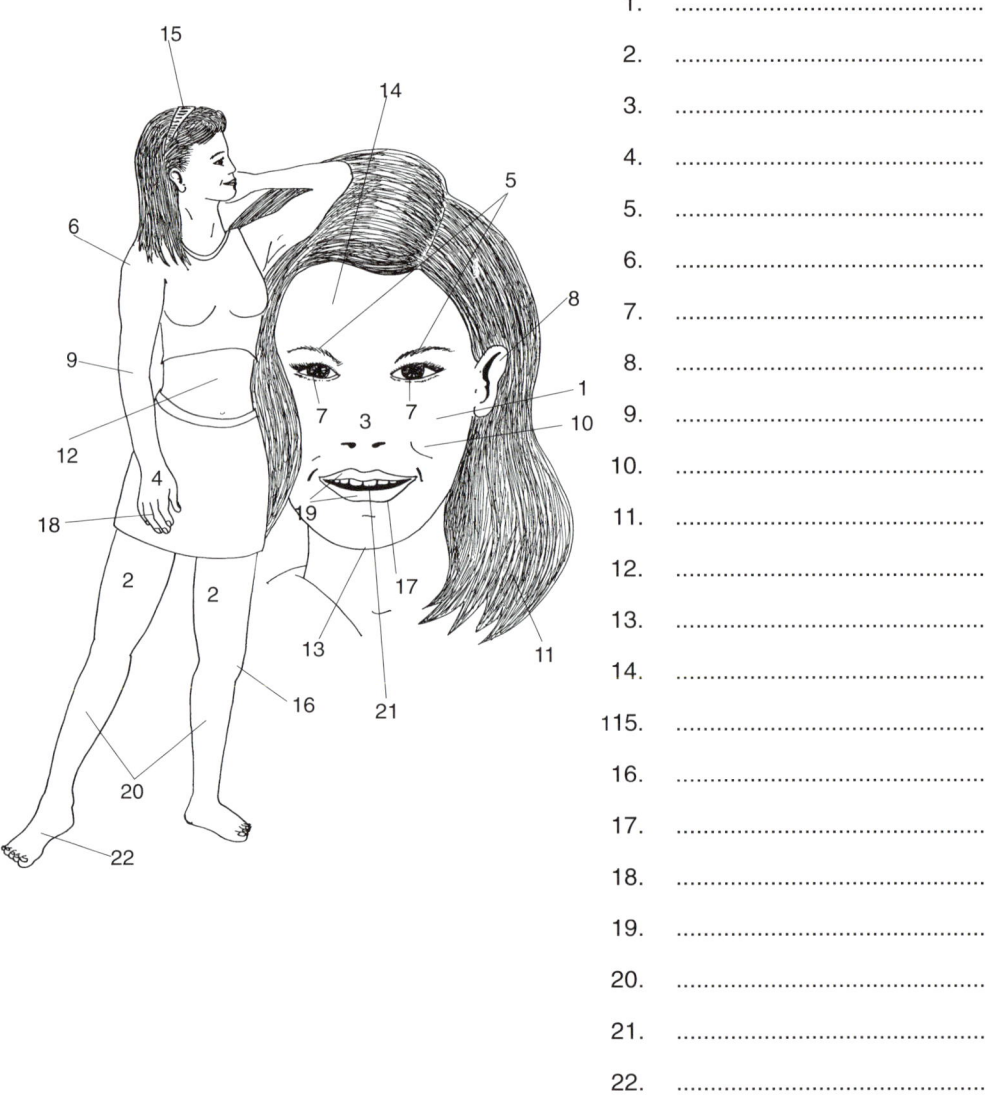

1. ....
2. ....
3. ....
4. ....
5. ....
6. ....
7. ....
8. ....
9. ....
10. ....
11. ....
12. ....
13. ....
14. ....
115. ....
16. ....
17. ....
18. ....
19. ....
20. ....
21. ....
22. ....

le visage, les cuisses, le nez, la main, les sourcils, l'épaule, les yeux, l'oreille, le bras, la joue, les cheveux, le ventre, le menton, le front, la tête, le genou, la bouche, les doigts, les lèvres, la jambe, les dents, le pied

3.2   Les vêtements

La garde-robe d'une femme

1) le chapeau ....
2) le manteau ....
3) l'écharpe ....
4) le chemisier ....
5) le pull-over ....
6) la ceinture ....
7) la jupe ....
8) le collant ....
9) la botte, les bottes ....
10) à manches courtes ....

La garde-robe d'un homme

1) la chemise ....
2) la cravatte ....
3) la veste ....
4) le pantalon ....
5) le jean ....
6) les chaussettes ....
7) la chaussure,
   les chaussures ....

Connaissez-vous l'expression française?
Au besoin, aidez-vous d'un dictionnaire.

Der Anzug ....   ,   die kurze Hose ....,

die Schirmmütze ....   ,   die Hosenträger ....,

die Lederjacke ....   ,   die Weste ....,

die Turnschuhe ....   ,   der Trainingsanzug ....,

die Uniform ....   ,   der Schlafanzug ....,

das T-shirt ....   ,   der Regenmantel ....,

Le rouge et le noir
Trouvez 9 couleurs dans cette grille et écrivez-les.

```
E E A O R E E
A M A U O E V
N A J A U N E
O R A N G E R
I R B L E U T
R O S E E I Q
Y N B L A N C
```

3.3   Le signalement d'une personne

Pour préciser ....

dick	gros/se, corpulent/e	–	dünn	mince, fin/e
groß	grand/e	–	klein	petit/e
stark	fort/e	–	schwach	faible
unter ...	... inférieur	–	ober ...	... supérieur
vorder ...	... avant	–	hinter ...	... arrière
rechts	... (à) droite	–	links	... (à) gauche
glatt	lisse	–	gelockt	bouclé/e
kahl	ras oder rasé	–	behaart (stark)	poilu/e, velu/e
lang	long/ue	–	kurz	court/e
hell	clair/e	–	dunkel	foncé/e
rund	rond/e	–	eckig	anguleux/se
oval	ovale	–	spitz	pointu/e
abstehend	écarté/e			
blond	blond/e	–	grau	gris/e
braun	marron (inv.)	–	rot(haarig)	roux, rousse
weiß	blanc, blanche	–	schwarz	noir/e

Glatze haben	être chauve	Pferdeschwanz	la queue de cheval
Brille tragen	porter des lunettes	Sonnenbrille	les lunettes de soleil
riechen nach	sentir qc	Er riecht nach Alkohol	il sent l'alcool

➡ **Combinez les adjectifs suivants avec les substantifs ci-dessous:**

blond, aquilin, abondant, long, gros, anguleux, foncé, proéminent, amputé, blanc, écarté, gris, ovale, pointu, incomplet, rond, petit, velu, marron, hâve, jaune, bouclé, grand, raide, large, vert, au complet, bleu, fuyant, frêle, trapu, mince, de travers, retroussé, maigre, déformé, droit, court, fort, usé, busqué.

les cheveux	la main ....
le visage	la jambe ....
le front	la silhouette ....
les yeux	un pantalon ....
le nez	une jupe ....
les oreilles	des chaussures ....
la bouche	une robe ....
les dents	une cravate ....
le bras	un pull ....

Le portrait-robot.

Regardez les différentes phases de la reconstruction du portrait-robot d'un criminel. Donnez les noms des différentes parties du visage que vous reconnaissez. Utilisez les adjectifs ci-dessus.

 Décrivez le voleur en français.

Ein dunkelhaariger Mann, er trägt eine schwarze Jeans, ein blaues, langärmliges Hemd und eine grüne Kravatte, sowie schwarze Schuhe.

....

....

Eine rothaarige Frau, mit langen Haaren, bekleidet mit einem kurzen, blauen Rock, einer weißen, kurzärmligen Bluse und weißen Schuhen.

....

....

Ein kräftiger Jugendlicher, mit schwarzer Schirmmütze, gelben Shorts, orangenem T-shirt, weißen Socken und Turnschuhen.

....

....

3.4   Adjektiv

Veränderlichkeit

Singular:	Il est grand et mince. Le visage rond.	**Maskulinum**
	Elle est grande est mince. La figure ronde.	**Femininum**
Plural:	Il a des yeux bruns. Il porte des vêtements usés.	**Maskulinum**
	Ses mains sont petites. Il a des oreilles écartées.	**Femininum**

Das Adjektiv richtet sich in Geschlecht und Zahl nach dem Nomen, auf das es sich bezieht. In der Regel hat das Adjektiv 4 Formen (s.o.).

Die meisten Adjektive bilden das Femininum, indem ein -e an die maskuline Form angehängt wird:
blond – blonde; rond – ronde; grand – grande; gris – grise

Adjektive, die im Maskulinum bereits ein -e haben, haben keine eigene Form im Femininum:
raide – raide; frêle – frêle; maigre – maigre; aimable – aimable

Einige Adjektive bilden das Femininum durch Verdoppelung des Endkonsonanten:
gros – grosse; bon – bonne

Adjektive auf -eux bilden das Femininum auf -euse:
anguleux – anguleuse

Adjektive auf -er bilden das Femininum auf -ère:
léger – légère

Adjektive auf -et bilden das Femininum auf -ète:
complet – complète

Besondere Formen:
beau, bel – belle; vieux, vieil – vieille

Stellung des Adjektivs

Adjektive stehen direkt bei einem Nomen.

Die meisten Adjektive werden nachgestellt:
le nez pointu; la main droite; des yeux verts; des vêtements usés; le front retroussé

Vorangestellt werden:
grand, joli, petit, jeune, beau, bon, mauvais, nouveau, gros, haut

Complétez.

Sandra est (grand) ...., (blond)................................ et elle a un visage (ovale)...................... . Ses cheveux sont (long)............................ . Elle porte un pullover (jaune) .... et une jupe (vert)............... . Ses vêtements sont plutôt (usé)............... .

Michel est (petit) ...., il a des cheveux (foncé) .... et (bouclé) .... Sa chevelure est (abondant) .... Ses mains sont (petit) ....; ses épaules (très large) .... Il porte un pantalon (gris) ...., une veste (très long) ...., de couleur (bleu) .... et un pullover (noir) .... Ses chaussures sont (brun) .... et (usé) ....

Le suspect est de taille (moyen) .... Il est plutôt (gros) .... Il a des cheveux (gris) .... Son visage est (rond) .... Il a le nez (retroussé) .... et des oreilles (écarté) .... Sa jambe (droit) .... est plus (court) .... que sa jambe (gauche) .... Il porte un chapeau (noir) ...., une chemise (blanc) .... avec une cravate (vert) ...., un pantalon (noir) (trop long) .... et des chaussures (gris) ....

 Mettez l'adjectif à sa place et à la forme correcte.

C'est une	voiture	(beau)
C'est une	maison	(grand)
C'est une	voiture	(neuf)
C'est une	fille	(joli)
Il a un	caractère	(mauvais)
Il a le	nez	(pointu)
C'est une	robe	(magnifique)
C'est un	garçon	(bon)
Il a un	ventre	(gros)

Exercice: Décrire et identifier des personnes.

Vous êtes à Strasbourg, confortablement assis sur la terrasse d'un des petits cafés près de la Cathédrale. Vous avez mis votre sac à main sur la chaise à côté de vous. Malheureusement un homme vous a observé; il profite de l'occasion pour prendre votre sac et il s'enfuit. Vous essayez de l'attraper, mais il a déjà disparu dans la foule.
Vous avez perdu votre sac avec beaucoup d'argent et vos papiers. Vous allez maintenant au commissariat de police pour porter plainte.

Décrivez le malfaiteur.

....

....

....

....

....

....

....

....

....

....

....

....

....

....

....

....

....

....

....

....

....

Remplissez ce questionnaire.

Homme	o	Femme	o	Age estimé ...		Taille ...	
Cheveux		foncés	o	blonds	o	courts	o
		longs	o	bouclés	o	abondants	o
		moustache	o	barbe	o		
Yeux		marron	o	bleus	o	verts	o
		lunettes	o	lunettes de soleil	o		
Nez		pointu	o	retroussé	o	droit	o
Oreilles		petites	o	grandes	o	normales	o
		écartées	o				
Visage		rond	o	ovale	o	anguleux	o
Silhouette		forte	o	maigre	o	trapue	o

 Devinettes.

Décrivez un(e) des participant(e)s du cours de français sans donner son nom. Les autres participant(e)s doivent découvrir de qui il s'agit.

Décrivez aux participant(e)s une personnalité célèbre sans dire son nom. Vos collègues doivent deviner son identité.

3.5 Imparfait und Passé composé

3.5.1 Bildung

Das **Imparfait** wird abgeleitet von der 1. Person Plural Präsens

porter:

1. Pers. Pl. Präs. ns port-ons
je port-**ais**
tu port-**ais**
il port-**ait**
nous port-**ions**
vous port-**iez**
ils port-**aient**

finir:

1. Pers. Pl. Präs. ns finiss-ons
je finiss**ais**
tu ....
il ....
nous ....
vous ....
ils ....

dormir:

1. Pers. Pl. Präs. ns dorm-ons
je dorm**ais**
tu ....
il ....
nous ....
vous ....
ils ....

prendre:

1. Pers. Pl. Präs. ns pren-ons
je pren**ais**
tu ....
il ....
nous ....
vous ....
ils ....

Das **Passé composé** wird mit einer konjugierten Form des Hilfsverbs "avoir" oder "être" und dem Partizip Perfekt gebildet.

Die regelmäßigen Verbkonjugationen bilden das Partizip Perfekt folgendermaßen:

ferm-**er**   j'ai ferm**é**
sais- **ir**   j'ai sais**i**
tend -**re**   j'ai tend**u**

Weitaus die meisten Verben bilden das Passé composé mit dem Hilfsverb „avoir", auch die Hilfsverben selbst.

J'ai	remarqué quelque chose.
Tu as	volé mon porte-monnaie.
Il/Elle a	cherché la cathédrale.
Nous avons	eu un café.
Vous avez	été à Paris?
Ils/Elles ont	saisi la chance.

Die Verneinung umschließt in der Regel das Hilfsverb.

Je **n**'ai **pas** remarqué
Tu **n**'as **pas** volé.

Einige Verben bilden das Passé composé mit dem Hilfsverb „être".

Das sind alle reflexiven Verben,
wie: se laver, se rencontrer, etc.,

sowie die Verben der Bewegungsrichtung (nicht Bewegungsart),
wie: aller, arriver, descendre, entrer, monter, partir, rester, sortir, tomber, venir.

Hier richtet sich das Partizip Perfekt in Geschlecht und Zahl nach dem Subjekt.

Il s'est lav**é**.	Elle s'est lav**ée**.
Ils se sont rencontr**és**.	Elles se sont rencontr**ées**.
Il est arriv**é**.	Elle est arriv**ée**.
Ils sont all**és** à Paris.	Elles sont all**ées** à Paris.

Aber: Wenn auf die Verben der Bewegungsrichtung ein Akkusativobjekt folgt, werden sie mit „avoir" konjugiert, und das Partizip Perfekt bleibt unverändert.

Elle a sorti la valise de la voiture.
Le voleur a retourné sa poche.

Aber: Das Partizip aller Verben, die das Passé composé mit dem Hilfsverb „avoir" bilden, wird verändert, wenn dem Verb ein Akkusativobjekt vorausgeht.

Elle a donné ses papiers.   Elle les a données.
Elle a sorti la valise.   Elle l'a sortie.

3.5.2 Gebrauch

Das Imparfait bringt zum Ausdruck:

Eine in der Vergangenheit andauernde Handlung:

J'étais en train de faire mes courses

Das Passé composé bringt zum Ausdruck:

Eine in der Vergangenheit begrenzte Handlung:

Eine neu eintretende Handlung:
quand un jeune homme m'**a bousculé.**

Eine neu eintretende Handlung:
Lorsque je me **suis relevé,**
je l'**ai vu** s'enfuir avec mon porte-monnaie.

Eine Beschreibung:
Il **avait** environ 20 ans.
Il **était** grand, **mesurait** au moins 1,80 m.
Il **portait** des cheveux longs
et ... .

Eine Wiederholung, die nicht abgeschlossen ist:
Il **toussait** *en permanence.*

Aufeinanderfolgende Handlungen in einer Erzählung:
Il **a tiré** trois fois sur le commerçant.

 Mettez les verbes entre parenthèses au temps voulu (imparfait ou passé composé).

En 1972, Monsieur Fontenelle .... (habiter) dans les Vosges. Il .... (faire) souvent des randonnées dans les bois.

Marie .... (être) encore très jeune, quand elle .... (perdre) ses parents.

D'habitude il .... (passer) me prendre vers huit heures, mais ce matin je l' .... (attendre) en vain.

Il .... (monter) chercher sa valise, pendant que je l'.............. (attendre) dans la voiture.

C'est quand je ....(vouloir) payer, que je.............. (remarquer) que mon porte-monnaie n' .... (être) plus dans mon sac.

Quand ils .... (arriver) chez lui, il .... (être) déjà mort.

Une curieuse observation.

Complétez les phrases par les verbes suivants et mettez-les au temps qui convient.

courir	entrer	habiter	s'arrêter
avoir (2 x)	se déclencher	être	se promener
sortir	arriver	remarquer	descendre
regarder	porter	se balader	se trouver

En 1980, je .... à Sélestat et je .... souvent dans les vieilles ruelles de la ville. Un jour – je .... sur la place de l'Eglise où je .... les vitrines des magasins – je .... quelque chose de bizarre. Sur la place, il n'y .... presque personne, quand une voiture .... et .... au parking. Ensuite un jeune homme .... de la voiture. Il .... très grand, ... des cheveux longs et une moustache. Il .... un blouson en cuir noir et un jean. Tout d'un coup, le jeune homme .... des clés de sa poche et .... dans une bijouterie. Une alarme .... L'homme .... vers sa voiture, mais elle ne .... plus sur le parking.

 Exercices sur le texte „Une curieuse observation".

1. Soulignez de différentes couleurs les verbes selon leur temps (p. ex. rouge = imparfait, bleu = passé composé).

2. Classer les verbes dans le tableau suivant

description (Zustand, Beschreibung)	action accomplie (einmalige od. abgeschlossene Handlung)

La circulation routière | Unité 4

4.1 Accident de voiture: Dégâts matériels

Un accident vient d'avoir lieu sur la Nationale 56, à la sortie de Strasbourg, en direction de Sélestat. Il n'y a pas de blessés, mais les dégâts matériels sont importants.
Les deux conducteurs discutent:

(*M.L.* = Monsieur Lefranc; *M.B.* = Monsieur Baumgärtner)

M.L.: Dites donc, vous ne m'avez pas vu arriver?

M.B.: Excusez-moi, je vous ai vu trop tard.

M.L.: Je venais de droite, donc j'avais la priorité.

M.B.: C'est vrai, mais je crois que vous rouliez trop vite.

M.L.: Ça m'étonnerait, car nous sommes encore en ville et de toute façon je respecte toujours les limitations de vitesse.

M.B.: On ne peut pas vérifier à quelle vitesse vous rouliez et il n'y a pas de témoins. Je vais prévenir mon assurance le plus vite possible. C'est elle qui vous remboursera.

M.L.: Je l'espère parce que mon aile gauche est très endommagée.

M.B.: Est-ce que nous avons besoin de la police pour établir un procès-verbal?

M.L.: Vous savez, en France, la police ne vient que s'il y a des blessés. Comme il n'y a que des dégâts matériels, nous allons remplir un constat amiable.

Ils remplissent tous les deux le constat amiable, le signent et en gardent un exemplaire chacun.

M.B.: Je vous donne ma carte de visite avec mon adresse et mon numéro de téléphone. S'il y a des problèmes, vous pouvez me contacter. Demain, je préviendrai mon assurance.

M.L.: Je vous remercie, Monsieur. Au revoir.

 Décrivez ce qui s'est passé à l'aide du dessin ci-dessous.

4.2   Quand l'accident est matériel

Si l'accident se borne à des dégâts matériels, il faut évacuer la chaussée, après avoir, si possible, photographié les véhicules accidentés ou marqué clairement leur position sur la route. De nuit, utilisez, en plus des triangles de présignalisation, les moyens lumineux à votre disposition; demandez, s'il se peut, à des automobilistes de passage d'éclairer la scène avec leurs phares, tout en se rangeant prudemment. Evitez de fumer.

Les automobilistes impliqués remplissent alors le constat amiable qui doit être à bord de leurs véhicules, en donnant tous les détails prescrits par ce document, et doivent en envoyer un exemplaire à leur assureur dans les cinq jours, de préférence sous pli recommandé avec accusé de réception.

(Aus: „Michelin et la route", Atlas)

 Questions.

Quelles sont les mesures à prendre quand un accident a lieu et quand il n'y a pas de blessés? Est-ce qu'il y a des différences entre l'Allemagne et la France?

 Expliquez qui est en tort et pourquoi?

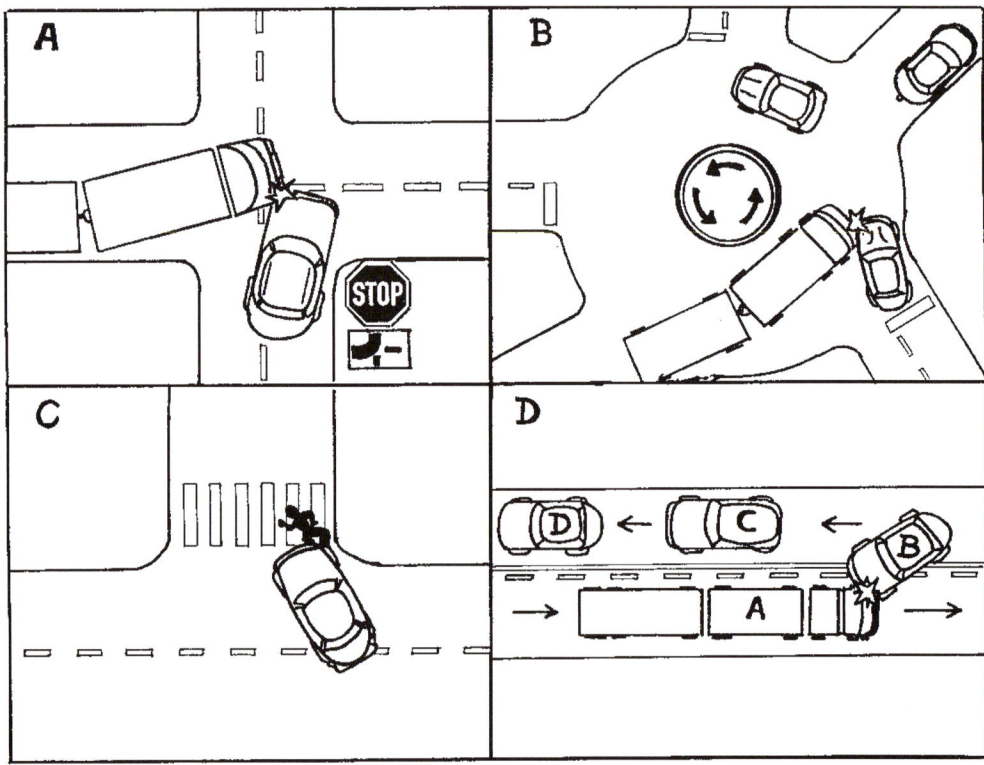

4.3 Partizip Präsens und Gerundium

4.3.1 Bildung des Partizip Präsens / des Verbaladjektivs

Beide werden abgeleitet von der 1. Pers. Pl. Präsens.

An den Stamm wird die Endung -**ant** angehängt.

| rouler: | nous roulons | » | **roulant** |
| conduire: | nous conduisons | » | **conduisant** |

Unterschied Partizip Präsens / Verbaladjektiv

Das **Partizip Präsens** ist unveränderlich.

– Es bezeichnet eine Handlung.
– Es kann ein Objekt oder eine adverbiale Bestimmung nach sich ziehen.

Bsp: Une histoire intéressant tous les policiers sur le lieu du crime.

Das **Verbaladjektiv** ist veränderlich.

– Es bezeichnet eine Eigenschaft oder andauernden Zustand.
– Es hat keine Ergänzung.

Bsp: C'était une histoire intéressante.

4.3.2 Gebrauch des Partizip Präsens

a) anstelle eines Kausalsatzes
   Voyant le danger, le conducteur a freiné.

b) anstelle eines Relativsatzes
   La voiture, roulant à toute vitesse, a dérapé dans un virage dangereux.

c) zum Ausdruck der Art und Weise einer Handlung
   Ouvrant brusquement la porte, il est entré.

4.3.3 Bildung des Gerundiums

Partizip Präsens mit vorangestellter Präposition „en":
donnant – en donnant; roulant – en roulant

4.3.4 Gebrauch des Gerundiums

a) zum Ausdruck der Gleichzeitigkeit
   Demandez à des automobilistes d'éclairer la scène, tout en se rangeant prudemment.

b) zur Angabe der Art und Weise
   Il est arrivé en courant.

c) zum Ausdruck einer Bedingung („si")
   En passant par là, vous arriverez au centre ville.

Merke: Beim Partizip Präsens und Gerundium haben im allgemeinen Hauptsatz und Nebensatz das gleiche Subjekt.

Exercice: Faites une phrase en utilisant le gérondif et précisez son utilisation (simultanéité, manière ou condition).

1. Le commissaire résoud l'affaire. Il découvre le coupable.
2. Le voleur trouve des bijoux. Il fouille la chambre de l'hôtel.
3. Le cambrioleur rentre dans la maison. Il passe par la porte de la terrasse.
4. Les forces de l'ordre empêchent une aggravation de la situation. Elles interviennent rapidement.
5. Les camionneurs paralysent la France. Ils bloquent les routes.

4.4   Constat amiable.

 Remplissez avec votre voisin le constat amiable d'après les données du dialogue 4.1 (Accident de voiture: Dégâts matériels).

constat amiable d'accident automobile

Ne constitue pas une reconnaissance de responsabilité, mais un relevé des identités et des faits, servant à l'accélération du règlement

à signer obligatoirement par les DEUX conducteurs

1. date de l'accident heure	**2. lieu** (pays, n° dépt, localité)	**3. blessé(s)** même léger(s)
		non ☐ oui ☐ *

4. dégâts matériels autres qu'aux véhicules A et B
non ☐ oui ☐ *

5. témoins noms, adresses et tél. (à souligner s'il s'agit d'un passager de A ou B)

12. circonstances

Mettre une croix (x) dans chacune des cases utiles pour préciser le croquis.

véhicule B

6. assuré souscripteur (voir attest. d'assur.)

véhicule A (circonstances)

6. assuré souscripteur (voir attest. d'assur.)

Nom (majusc.)

Prénom _____

Adresse (rue et n°) _____

Localité (et c. postal) _____

N° tél. (de 9 h. à 17 h.)

L'Assuré peut-il récupérer la T.V.A. afférente au véhicule? non ☐ oui ☐

7. véhicule

Marque, type

N° d'immatr. (ou de moteur)

8. sté d'assurance

N° de contrat _____

Agence (ou bureau ou courtier) _____

N° de carte verte
(Pour les étrangers)
Attest. ou } valable jusqu'au _____
carte verte

Les dégâts matériels du véhicule sont-ils assurés? non ☐ oui ☐

9. conducteur (voir permis de conduire)

Nom (majusc.) _____

Prénom _____

Adresse _____

Permis de conduire n° _____

catégorie (A, B, ...) ___ délivré par _____
le _____

permis valable du _____ au _____
(Pour les catégories C, C1, D, E, F et les taxis)

n°	circonstance	n°
1	en stationnement	1
2	quittait un stationnement	2
3	prenait un stationnement	3
4	sortait d'un parking, d'un lieu privé, d'un chemin de terre	4
5	s'engageait dans un parking, un lieu privé, un chemin de terre	5
6	s'engageait sur une place à sens giratoire	6
7	roulait sur une place à sens giratoire	7
8	heurtait l'arrière de l'autre véhicule qui roulait dans le même sens et sur la même file	8
9	roulait dans le même sens et sur une file différente	9
10	changeait de file	10
11	doublait	11
12	virait à droite	12
13	virait à gauche	13
14	reculait	14
15	empiétait sur la partie de chaussée réservée à la circulation en sens inverse	15
16	venait de droite (dans un carrefour)	16
17	n'avait pas observé un signal de priorité	17

◄ indiquer le nombre de cases marquées d'une croix ►

6. assuré souscripteur (voir attest. d'assur.)

Nom (majusc.)

Prénom _____

Adresse (rue et n°) _____

Localité (et c. postal) _____

N° tél. (de 9 h. à 17 h.)

L'Assuré peut-il récupérer la T.V.A. afférente au véhicule? non ☐ oui ☐

7. véhicule

Marque, type

N° d'immatr. (ou de moteur) _____

8. sté d'assurance

N° de contrat _____

Agence (ou bureau ou courtier) _____

N° de carte verte
(Pour les étrangers)
Attest. ou } valable jusqu'au _____
carte verte

Les dégâts matériels du véhicule sont-ils assurés? non ☐ oui ☐

9. conducteur (voir permis de conduire)

Nom (majusc.) _____

Prénom _____

Adresse _____

Permis de conduire n° _____

catégorie (A, B, ...) ___ délivré par _____
le _____

permis valable du _____ au _____
(Pour les catégories C, C1, D, E, F et les taxis)

10. Indiquer par une flèche (→) le point de choc initial

13. croquis de l'accident
Préciser : 1. le tracé des voies - 2. la direction (par des flèches),des véhicules A, B - 3. leur position au moment du choc - 4. les signaux routiers - 5. le nom des rues (ou routes).

10. Indiquer par une flèche (→) le point de choc initial

11. dégâts apparents

11. dégâts apparents

14. observations _____

15. signature des conducteurs
A   B

14. observations _____

A

* En cas de blessures ou en cas de dégâts matériels autres qu'aux véhicules A et B, relever les indications d'identité, d'adresse, etc.

Ne rien modifier au constat après les signatures et la séparation des exemplaires des 2 conducteurs.

Voir déclaration de l'Assuré au verso ➡

4.5 Signalisation routière

Quelle est la signification des panneaux suivants?

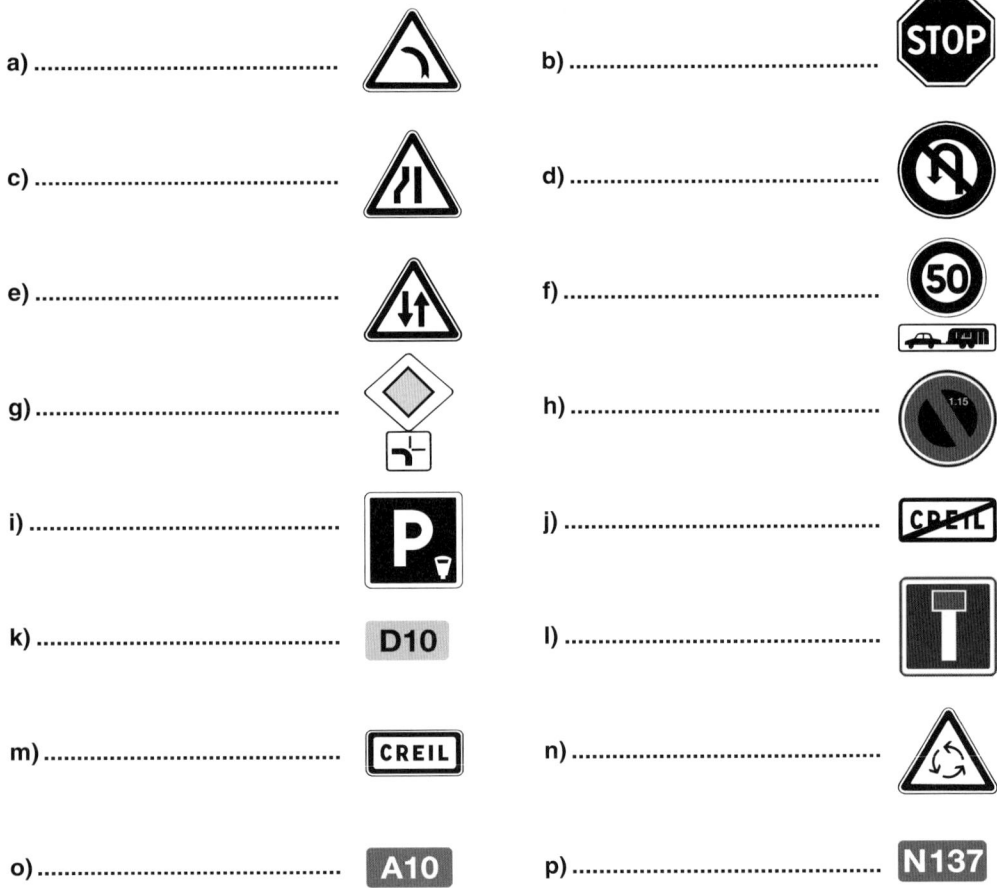

a) ....

b) ....

c) ....

d) ....

e) ....

f) ....

g) ....

h) ....

i) ....

j) ....

k) ....

l) ....

m) ....

n) ....

o) ....

p) ....

Choisissez parmi ces explications:

panneau indiquant la priorité / entrée d'agglomération / route départementale / parking payant / virage à gauche / sens giratoire obligatoire / sortie d'agglomération / chaussée rétrécie à gauche / autoroute / voie sans issue / vitesse limitée pour les caravanes / stationnement alterné / circulation dans les deux sens / route nationale / arrêt obligatoire / interdiction de faire demi-tour.

Expliquez les panneaux suivants.

Qu'est-ce qu'il faut, qu'est-ce qu'il ne faut pas faire?

1.    2.

3.    4.

Merke: Modalverb **falloir („il faut")**

Il faut s'arrêter.   Man muß/ Wir müssen anhalten.

Il ne faut pas tourner à droite.   Man soll nicht/ darf nicht ...
                                       Wir sollen nicht/ dürfen nicht nach rechts
                                       abbiegen.

„Il faut" ist ein unpersönlicher Ausdruck und kommt nur in der 3. Pers. Sing. vor.

4.6   Faites l'interprète.

Gisela Schulz, une jeune Allemande de Hambourg, est en vacances en Alsace. A Mulhouse, elle a un accident de voiture. Elle ne parle pas le français. Vous faites l'interprète.

(*G.S.* = Gisela Schulz; *A* = Agent de police)

A: C'est vous la conductrice de la Peugeot?

Vous: ....

G.S.:   Ja, Herr Wachtmeister.

Vous: ....

A: Vos papiers, s'il vous plaît.

Vous: ....

G.S.:   Hier sind mein Reisepaß und mein Führerschein.

Vous: ....

A: Et les papiers de la voiture?

Vous: ....

G.S.:   Hier ist die Versicherungskarte und mein KFZ-Schein.

Vous: ....

A: Merci, tout est en règle.
            Comment l'accident s'est-il passé?

Vous: ....

G.S.:   Ich fuhr hinter einem Bus und wollte an der Kreuzung nach links abbiegen.

Vous: ....

A: Vous avez mis le clignotant?

Vous: ....

G.S.:   Ich weiß es nicht mehr. Alles ging so schnell.

Vous: ....

A: Vous n'avez pas vu la Citroën qui venait en face?

Vous: ....

G.S.:   Der Bus versperrte mir die Sicht. Ich habe den Citroën zu spät gesehen.

Vous: ....

4.7   Das Possessivpronomen

Ein Besitzer	Besitztümer		Besitztümer
	m. sing.	f. sing.	m./ f. pl.
J'aime Ich liebe	mon fils, meinen Sohn,	ma fille, meine Tochter,	mes enfants et mes étudiantes. meine Kinder und meine Studentinnen.
Tu aimes Du..............	ton fils, ...,	ta fille, ...,	tes enfants et tes étudiantes. ....
Il aime Elle aime Er.............. Sie..............	son fils, son fils, ..., ...,	sa fille, sa fille, ..., ...,	ses enfants et ses étudiantes. ses enfants et ses étudiantes. ....
Mehrere Besitzer			
Nous aimons Wir..............	notre fils, ...,	notre fille, ...,	nos enfants et nos étudiantes. ....
Vous aimez Ihr .... Sie	votre fils, ..., ...,	votre fille, ..., ...,	vos enfants et vos étudiantes. ....
Ils aiment Elles aiment Sie	leur fils, ..., ...,	leur fille, ..., ...,	leurs enfants et leurs étudiantes. ....

 Übersetzen Sie alle Sätze ins Deutsche.

Was fällt auf bei der Übersetzung der Sätze mit *il/ elle aime* und *ils/ elles aiment* sowie *vous aimez*?

4.7.1 Regeln zum Gebrauch des Possessivpronomens:

1. Das Possessivpronomen steht immer vor dem Substantiv.
   Es richtet sich in Geschlecht und Zahl nach dem folgenden Substantiv.

   Bsp.:   Je cherche mon mari, ma fille, mes amis et mes amies.

2. Vor Vokalen und stummem "h" im Singular steht immer die männliche Form des Possessivpronomens.

   Bsp.:   C'est mon amie. C'est mon hôtel.

3. Bei einem Besitzer (il, elle) steht: son, sa, ses.

    Bsp.:   Elle aime son père, sa mère et ses amis.
             Il aime son père, sa mère et ses amis.

    Bei mehreren Besitzern (ils, elles) steht: leur, leurs.

    Bsp.:   Elles aiment leur professeur et leurs amis.
             Ils aiment leur professeur et leurs amis.

    In der Anrede (vous) steht: votre, vos.

    Bsp.:   Est-ce que vous aimez votre ami(e)?
             Est-ce que vous aimez vos ami(e)s?

 Complétez, s'il vous plaît.

1. C'est .... fille, Christian? Oui, c'est .... fille.
2. Et ça, c'est .... ami, Jacques? Oui, c'est .... ami.
3. C'est .... fils, madame? Oui, c'est .... fils.
4. Et c'est aussi .... fille? Oui, c'est .... fille.
5. Alors, ce sont .... enfants? Oui, ce sont .... enfants.
6. Nous aimons .... amies et .... enfants.
7. .... musique préférée, c'est le rock.
8. .... sport préféré, c'est le football.

 Complétez les phrases suivantes.

1. Gendarme, lors d'un contrôle routier: "........... permis de conduire, s'il vous plaît."
    Conducteur: Voilà .... permis de conduire.
2. *Gendarme:*   Et .... papiers de la voiture, ...carte grise et ....carte verte?
    Conducteur: Voilà .... papiers.
3. Monsieur Lafrange vient d'avoir un accident. Il dit à la personne qui l'a heurté:

    .... capot est très endommagé, ... aile droite est enfoncée et .... rétroviseur est brisé.
4. Janine et Bernard sont au commissariat de police: On a volé .... sacs à dos avec .... argent, ...papiers et .... casse-croûtes.

    Le policier à son collègue: On a volé .... sacs à dos avec .... argent, tous .... papiers et ....casse-croûtes.
5. Monsieur Bellec donne à Monsieur Lafrange .... carte de visite avec .... adresse et .... numéro de téléphone.
6. Gendarme, lors d'un contrôle routier: Les pneus de .... voiture sont si usés que vous risquez d'avoir un accident.
7. Quand Monsieur Dumant a vu le cambrioleur, il a surtout remarqué .... oreilles écartées et ...... nez aquilin.
8. Après quelques minutes de réflexion, elles ont reconnu .... agresseur.

9. Une Porsche avec un jeune homme au volant s'arrête à une station service. Un autre client lui demande:

- Elle fait du combien, ... voiture?
+ Du 180 ou même un peu plus.
- Dites donc, elle doit consommer énormément. Au fait, il peut contenir combien .... réservoir?
+ Là, je n'ai aucune idée. Jusqu'à présent, je n'ai pas eu assez d'argent pour faire le plein.

 Corrigez les fautes.

1. Le policier a risqué son vie.
2. Monsieur et Madame Legrand ont passé ses vacances aux Etats-Unis.
3. Les cambrioleurs se sont enfuis dans leurs voiture.
4. Monsieur Dupont a oublié son carte grise à la maison.

4.8 Piéton blessé

FAITS DIVERS

Mackenheim

Piéton blessé

Un accident s'est produit jeudi à 20 h 15, rue du Moulin, à Mackenheim. Un garçon âgé de 12 ans, qui traversait la chaussée, a été heurté par une voiture. Blessé à la jambe, l'enfant a été transporté à l'hôpital de Sélestat. Après contrôle, il s'est avéré que le conducteur, âgé de 33 ans et habitant à Mackenheim, présentait un taux d'alcoolémie de 1,06 mg/l. Placé en garde à vue, il sera prochainement convoqué au tribunal de Colmar.

(aus: DNA, 22.7.1995)

 Questions

a) Où c'est produit l'accident?
b) Est-ce qu'il y a eu des blessés?
c) Qui a provoqué l'accident?

4.9 Appel à témoins

Mackenheim – La gendarmerie de Colmar lance un appel à témoins à la suite d'un accident de circulation survenu jeudi, 20 juillet à 20 h 15, rue du Moulin, à Mackenheim. Elle demande à tout témoin de la scène, et notamment à une jeune femme qui attendait à l'arrêt d'autobus, rue du Moulin, de téléphoner au 89 32 21 97, poste 33.11.

 Complétez l'audition d'un témoin.

Quelques jours après l'appel à témoins, Marie Laroche, une jeune femme se rend à la gendarmerie de Colmar.

(G = Gendarme; M.L. = Marie Laroche)

G: Où est-ce que vous étiez au moment de l'accident?

M.L.: ....

G: A quelle distance de l'accident vous trouviez-vous?

M.L.: ....

G: Dans quelle direction est-ce que vous regardiez?

M.L.: ....

G: Vous étiez toute seule?

M.L.: ....

G: Qu'est-ce que vous avez observé?

M.L.: ....

G: Est-ce qu'il a utilisé le passage pour piétons?

M.L.: ....

G: A quelle vitesse roulait la voiture?

M.L.: ....

G: A quelle distance du garçon le conducteur a-t-il commencé à freiner?

M.L.: ....

G: Est-ce que le véhicule s'est arrêté tout de suite?

M.L.: ....

G: Est-ce que le garçon a vu la voiture arriver?

M.L.: ....

G: Merci, Madame, vous nous avez beaucoup aidé. Si j'ai encore des questions, je me permettrai de vous contacter.

M.L.: ....

G: Au revoir.

Mettez les réponses de Marie Laroche dans l'ordre correct.

J'ai observé un jeune garçon
qui traversait la rue. (1)

A peu près à 20 mètres. (2)

C'est difficile à préciser,
peut-être à 70 ou même à
80 km/h. (3)

La voiture s'est arrêtée
après 8 à 10 mètres du
lieu de l'accident. (4)

J'attendais à l'arrêt du bus. (5)

Je regardais en direction
de l'endroit où le jeune
garçon traversait la rue.(6)

Oui, Monsieur. (7)

D'accord. Au revoir. (8)

A cinq ou dix mètres au maximum.
J'ai remarqué que le conducteur
essayait d'éviter le garçon.
Mais il l'a heurté et le garçon
est tombé par terre. (9)

Oui, d'abord il a regardé
à droite et à gauche, puis il a traversé et
lorsqu'il est arrivé au milieu du passage
pour piétons, j'ai entendu arriver une
voiture à pleine vitesse. (10)

Oui, j'ai eu l'impression qu'il
voulait courir pour l'éviter,
mais il était trop tard. (11)

 Questions.

a) Pourquoi la gendarmerie lance-t-elle un appel à témoins?
b) Quelles sont les informations supplémentaires que Marie Laroche donne?

4.10 Quand l'accident est corporel

Quand l'accident corporel est léger, la procédure est semblable à celle décrite ci-dessus (4.2), à cette différence près que le constat amiable doit indiquer au verso tous les renseignements demandés sur les victimes.

En cas d'accident corporel grave, procédez de la façon suivante:

1. D'abord, mettez la victime en sûreté si elle gît au milieu de la route, exposée à un nouvel accident. Si vous êtes seul pour le faire, croisez les bras du blessé, prenez-le par les chevilles, que vous soulèverez légèrement, puis tirez la victime jusque sur le bas-côté, en ayant soin de n'effectuer aucune torsion ou flexion de la colonne vertébrale, car le choc peut avoir causé la fracture d'une ou plusieurs vertèbres. Protégez la victime à l'aide d'une couverture.

2. Cela fait, téléphonez (ou faites téléphoner par un automobiliste de passage en lui donnant toutes les indications nécessaires) à la police ou à la gendarmerie (numéro 17) – qui doivent en tout cas être averties – et se chargeront de prévenir le S.A.M.U. ou les pompiers.

3. Les autoroutes et certaines grandes routes ont des bornes d'appel d'urgence. Le message d'alerte doit donner brièvement les indications suivantes: lieu d'accident (en ville, l'adresse; en rase campagne, le numéro de la route, la distance approximative du lieu connu le plus proche); le nombre et le type des véhicules accidentés; les circonstances de l'accident: le nombre des victimes et leur état apparent. Indiquez également si la victime est coincée à l'intérieur d'un véhicule ou si elle gît à l'extérieur.

En France, rappelons que tout conducteur impliqué dans un accident, qui tenterait d'échapper par la fuite à ses responsabilités civiles ou pénales peut être puni d'emprisonnement pouvant atteindre deux ans et d'une amende pouvant aller jusqu'à 200 000 francs avec suppression du permis de conduire pendant trois ans.

(Aus: „Michelin et la route", Atlas)

 Questions.

a) Qu'est-ce qu'il faut faire quand on est impliqué dans un accident avec des blessés?
b) Quelles informations est-ce qu'on donne à une borne d'appel d'urgence sur l'autoroute?
c) Quelles sont les peines en cas de délit de fuite?

 Jeu de rôle.

Un accident grave s'est passé sur la Nationale 19. Vous êtes témoin de cet accident et vous prévenez la police d'une borne d'appel d'urgence.

Donnez toutes les informations à l'aide du croquis suivant.

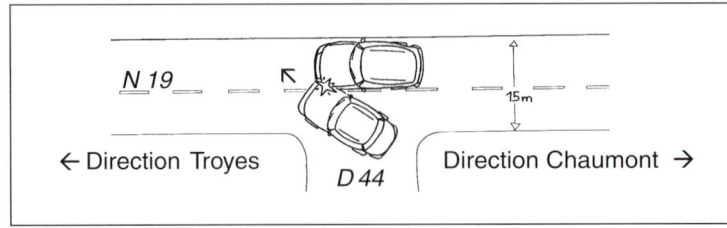

4.11 Passiv

4.11.1 Bildung

Das Passiv wird mit dem Hilfsverb „être" gebildet. Das Partizip Perfekt richtet sich in Zahl und Geschlecht nach dem Subjekt.

Présent	Je suis contrôlé(e).
Passé comp.	Monsieur Lafont a été contrôlé.
Imparfait	Sandrine était contrôlée.
Plus-que-parf.	Deux corps avaient été découverts.
Futur simple	Pierre sera interrogé.
Futur antér.	Le commissariat aura été ouvert.
Cond. présent	La bicyclette serait volée.
Cond. passé	Elle aurait été condamnée.

4.11.2 Gebrauch

Nur transitive Verben (d.h. Verben, mit Akkusativobjekt) können ein persönliches Passiv haben.

Aktiv: La police contrôle les voitures.   ] contrôler qn/qc
Passiv: Les voitures sont contrôlées.   ]

Aktiv: Une ambulance a transporté l'enfant à l'hôpital   ] transporter qn/qc
Passiv: L'enfant a été transporté à l'hôpital.   ]

Aktiv: Ils partent à Paris.   ] partir (kein transitives Verb)
Passiv: –

Der Urheber der Handlung oder die Ursache des Geschehens werden angeschlossen durch

– „**par**", wenn die Handlung betont ist,
– „**de**" wenn der Zustand betont wird.

Bsp.:   Les traces de sang avaient été recouvertes par la neige.
           Les routes étaient couvertes de neige.

Wenn der Handelnde nicht genannt wird und im Französischen eine Handlung nicht von ihrem Ergebnis (= Zustand) unterschieden werden kann (meist im Präsens und Imperfekt), so muß ein Aktiv mit „on" verwendet werden.

Bsp.:   Die Fenster werden vom Hausmeister geschlossen.
           Les fenêtres sont fermées par le concierge.
           (Der Handelnde ist genannt.)

Aber: Die Fenster werden geschlossen.
           On ferme les fenêtres.
           (Der Handelnde ist nicht genannt.)

Trouvaille macabre.

Hier, un couple qui se promenait dans une forêt à côté de Strasbourg a découvert un corps mutilé sous des broussailles. Le couple a immédiatement averti la police. La police pense qu'il s'agit d'un crime.

Mettez les phrases suivantes au passif:

1. L'identité judiciaire relève toutes les traces.
2. Les policiers fouillent une voiture qu'ils ont trouvée sur un chemin pas loin du lieu du crime.
3. La police interroge les habitants du village avoisinant.
4. Le commissaire informe les parents de la victime.
5. Les parents identifient le cadavre.
6. La police éclaircit les motifs du crime.
7. Avant de la tuer, le meurtrier a dérobé l'argent de sa victime.

 Transformez les titres de journeaux à la voix passive.

Ex.:   CONTROLE DE 100 VOITURES SUR L'AUTOROUTE ENTRE
        STRASBOURG ET COLMAR
        100 voitures ont été contrôlées sur l'autoroute entre Strasbourg et Colmar.

1. ASSASSINAT D'UN CASQUE BLEU EN BOSNIE

2. LIBERATION DE 4 OTAGES SUITE A UN HOLD-UP DE LA BANQUE DE PARIS A COLMAR

3. SAISIE DE 4 KILOS DE COCAINE A LA DOUANE A MULHOUSE

4. CONDAMNATION DE 2 TERRORISTES, MEMBRES DE L'ACTION DIRECTE

5. DECOUVERTE DE NOUVEAUX INDICES CONTRE LE COUSIN DE CHRISTINE R.

6. PIETON BLESSE

7. ENLEVEMENT D'UN PETIT GARÇON DE CINQ ANS A SELESTAT

8. ARRESTATION D'UN SUSPECT DANS L'AFFAIRE FREAUD

9. RESTAURATION DE LA BRIGADE DE COLMAR

10. DECOUVERTE D'UN CORPS MUTILE AU MONT ST. ODILE

Mettez les phrases suivantes à la voix active.

Ex.:   Le cousin de Christine a été arrêté par la police.
         La police a arrêté le cousin de Christine.

1. Le porte-monnaie a été oublié par un client.
2. Le passant a été renversé par un camion.
3. Les jumeaux Paul et Pauline ont été tués par Maurice Durant.
4. Le suspect est interrogé par le commissaire Dumas.
5. Ce documentaire est regardé par des milliers de téléspectateurs.
6. Ce manteau a été volé par un jeune homme d'à peu près 20 ans.
7. Les curieux ont été dispersés par la gendarmerie.
8. Les voitures en stationnement interdit seront enlevées par la police.

4.12 Les lois de la route et vous

Conduire en sécurité

La réglementation

Les lois de la route et vous

Répétons-le, car c'est véritablement une question de vie ou de mort pour vous comme pour tous les usagers des voies publiques: le Code de la Route est conçu sur la base d'une longue expérience et édicté pour la protection de tous. Il doit donc être respecté à lettre et en toutes circonstances.
N'hésitez pas à le consulter.

Les lois et vous

Depuis le 1er juillet 1992 les permis de conduire français sont devenus des permis à points comme cela était déjà le cas dans de nombreux pays. A l'heure où nous mettons sous presse le capital point attaché à un permis est de 12 points qui peuvent être amputés par le juge soit après jugement suite au procès-verbal dressé par les forces de l'ordre, soit automatiquement si vous avez choisi d'acquitter l'amende forfaitaire.

Les infractions suivantes sont de fréquentes causes d'accidents et peuvent donner lieu à une suspension du permis de conduire, à des sanctions pénales graves assorties d'amendes et à l'amputation de votre capital point selon le barème suivant:

1 point pour les contraventions suivantes:

★ dépassement de moins de 20 km/h d'une vitesse maximale autorisée

★ maintien des feux de route ou de brouillard gênants pour les conducteurs venant en sens inverse

★ chevauchement d'une ligne continue

★ ceinture de sécurité du conducteur non attachée

★ rouler sans casque

2 points pour les contraventions suivantes:

★ dépassement de moins de 30 km/h d'une vitesse maximale autorisée

★ usage d'un terre-plein central

★ accélération d'allure lorsque l'on est sur le point d'être dépassé

3 points pour les contraventions suivantes:

★ dépassement de moins de 40 km/h d'une vitesse maximale autorisée

★ excès de vitesse de moins de 40 km/h par un jeune conducteur

★ franchissement caractérisé de la ligne continue

★ dépassement dangereux

★ circulation et stationnement abusif sur la bande d'arrêt d'urgence

★ circulation sur la partie gauche de la chaussée

★ changement important de direction sans avoir averti et s'être assuré que la manœuvre est sans danger

★ dépassement dangereux

★ arrêt ou stationnement dangereux

★ stationnement sur la chaussée sans éclairage ni signalisation lorsqu'ils sont nécessaires

4 points pour les contraventions suivantes:

★ dépassement de plus de 40 km/h d'une vitesse maximale autorisée

★ conduite en état d'alcoolémie entre 0,7 et 0,79g/l de sang

★ non-respect de la priorité

★ non-respect de la signalisation des feux de circulation, des stops et des sens interdits

★ demi-tour et marche arrière sur autoroute

★ circulation la nuit ou par temps de brouillard en un lieu dépourvu d'éclairage public, d'un véhicule sans éclairage ni signalisation

★ blessures involontaires entraînant une capacité de travail de moins de trois moi

6 points pour les délits suivants:

★ homicide et blessures involontaires entraînant une incapacité de travail de plus de trois mois

★ conduite en état d'alcoolémie à plus de 0,8g/l de sang

★ refus de se soumettre au dépistage d'alcoolémie

★ délit de fuite

★ refus d'obtempérer, d'immobiliser le véhicule, de vérifications

★ entrave ou gêne à la circulation. défaut de plaques et fausses déclarations

★ conduite sans permis en période de suspension

★ On peut perdre 6 points au maximum pour plusieurs contraventions commises simultanément et 8 points au maximum pour plusieurs infractions simultanées dont au moins un délit

Tous vos permis seront annulés si votre capital de points est épuisé. Si vous êtes un jeune conducteur vous ne pourrez le ou les repasser qu'après 6 mois. Les titulaires d'un permis depuis plus de trois ans pourrant récupérer 4 points en suivant un stage payant de sensibilisation à la sécurité routière et aux enjeux d'une conduite responsable. Ceci n'est possible qu'une fois tou les deux ans. Par ailleurs votre capital point sera reconstitué après trois ans sans infractions.

Vitesses maximales autorisées: km/h

	Conditions normales ▼	Pluie ▼	Brouillard ▼
autoroutes	130	110	50
double chaussées séparées	110	100	50
routes	90	80	50
agglomérations	50	50	50

Documentation requise

Tout conducteur d'un véhicule doit être muni des documents suivants:
● un permis de conduire valide
● la carte grise du véhicule
● le reçu de la vignette
● l'attestation d'assurance automobile ou 'carte verte' du véhicule
● le cas échéant, récépissé de passage au contrôle technique

De plus doivent être visibles dans le coin inférieur droit du pare-brise:
● la partie autocollante de la vignette
● le certificat de l'assurance du véhicule
● le cas échéant l'attestation de passage au contrôle technique

(Aus: "Michelin et la route", Atlas)

Questions.

1. Qu'est-ce que c'est, le Code de la Route? Quel est son but?

2. Qu'est-ce qu'on entend par „permis à points"?

3. Expliquez les expressions suivantes en français:
   * „chevauchement d'une ligne continue"
   * „usage d'un terre-plein central"
   * „accélération d'allure lorsque l'on est sur le point d'être dépassé"
   * „franchissement caractérisé de la ligne continue"
   * „circulation et stationnement abusif sur la bande d'arrêt d'urgence"
   * „dépassement de plus de 40 km/h d'une vitesse maximale autorisée"
   * „délit de fuite"

3. Expliquez la différence entre les termes „contravention", „infraction" et „délit".

4. Comment est-ce qu'on peut „regagner" ses points?

5. Comparez le système français avec le système allemand. Quelles sont les différences?

6. Quel est pour vous le délit le plus grave dans le domaine de la circulation? Argumentez.

Unité 5   Le contrôle routier

5.1   Contrôle routier

Vendredi après-midi, à cinq heures, à Sélestat. Monsieur Crémaron a terminé sa journée de travail. Il habite dans un petit village à côté de Sélestat. Pour rentrer, il prend la rue principale. A la sortie de Sélestat, il voit un groupe de policiers à côté de la route. Un policier, portant un bâton lumineux dans sa main droite, arrête la circulation. Monsieur Crémaron doit s'arrêter aussi.

Le policier: Bonjour, Monsieur.
M. Crémaron: Bonjour, Monsieur. Qu'est-ce qui se passe?
Le policier: Nous faisons un contrôle routier. Arrêtez-vous là-bas, sur le parking, s'il vous plaît.
                          ... Est-ce que je peux voir vos papiers: permis de conduire, carte grise?
M. Crémaron: Bien sûr. Les voilà.
Le policier: Merci.

Le policier se met devant la voiture.

Le policier: Allumez vos feux de croisement, s'il vous plaît ... bien ... et vos feux de route.
                          Merci. C'est bien. Allumez vos feux de changement de direction, d'abord à
                          droite ... . Ça va, merci. Et maintenant à gauche... . Très bien, merci.

Le policier va maintenant derrière la voiture.

Le policier: Appuyez sur le frein, s'il vous plaît. ... . Merci.
M. Crémaron: Est-ce que tout est en ordre?
Le policier: Votre feu de stop à gauche ne fonctionne pas, Monsieur.
M. Crémaron: Alors ça, c'est la meilleure! J'étais au garage hier, mais ils ne l'ont même pas
                          remarqué.
Le policier: Regardons maintenant vos pneus. ... .
                          Les pneus arrière sont en parfait état. Mais là devant, surtout le pneu
                          gauche, il faudra le changer bientôt.
M. Crémaron: Le garagiste m'a dit la même chose. Il va changer les pneus lundi prochain.
Le policier: C'est très bien. Et qu'il regarde aussi le feu de stop à gauche.
M. Crémaron: Oui, Monsieur. Est-ce que je peux continuer mon chemin maintenant?
Le policier: Oui. Voici vos papiers. Au revoir et bonne route.
M. Crémaron: Merci, au revoir.

    Questions.

1. Qu'est-ce qui se passe quand Monsieur Crémaron rentre du travail?
2. Est-ce que sa voiture est en bon état? Qu'est-ce qui ne fonctionne pas?
3. Est-ce que le policier lui donne une contravention?

Jeu de rôle.

Formez des groupes de 4 personnes: Il faut un ou deux policiers et des conducteurs de voiture. Les policiers font un contrôle routier (vérifier l'état de la voiture: frein, feux, pneus, contrôle des papiers, de l'identité,...).

5.2 Objektpronomen

5.2.1 Arten

a) Das direkte Objektpronomen (me, te, le, la, nous, vous, les) ersetzt das Akkusativobjekt.

Le policier regarde	le permis de conduire.	Le policier **le** regarde.
Le policier regarde	la voiture.	Le policier **la** regarde.
Le policier regarde	les papiers.	Le policier **les** regarde.

Merke: Das direkte Objekt (Akkusativ) antwortet auf die Frage: wen oder was?

b) Das indirekte Objektpronomen (me, te, lui, nous, vous, leur) ersetzt das Dativobjekt.

Le policier	**me** rend les papiers.
Le policier	**te** rend les papiers.
Le policier	**lui** rend les papiers.
Le policier	**nous** rend les papiers.
Le policier	**vous** rend les papiers.
Le policier	**leur** rend les papiers.

Merke: Das indirekte Objekt (Dativ) antwortet auf die Frage: wem?

5.2.2 Stellung

Le policier	**me**	regarde.
Le policier ne	**me**	regarde pas. (Verneinung)
Le policier	**m'a**	regardé. (Zusammengesetzte Zeiten)
Le policier peut	**me**	regarder. (Verb mit nachfolgendem Infinitiv)

 Exercices.

a) **Remplacez ce qui est entre paranthèses par un pronom objet.**

Ex: Le policier donne une contravention (à M. Crémaron) = Le policier lui donne une contravention.

1. Le policier demande (à Monsieur Crémaron) de s'arrêter sur le bas-côté.

2. Le policier: Votre permis de conduire, s'il vous plaît!
   Monsieur Crémaron: Oh, il faut que je cherche (mon permis de conduire) dans le coffre de la voiture.
   Enfin Monsieur Crémaron trouve (son permis de conduire) et donne (le permis de conduire) au policier.

3. La police cherche l'auteur de l'attentat. Elle n'a pas encore trouvé (l'auteur de l'attentat). Mais ne vous inquiétez pas, elle va bien finir par trouver (l'auteur de l'attentat).

b) **Complétez par un pronom d'objet direct ou indirect et mettez-le à la place qu'il faut.**

Ex: Le commissaire a une nouvelle voiture de service. Son collègue lui demande:
vous .... avez .... essayée? (solution: vous l'avez essayée?)

Il y a un nouveau collègue au commissariat de police. Les autres parlent de ....

Pierre: Tu ...... as ...... vu, le nouveau?

Christine: Oui, je ...... ai déjà ...... rencontré la semaine dernière. J'ai parlé avec .... Il ......
               a ...... dit qu'il vient du Sud de la France, de Montpellier, je pense.

François: Moi, je ...... ne ...... ai ...... pas encore vu. Quel est son nom?

Thomas: Le chef me .... a .... présenté. Il s'appelle Maurice Ducroc. Il est inspecteur.

Michel: Je ...... trouve ...... sympathique. On ....va ...... offrir un pot de bienvenue.

c) **Choisissez la phrase correcte.**

1. Pierre et Claudette travaillent au même service de police judiciaire de Strasbourg.
   * Il invite elle à dîner.
   * Il lui invite à dîner.
   * Il l'invite à dîner.

2. Pendant le repas,
   * elle le raconte ses problèmes.
   * elle lui raconte ses problèmes.
   * elle raconte lui ses problèmes.

3. Son mari est souvent ivre. A chaque fois qu'il a bu,
   * il bat elle.
   * il lui bat.
   * il la bat.

4. Pendant qu'elle raconte,
   * Pierre la écoute avec patience.
   * Pierre l'écoute avec patience.
   * Pierre écoute elle avec patience.

5. Au dessert,
   * il lui promet de l'aider.
   * il promet elle de lui aider.
   * il lui promet de la aider.

5.3 La voiture

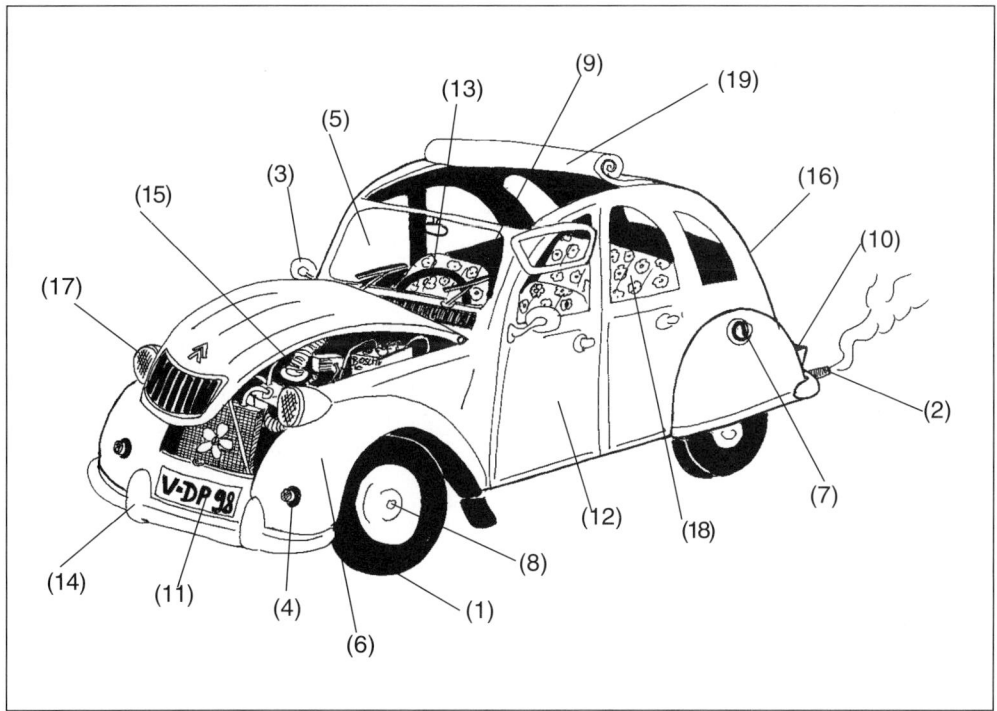

 A quels nombres correspondent les expressions suivantes?

le pneu, le tuyau d'échappement, le rétroviseur, le clignotant, le pare-brise, l'aile, le réservoir, la roue, les essuie-glaces, le feu arrière, la plaque d'immatriculation, la portière, le volant, le pare-chocs, le moteur, le coffre, le phare, le siège, une voiture décapotable

 Vous connaissez peut-être d'autres parties d'un véhicule. Rajoutez-les sur le dessin.

5.4   En panne

Mots croisés

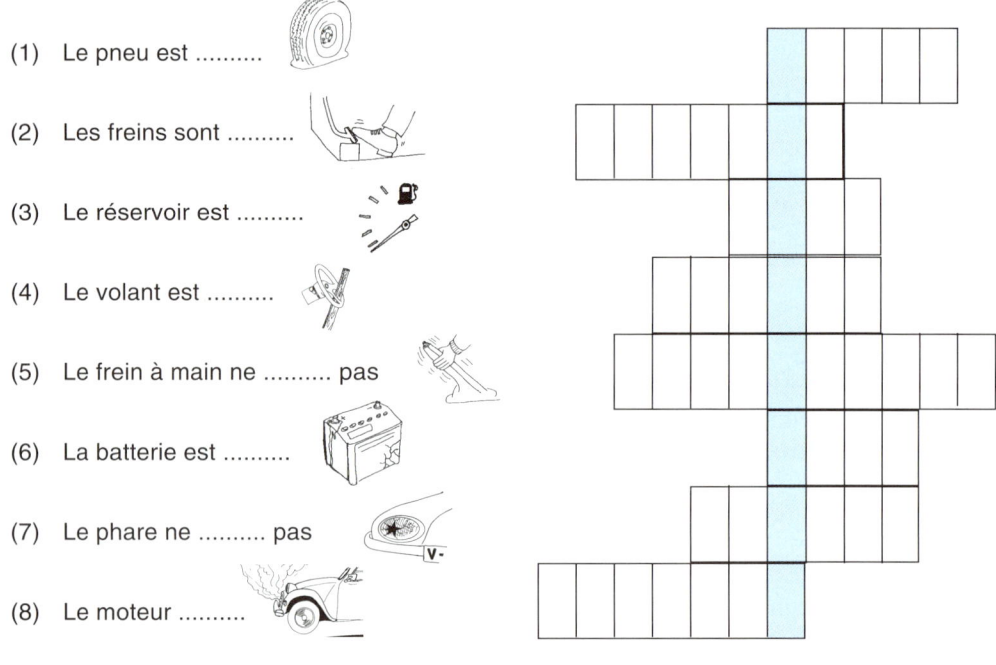

(1)   Le pneu est ....

(2)   Les freins sont ....

(3)   Le réservoir est ....

(4)   Le volant est ....

(5)   Le frein à main ne .... pas

(6)   La batterie est ....

(7)   Le phare ne .... pas

(8)   Le moteur ....

Avant de démarrer, il faut mettre la (9) .... de sécurité.

5.5   En panne sur l'autoroute

Madame Legrand, manager chez Peugeot, va à Paris pour des affaires importantes. Pour y aller, elle prend d'abord l'autoroute A 36 de Mulhouse. Puis, à Beaune, elle prend l'A 6 jusqu'à Paris.
Juste avant Auxerre, Madame Legrand remarque que le voyant rouge de pression d'huile s'allume. Elle s'arrête sur le bas-côté et se rend à la prochaine borne d'appel d'urgence pour appeler un dépanneur.

(Aus: "La conduite sur Autoroute"-1995)

Exercice

Mettez les phrases du dialogue entre Madame Legrand et le secours routier dans l'ordre correct.

(*SR* = Secours routier, *Mme L.* = Madame Legrand)

Mme L.:   Le voyant rouge de pression d'huile s'est allumé. Et je n'ose pas aller plus loin.

SR   Allô?

Mme L.:   Au kilomètre 20, juste après Auxerre.

Mme L.:   En direction de Paris.

SR   Cela ne serait pas une bonne idée. Qu'est-ce que vous avez comme voiture?

Mme L.:   Merci bien, Monsieur.

SR: Dans quelle direction?

MmeL.:   Allô, vous pourriez m'aider? Je suis en panne.

SR: Où est-ce que vous êtes?

SR: C'est quelle sorte de panne?

Mme L.:   Une Peugeot 205.

SR: Bon, attendez dans votre voiture. Je vais envoyer quelqu'un pour vous dépanner.

SR: Allô? _____

Mme L.:   _____

SR: _____

Mme L.:   _____

SR: _____

Mme L.:   _____

SR: _____

Mme L.:   _____

SR: _____

Mme L.:   _____

SR: _____

Mme L.:   _____

5.6   Sécurité sur l'autoroute

Les panneaux à message variable, situés au-dessus ou à côté des voies, informent sur les conditions de trafic. Ils donnent également des conseils de sécurité. Il est essentiel d'observer strictement toutes ces recommandations.

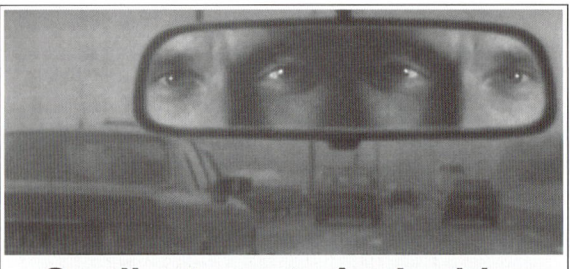

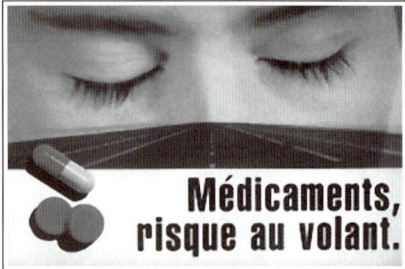

(Aus: "La conduite sur Autoroute"-1995)

 Dites ce que ces panneaux veulent dire au conducteur.

5.7 Causes d'accident

5.7.1 Alcool et tabac et autres dangers

La loi est sévère à l'égard des automobilistes qui conduisent après avoir bu plus que de raison, quand ils ont 0,5 g d'alcool ou davantage par litre de sang. Les statistiques officielles montrent que l'alcool est responsable d'une bonne part des quelques 9000 tués enregistrés chaque année sur les routes de France: boire ou conduire ...

Pour l'automobiliste, le tabac, sans être aussi dangereux que l'alcool, n'est par recommandé: il ralentit les réflexes et réduit la vision, ajoute à la fatigue de conduire, et peut causer des accidents: on estime que 5% d'entre eux sont dûs à ceux qui fument en conduisant. Dans certains pays, tels que la Pologne et la Grèce, ce danger a été reconnu au point qu'il est interdit de fumer au volant. En Grande-Bretagne et aux Etats-Unis, certaines compagnies d'assurance accordent des réductions de primes aux non-fumeurs.

Proscrivez, enfin, l'usage de certains médicaments avant de prendre le volant.

Si vous conduisez quotidiennement sur le même trajet, l'habitude tendra à diminuer votre prudence; changez parfois de route afin d'éviter ce risque.

Contre la somnolence, il est recommandé de manger légèrement et souvent, d'aérer la voiture et de prévoir des pauses, toutes les deux heures minimum, pour se dégourdir les jambes.

L'autoroute permet les grandes vitesses qui constituent un danger supplémentaire; ne dépassez pas les limites permises.

Restez normalement sur la file de droite, mais n'utilisez la bande d'arrêt d'urgence qu'en cas de panne ou autre nécessité absolue.

La nuit les risques d'accidents sont quadruplés: on estime que c'est durant la nuit que sont tués la moitié des piétons; 20% des accidents ont lieu à la tombée du jour. Allumez donc vos feux de croisement dès le crépuscule. N'éblouissez pas le conducteur qui va croiser votre voiture.

Le mauvais temps est lui aussi facteur d'accidents, ce d'autant plus que trop d'automobilistes n'en tiennent pas suffisamment compte. La pluie, le brouillard, la neige, le verglas exigent de réduire sensiblement sa vitesse. Dans des régions montagneuses et souvent enneigées les pneus doivent être munis de chaînes ou de crampons ou mieux utilisez des pneus neige.

(Aus: "Michelin et la Route", Atlas)

 Questions

1. Lisez le texte et faites un résumé de tous les dangers d'accident.
2. Comment est-ce qu'on peut éviter tous ces risques?
   Commencez les phrases par „il faut ...", „il est recommandé ...", „il est utile ... ",
   „il vaut mieux ...".

5.7.2 Principales causes d'accident

Regardez cette statistique. Quelles sont les causes d'accident les plus graves? Est-ce que cette statistique coïncide avec le texte "Sécurité sur l'autoroute" (5.6)?

	En pourcentage du nombre total des accidents	En pourcentage du nombre total des tués	En pourcentage du nombre total des blessés graves
Excès de vitesse	27,9	31	29,7
Non-respect de la priorité	13,8	7,5	12,8
Alcool	11,8	12,4	11,8
Circulation à gauche	5,3	6,6	6,8
Changement de direction sans précaution	4,6	3,2	4,4
Dépassement dangereux	3,5	3,6	3,9
Autres infractions	20,5	18,3	19,2
	87,4	**82,6**	**88,6**
Défaillances humaines	2,3	4,5	2,4
Autres (liées aux véhicules, à la route, aux intempéries)	10,3	12,9	9
	100	**100**	**100**

5.8   Les différentes phases d'un contrôle de camion

5.8.1 Arrêter un camion et poser les premières questions au conducteur

Un groupe de policiers fait un contrôle de la circulation. Ils arrêtent un camion étranger. D'après les plaques d'immatriculation, il s'agit d'un camion français.

Le policier: Bonjour, Monsieur. Nous faisons un contrôle routier. Rangez votre camion là-bas.

Le camionneur: Bonjour, Monsieur. Là-bas sur le parking? Bon, d'accord.

Le conducteur range son camion sur le parking. Le policier arrive et parle au conducteur

Le policier: Tout d'abord, arrêtez le moteur, s'il vous plaît! D'où venez-vous? Où avez-vous traversez la frontière? Où voulez-vous quitter l'Allemagne? Quelle est votre lieu de destination?

Vocabulaire important:

– arrêter un véhicule	ein Fahrzeug anhalten
– arrêter le moteur	den Motor abstellen
– traverser la frontière	die Grenze überqueren
– le camion	der Lastwagen
– le lieu de destination	der Bestimmungsort

Vocabulaire supplémentaire:

– suivez-moi jusqu'au prochain parking	folgen Sie mir bis zum nächsten Parkplatz
– rangez votre véhicule sur le bas-côté	parken Sie auf dem Seitenstreifen
– le poids lourd (P.L.)	der Lastwagen (LKW)

5.8.2 Contrôler les papiers et vérifier les horaires de conduite

Le policier doit vérifier les papiers du conducteur, du camion et du chargement.

Le policier: Monsieur, je dois contrôler vos papiers. Donnez-moi votre permis de conduire, s'il vous plaît.

Le conducteur cherche son permis de conduire et le donne au policier.

Le policier: Bien, le permis de conduire est en règle. Et maintenant montrez-moi votre carte grise.

A nouveau le conducteur cherche dans ses papiers, trouve la carte grise et la donne au policier.

Le policier: Bon, maintenant j'ai besoin de votre autorisation de travail, des papiers de transport, des papiers de la remorque et de la feuille de route.

Après quelques instants de recherche, le conducteur trouve tous les papiers et les donne au policier.

Le policier: Tout me paraît en ordre. Donnez-moi le disque tachygraphique de ce jour ainsi que les disques de cette semaine et du dernier jour de la semaine dernière.

Les conducteurs doivent respecter les horaires de conduite et faire régulièrement des pauses. Les conducteurs qui ne respectent pas cette réglementation doivent payer une amende forfaitaire. Le policier examine le disque du jour.

Le policier: Monsieur, vous avez roulé beaucoup trop longtemps aujourd'hui. Vous ne devez pas rouler plus longtemps que quatre heures et demie. Mais vous avez roulé onze heures de suite. Vous devez maintenant faire une pause de huit heures.

Le conducteur cherche des excuses.

Le policier: Il n'y a pas d'excuses, Monsieur. Les pauses sont nécessaires pour la sécurité sur la route. Pour votre sécurité, mais aussi pour la sécurité des autres conducteurs.

Le conducteur: Et qu'est-ce que je dois faire maintenant?

Le policier: Une pause. Une pause de huit heures au minimum.

Le conducteur: Et où?

Le policier:	Ici, Monsieur. Vous ne devez plus conduire avant la pause. Là-bas il y a un restaurant. Vous pouvez manger et boire quelque chose. Mais avant, vous devez payer une amende, car vous avez dépassé le temps de conduite autorisé. Et je dois prendre une caution pour cette amende.
Le conducteur:	D'accord pour la pause, mais pourquoi l'amende?
Le policier:	C'est la loi. Le montant de la caution est de 600 marks.
Le conducteur:	Je n'ai pas autant d'argent sur moi.
Le policier:	Si vous avez une carte de crédit, vous pouvez prélever de l'argent au distributeur bancaire qui se trouve là-bas.
Le conducteur.	D'accord, mais mon patron ne va sûrement pas être très content.

Vocabulaire important:

– les horaires *m.pl.* de conduite	die Fahrzeiten
– l'autorisation *f.* de travail	die Arbeitserlaubnis
– la remorque	der Anhänger
– le disque tachygraphique	die Fahrtscheibe
– la feuille de route	der Begleitbrief
– l'amende *f.*	die Geldbuße
– la caution	die Sicherheitsleistung

Vocabulaire supplémentaire:

– je vous donne une quittance	Sie bekommen einen Zahlungsbeleg
– votre autorisation de travail est périmée	Ihre Arbeitserlaubnis ist abgelaufen
– les papiers de transport	die Beförderungspapiere
– l'autorisation *f.* de transport	die Transportgenehmigung

5.8.3 Contrôler le chargement

Premier camion

Le policier:	Monsieur, je voudrais voir le chargement. Ouvrez les portes du camion et de la remorque s'il vous plaît.

Le conducteur fait le tour de son camion et ouvre les portes. Le policier vérifie le chargement. Il compte les caisses. Il compare la description du chargement avec l'inscription sur les caisses.

Le policier:	Il y a une caisse qui ne figure pas sur les papiers.
Le conducteur:	Oui, c'est personnel. Un service que je rends à un ami. Une caisse de vin dont le patron ne sait rien. Ce n'est ni lourd ni dangereux.
Le policier:	Votre ami ne m'intéresse pas. Vous êtes obligé de déclarer tout ce que vous avez chargé. Même ces douze bouteilles de vin. Je suis désolé, mais vous devez payer une amende. Et nous sommes obligés d'informer votre entreprise.

Le conducteur reconnaît son errreur et paye l'amende sans discuter.

Le policier:	Voilà votre quittance, Monsieur. Et n'oubliez pas de tout déclarer à l'avenir.

Deuxième camion

Un policier contrôle un camion dont le chargement est trop long. Le chargement dépasse la longueur du camion de plus de trois mètres à l'arrière.

Le policier: Monsieur, vous ne pouvez pas continuer comme ça.

Le conducteur: Mais qu'est ce que je peux faire? La remorque n'est pas plus longue.

Le policier: Vous devez absolument signaler la longueur de votre chargement. C'est très important pour la sécurité des autres conducteurs. Autrement, c'est trop dangereux.

Le conducteur trouve enfin une serviette rouge dans sa cabine. Il l'accroche au bout de la charge.

Le policier: Vous devez malheureusement payer une amende. Cela fait 300,—marks.

Le conducteur paye à contre coeur. Le policier lui donne une quittance.

Le policier: N'oubliez pas de signaler à l'avenir le dépassement de la longueur du char-gement. Vous pouvez y aller maintenant. Et bonne route!

Le conducteur: Merci. Au revoir, Monsieur.

Réglementation

Si le chargement dépasse la longueur du véhicule de plus d'un mètre, le conducteur doit signaler la longueur du chargement. Le jour, il suffit d'un morceau de tissu rouge de 30 cm² ou d'un cylindre rouge. La nuit, il faut accrocher une lampe rouge au bout du chargement.

Un transport dépassant une certaine largeur nécessite une autorisation spéciale, un signale-ment adapté et éventuellement une escorte.

La hauteur ne doit normalement pas dépasser 3 mètres. Si le chargement est trop haut, le conducteur doit suivre un itinéraire prescrit, escorté par la police.

Vocabulaire important:

– vérifier le chargement	die Ladung überprüfen
– la caisse	die Kiste
– le chargement dépasse	die Ladung ragt über
– signaler la longueur du chargement	die Länge der Ladung anzeigen

Vocabulaire supplémentaire:

– le chargement est trop haut/lourd/large	die Ladung ist zu hoch/schwer/breit
– le chargement est mal attaché	die Ladung ist nicht richtig festgebunden
– le chargement n'est pas bien emballé	die Ladung ist nicht richtig eingepackt

 Jeu de rôle.

Les différentes phases d'un contrôle de camion sont multiples et dépendent des situations réelles. Préparez avec votre voisin (ou tout seul) une situation de contrôle en utilisant votre expérience. Présentez cette situation à vos collègues sous la forme d'un jeu de rôle.

 **Le spécialiste, c'est vous!**

Quelles parties ou papiers du camion contrôlez-vous tout particulièrement?
Expliquez pourquoi!

5.9 L'alcootest

Le policier:	Bonjour, Monsieur. Contrôle de la circulation.
Le conducteur:	Bonjour, Monsieur
Le policier:	Garez votre voiture là sur le bas-côté, s'il vous plaît. Donnez-moi vos papiers: carte d'identité, permis de conduire, carte grise.

Le conducteur donne quelques papiers au policier.

Le policier:	Vos papiers sont en règle.
	Monsieur, nous vous avons arrêté parce que vous avez zigzagué.
Le conducteur:	Qui, moi?
Le policier:	Oui, vous. Et vous avez roulé trop vite. Avez-vous bu de l'alcool?
Le conducteur:	Comment? Bu de l'alcool?
Le policier:	Oui, avez-vous bu de l'alcool? De la bière ou du vin peut-être?
Le conducteur:	Oh, un petit verre de vin. Ou peut-être deux. Mais il y a longtemps.
Le policier:	Quand avez-vous bu?
Le conducteur:	Oh, attendez. Il y a deux heures environ.
Le policier:	Avec votre accord nous allons vous faire passer un alcootest?
Le conducteur:	Non.
Le policier:	Si vous n'êtes pas d'accord, vous devez nous suivre au commissariat de police.
Le conducteur:	Dans ce cas, je préfère faire un alcootest ici.
Le policier:	Bon soufflez dans cet embout pendant environ 8 secondes. Soufflez encore, encore. Jusqu'à ce que je dise stop: ... stop!
Le policier:	Le résultat est positif. Le taux d'alcool de l'haleine est de 1,4 pour mille. Vous devez nous accompagner au commissariat de police.
Le conducteur:	Au commissariat de police? Pourquoi?
Le policier:	Nous devons vous faire une prise de sang. Fermez la voiture et suivez-nous.
Le conducteur:	Mais ce n'est pas légal. Et puis, pourquoi faire un alcootest, si son résultat n'est pas valable?
Le policier:	Le résultat est seulement valable, s'il est négatif. Mais si le résultat est positif, il faut faire une prise de sang en plus. Pour être sûr.
Le conducteur:	Mais ce n'est pas légal.
Le policier:	Si, la prise de sang est légale en Allemagne.

Plus tard, au commissariat de police ...

Le policier:	Monsieur, un médecin va faire la prise de sang. Venez dans cette salle.
Le conducteur:	Et ... si je ne suis pas d'accord avec la prise de sang?
Le policier:	Dans ce cas, nous avons le droit d'utiliser la force pour vous prendre du sang. Ce n'est pas très agréable, ni pour vous, ni pour nous.

Le médecin fait la prise de sang.

Le policier:	Je dois dresser un procès-verbal et vous devez déposer une caution.
Le conducteur:	Comment? Encore payer. Mais ce n'est pas moi qui ai demandé à faire cette prise de sang. Pourquoi payer?
Le policier:	C'est une caution d'un montant de 1500 marks. C'est pour couvrir les frais de la procédure et de l'amende que vous risquez d'avoir.
Le conducteur:	Vous plaisantez. Je n'ai pas 1500 marks avec moi.

Le policier:	Si vous n'êtes pas d'accord avec cette mesure, je suis obligé de vous confisquer quelque chose.
Le conducteur:	Puis-je payer par chèque?
Le policier:	Bien sûr. Vous pouvez payez par eurochèque.
Le conducteur:	Alors, attendez, je vous remplis un chèque.
Le policier:	Monsieur, vous n'avez plus le droit de conduire en Allemagne pour le moment. Et votre permis de conduire reste ici.
Le conducteur:	Comment?
Le policier:	Vous n'avez plus le droit de conduire en Allemagne un véhicule nécessitant un permis de conduire.
Le conducteur:	Combien de temps?
Le policier:	Je ne sais pas. C'est le juge qui décide. Le tribunal vous informera sur la durée de cette interdiction de conduite en Allemagne.
Le conducteur:	Ma femme, peut-elle venir me chercher?
Le policier:	Naturellement.
Le conducteur:	Puis-je téléphoner?
Le policier:	A votre femme? Allez-y! Le téléphone est là-bas.

Vocabulaire supplémentaire

Pourquoi on vous contrôle:

– vous avez zigzagué
– vous avez dépassé la vitesse maximale autorisée
– c'est une infraction au Code de la route allemand
– vous n'avez pas respecté le feu rouge
– vous n'avez pas respecté le stop

Warum Sie angehalten wurden:

– Sie sind in Schlangenlinien gefahren
– Sie haben die erlaubte Höchstgeschwindigkeit überschritten
– das ist ein Verstoß gegen die deutsche Straßenverkehrsordnung
– Sie haben die rote Ampel nicht beachtet
– Sie haben das Stopschild nicht beachtet

Informations sur les droits d'une personne:

– vous êtes obligé de décliner votre identité
– vous n'êtes pas obligé de faire une déposition
– vous avez le droit de consulter un avocat
– vous pouvez demander un médecin

– vous pouvez informer un membre de votre famille / votre employeur de ce qui se passe
– j'ordonne une prise de sang
– la caution

Rechtsbelehrungen:

– Sie müssen uns Ihre Personalien geben
– Sie müssen sich nicht äußern

– Sie dürfen einen Anwalt hinzuziehen
– Sie dürfen sich ärztlich untersuchen lassen
– Sie dürfen ein Familienmitglied / Ihren Arbeitgeber benachrichtigen

– ich ordne eine Blutentnahme an
– die Sicherheitsleistung

Exercice de traduction.

Vous pouvez payer en francs français ou en marks allemands. Vous pouvez également payer par eurochèque.

Avez-vous une carte bancaire? Vous pouvez retirer la somme dans un distributeur de billets. Nous pouvons vous y emmener.

Si vous ne voulez pas payer la somme demandée, nous sommes obligés de confisquer un objet du montant de cette somme: votre auto-radio, votre montre ... .

Si vous n'avez pas d'objets appropriés, nous confisquons votre voiture.

Vous pouvez récupérer l'objet confisqué par paiement de la caution.

Pouvez-vous nous donner le nom et l'adresse d'une personne vivant en Allemagne et à laquelle seront envoyés tous les papiers de justice concernant votre affaire?

Vols et cambriolages — Unité 6

6.1 Le vol à l'étalage et les mesures de police

Un policier est appelé dans une grande surface où un détective a interpellé un homme. Le détective déclare que l'homme voulait voler une montre. Mais l'homme dit constamment qu'il n'est pas un voleur. Le policier comprend vite que l'homme ne parle que français.

6.1.1 Au magasin

Policier: Guten Tag, meine Herren. Was ist denn vorgefallen?

M. Legrand: Monsieur, cet homme dit que je suis un voleur.

Policier: Ah, vous êtes Français.

Détective: Er war schon an der Kasse vorbei, als ich ihn stellte. Aber ich hatte ihn beobachtet. Er war in der Schmuckabteilung. Dort hat er eine Uhr gestohlen.

Policier: Le détective dit que vous avez volé une montre.

M. Legrand: Des mensonges!

Policier: En tout cas nous devons aller au commissariat de police pour l'audition.

M. Legrand: Je suis pressé. Et puis, je n'ai rien volé.

Policier: Mais nous devons faire l'audition parce que le magasin a porté plainte.

M. Legrand: Est-ce qu' on ne peut pas faire cela ici?

Policier: Pouvez-vous justifier de votre identité ici? Avez-vous votre carte d'identité sur vous?

M. Legrand: Voilà.

Policier: Malheureusement, elle est périmée depuis six mois! Monsieur, je suis désolé, vous devez me suivre au commissariat de police. Je dois vérifier votre identité.

M. Legrand: Bon, d'accord.

 Jeu de rôle.

On vous appelle dans un magasin pour relever l'identité d'un voleur. Il ne veut pas vous suivre au commissariat.

Expliquez-lui qu'il est obligé de vous suivre car il reste des doutes sur sa véritable identité:

a) la photo est trop floue,

b) la signature est illisible,

c) le document semble faux.

6.1.2 Au commissariat de police

Policier:	Monsieur, tout d'abord je dois vérifier votre identité et remplir ce formulaire. Avez-vous des papiers d'identité sur vous?
M. Legrand:	Je ne dis rien.
Policier:	Monsieur, la loi vous oblige à décliner votre identité.
M. Legrand:	Voilà mon passeport.
Policier:	Monsieur, videz vos poches, s.v.p..

Foto: Bernd Maurer

M. Legrand:	Vider mes poches? Pourquoi cela?
Policier:	Pour en vérifier le contenu.
M. Legrand:	Incroyable, vraiment incroyable. Je vous dis que je ne suis pas un voleur *(il vide ses poches)*. Que faites-vous avec mon passeport?
Policier:	Je note le numéro, je vérifie vos coordonnées et la photo. Quel est votre nom?
M. Legrand:	Legrand, Michel.
Policier:	Date et lieu de naissance?
M. Legrand:	Je suis né à Nancy, le 11 février 1954.
Policier:	Quelle est votre situation de famille?
M. Legrand:	Je suis marié.
Policier:	Avez-vous des enfants?
M. Legrand:	Oui, j'ai deux enfants. Je n'ai pas volé, Monsieur. Je voulais payer la montre.
Policier:	Nous allons parler de cela plus tard. Avez-vous du travail?
M. Legrand:	Non, je suis au chômage.
Policier:	De quoi vivez-vous alors?
M. Legrand:	Actuellement, je touche une allocation chômage pour moi-même et une aide sociale pour ma famille. Mais je suis toujours à la recherche d'un travail.
Policier:	Donnez-moi votre adresse, s.v.p..
M. Legrand:	5, rue des Vosges, à Nancy.
Policier:	Le code postal de Nancy?
M. Legrand:	54000.
Policier:	Suivez-moi. On va prendre vos empreintes digitales.
M. Legrand:	Ecoutez, vous me traitez comme un criminel.
Policier:	Je suis désolé, mais je dois prendre vos empreintes digitales. Malheureusement, il reste des doutes sur votre identité.

Jeu de rôle.

- Posez des questions pour relever l'identité des personnes suivantes (2 participants).
  - Marie Leclerc, * 13/03/53 in Toul, verheiratet, 2 Kinder, Verkäuferin, zur Zeit arbeitslos.
  - Jean Bistro, * 02/11/48 in Paris, nicht verheiratet, Koch, Besitzer eines kleinen Restaurants in Strasbourg, 7, rue haute.
- Posez des questions à votre voisin(e) pour relever son identité.
- Présentez votre voisin(e) aux participants du cours.

6.1.3 L'information sur vos droits

Policier: Monsieur, vous êtes mis en cause pour vol à l'étalage.
                 Vous êtes donc obligé de décliner votre identité. Mais vous n'êtes pas obligé
                 de faire une déposition. Vous avez également le droit d'appeler un avocat.
M. Legrand: Et si je ne dépose pas?
Policier: Je remplis ce formulaire et je téléphone au procureur. Le procureur peut classer
                 l'affaire sans suite. Il peut également demander la poursuite de l'affaire devant
                 un tribunal.
M. Legrand: Donc, vous ne me libérez pas?
Policier: Pas du tout. C'est seulement un procureur ou un juge qui peut vous remettre
                 en liberté. Mais je répète que vous avez quand même le droit de refuser de
                 déposer.
M. Legrand: Oui, j'ai compris.
Policier: Alors, vous déposez ou vous ne déposez pas?
M. Legrand: Je dépose. Je vous raconte tout.

 Exercice lexical.

Expliquez les termes suivants ou traduisez-les:
- information sur les droits
- faire sa déposition
- décliner son identité

Quelles personnes doivent se rendre au tribunal lors d'une procédure? Regardez le dessin.

6.1.4 Questions sur les faits

Policier: Et maintenant parlons des
                 faits qu'on vous reproche.
                 Vous êtes suspecté d'avoir
                 commis un vol à l'étalage
                 dans une grande surface.
M. Legrand: Qui dit cela?
Policier: Le détective et une vendeuse
                 ont vu que vous avez pris
                 une montre et que vous avez
                 quitté le magasin.

                 C'est le magasin qui a porté plainte. Alors, qu'est-ce qui s'est passé?
M. Legrand: J'ai regardé la montre. Mais la lumière dans le magasin était très mauvaise.
                 J'ai donc décidé de regarder la montre de plus près dans la rue.

Policier:	Malheureusement, vous n'avez pas informé le vendeur.
	Si vous voulez voir quelque chose à la lumière du jour, vous devez informer un vendeur. Si un vendeur vous accompagne, vous êtes à l'abri de tout reproche. Mais si vous quittez le magasin avec une montre sans payer, on doit forcément penser que vous vouliez la voler.
M. Legrand:	Qu'est-ce qui va se passer maintenant?
Policier:	Vous devez encore signer ce procès-verbal et payer une caution. Ensuite, vous pouvez rentrer chez vous. Mais je dois transmettre tout le dossier au parquet.

  Jeu de rôle.

Vous êtes policier. On vous appelle dans un magasin où le détective a découvert un voleur mineur.

Expliquez-lui ses droits et le déroulement de la procédure.

Préparez un entretien téléphonique avec ses parents. Demandez-leur de venir chercher leur fils au commissariat de police.

6.1.5 La caution

Policier:	Monsieur, vous êtes obligé de déposer une caution d'un montant de 400 marks.
M. Legrand:	Pourquoi une caution de 400 marks?
Policier:	Vous devez déposer cette caution parce que vous n'avez pas de domicile fixe en Allemagne.
M. Legrand:	Caution? Mais j'ai dit que je ne voulais pas commettre un vol.
Policier:	Vous pouvez raconter tout cela au tribunal.
M. Legrand:	Et puis, Monsieur, que pensez-vous? Je n'ai pas 400 marks sur moi.
Policier:	Mais vous dites que vous vouliez payer la montre.
M. Legrand:	Oui, je voulais payer par chèque.
Policier:	Nous n'acceptons pas de chèques. Mais vous pouvez retirer de l'argent à un distributeur. Un collègue peut vous accompagner au distributeur le plus proche.
M. Legrand:	Attendez. Je crois que j'ai encore un peu d'argent.
	(M. Legrand donne la somme demandée au policier)
Policier:	C'est tout pour aujourd'hui. Le tribunal va vous informer de la suite. Si vous n'êtes pas condamné, la somme vous sera remboursée.
M. Legrand:	D'accord.
Policier:	Je suppose que le magasin va vous interdire l'entrée pendant un an au moins.
M. Legrand:	Vous pouvez être sûr que je ne vais plus y aller.
	Avec des détectives qui ne racontent que des mensonges.
Policier:	Au revoir, Monsieur.
M. Legrand:	Au revoir.

6.1.6 Des phrases utiles lors d'un vol à l'étalage

Traduisez.

1. Wir müssen zur Polizeidienststelle fahren.

2. Sie müssen Ihre Identität nachweisen.

3. Es gibt Zweifel an Ihrer Identität.

4. Wir können die Vernehmung nicht hier durchführen.

5. Sie müssen Ihre Personalien angeben.

6. Sie brauchen keine Angaben zur Sache zu machen.

7. Sie dürfen einen Rechtsanwalt anrufen.

8. Sie werden verdächtigt, einen Ladendiebstahl begangen zu haben.

9. Ein Detektiv hat Sie gesehen.

10. Das Kaufhaus hat Anzeige erstattet.

11. Sie müssen eine Sicherheitsleistung in Höhe von _____ DM hinterlegen.

12. Die Sicherheitsleistung ist für die zu erwartende Geldbuße und für die Verfahrenskosten.

13. Können Sie in Deutschland eine Kontaktperson nennen?

14. Wenn Sie nicht verurteilt werden, wird man Ihnen das Geld zurückzahlen.

6.2   Das Adverb

Parlez lentement. Il vient rarement.

a) Bildung des Adverbs

- Die Adverbien werden meistens durch Anhängen von *-ment* an die weibliche Form des Adjektives *(z.B. lentement)*, bei unveränderlichen Adjektiven durch Anhängen von -ment an die Grundform *(gravement)* gebildet.

- Endet das Adjektiv auf einen Vokal, so wird das Adverb mit der männlichen Form gebildet: z.B. *vraiment (wirklich)* , *absolument (absolut, völlig)*
  Ausnahme: gaiement (fröhlich)

- Einige Adverbien haben einen accent circonflexe:
  z.B. *dûment (gebührend, angemessen)*

- Die meisten Adjektive auf *-ant* bzw. auf *-ent* bilden Adverbien auf *-amment* bzw. *-emment*:
  z.B. *couramment (ständig), récemment (kürzlich), prudemment (vorsichtig)*
  Ausnahme: lentement (langsam)

- Einige Adverbien enden auf *-ément*, insbesondere solche, die von Partizipien auf *-é* abgeleitet sind:
  z.B. *décidément (entschieden)*

  Einige andere enden ebenfalls auf *-ément*, ohne auf ein Partizip zurückzugehen, z.B. *conformément (entsprechend), énormément (äußerst, gewaltig), expressément (ausdrücklich), précisément (exakt entsprechend), profondément (tief)*

- Das Adverb zu *bon* lautet *bien*, zu *mauvais* lautet *mal*, zu *rapide* lautet es *rapidement* oder *vite*.

- Nicht aus jedem Adjektiv kann man ein Adverb bilden.
  Anstelle eines Adverbes benutzt man dann eine Umschreibung,
  z.B. *d'une manière intelligente (intelligenterweise) / d'une façon curieuse (neugierig) / d'un air fâché (verärgert)*

- Adjektiv statt Adverb:
  Bei einigen Verben wird in bestimmten Verbindungen das Adjektiv adverbial, also unverändert benutzt. Es steht in der Regel unmittelbar hinter dem Verb:

parler fort	laut reden
sentir bon/mauvais	gut/schlecht riechen
coûter, payer cher	teuer sein/bezahlen
acheter, vendre cher	für viel Geld kaufen/verkaufen
travailler dur	hart arbeiten

- Das Adverb kann, je nach Bedeutung, durch *très* bzw. *trop* verstärkt werden:
  z.B. *Vous avez roulé trop vite. Il travaille très bien.*

➔ **Trouvez la forme correcte.**

1. Il a .... trouvé l'auteur du crime (difficile).
2. Nous avons .... préparé le dossier (rapide).
3. Cela s'est passé .... (récent).
4. Il est .... tombé en panne (probable).

5. Nous allons .... au restaurant (rare).

6. Il a .... conduit ce véhicule (prudent).

7. Le stationnement ici est .... interdit (vrai)?

8. Le conducteur est .... blessé (grave).

9. Est-ce qu'il a .... dit cela (vrai)?

10. Nous sommes .... déçus de cette décision (profond).

11. Vous avez .... fait ce travail (bon).

12. Il faut vider ce sac très .... (prudent).

 Adjectif ou adverbe?

1. Il travaille .... toute la journée. (hart)

2. Je paye .... cette voiture. (teuer)

3. La personne observée marche .... en direction de la gare. (langsam)

4. Les fruits sentent .... (gut)

5. Cet homme parle toujours très .... (laut)

6. Le patron a .... refusé cette idée. (deutlich)

7. Cet homme a .... caché les traces de l'accident. (schlecht)

8. Cette place sent .... (schlecht). Elle sent l'huile.

9. Ce collègue a toujours .... travaillé. (gut)

10. Les policiers sont .... allés sur le lieu de l'accident. (schnell)

b) Stellung des Adverbs

- In den einfachen Zeiten steht das Adverb meist nach dem Verb:
  z. B. *Il comprend bien le français.*

- Orts- und Zeitadverbien können am Satzanfang und Satzende stehen.
  z. B. *Je viens demain. Demain, je viens.*

- Beim Imperativ folgt das Adverb dem Verb:
  z. B. *Décrivez exactement le voleur.*

- In den zusammengesetzten Zeiten steht das Adverb meist zwischen Hilfsverb und Vollverb:
  z. B. *Il a longtemps cherché. J'ai bien trouvé le bâtiment. Veux-tu vraiment faire cela?*

- Steht ein Adjektiv statt eines Adverbes, so steht dies meist unmittelbar nach dem Vollverb:
  z. B. *Il a travaillé dur pendant toute la journée.*

Traduisez.

1. Er fährt zu schnell.

2. Sie finden den Dieb selten auf der Straße.

3. Wir fahren bald nach Paris.

4. Der Detektiv beschreibt genau den Hergang *(le déroulement)* des Ladendiebstahls.

5. Kommen Sie schnell!

6. Sie haben natürlich das Recht, einen Anwalt zu rufen.

7. Ich ziehe es wirklich vor, hier zu bleiben.
8. Der Fahrer des Wagens hat schnell festgestellt *(remarquer)*, daß der Unfall nicht schwer war.
9. Er hat vorsichtig den Motor untersucht *(examiner)*.
10. Muß ich wirklich umkehren?

6.3   Les vols de véhicules et les vols à la roulotte

6.3.1   Vol à la roulotte

Le conducteur d'une voiture française va dans un commissariat de police. Il veut porter plainte, car sa voiture, qu'il a laissée sur un parking le matin, est endommagée. En plus, on a volé un appareil photo qui se trouvait dans sa voiture.

(LKA Saarbrücken, Archiv)

Policier: Guten Tag, was kann ich für Sie tun?
M. Danois: Monsieur, parlez-vous français? Je ne comprends pas l'allemand.
Policier: Oui, Monsieur, parlez lentement. J'essaye de vous comprendre. Que puis-je faire pour vous?
M. Danois: Mon véhicule, que j'ai laissé sur un parking pas loin d'ici ce matin, est endommagé. La vitre de ma voiture est cassée. L'appareil-photo, qui était sur le siège arrière, a disparu et quelqu'un a fouillé la boîte à gants. En plus, je crois que quelqu'un a essayé de partir avec la voiture.
Policier: Ah bon? Comment est-ce que vous avez remarqué cela?
M. Danois: Quelqu'un a essayé de manipuler le volant. Mais j'ai un antivol. Donc, cela n'a pas marché. Mais je ne sais pas si je peux démarrer la voiture maintenant.
Policier: Voulez-vous porter plainte?
M. Danois: Absolument, Monsieur!
Policier: Attendez, Monsieur! Moi, je suis de permanence et je dois rester ici, mais mon collègue va vous accompagner. Il nous faut une description exacte des dégâts.
M. Danois: D'accord.

M. Danois attend quelques minutes. Puis il accompagne le policier allemand au parking pour inspecter la voiture. M. Danois examine encore une fois la voiture et le policier prend des notes.

M. Danois: Voilà ma voiture. Regardez.
Policier: Oui, je vois, la vitre est brisée. Et ces détériorations ne se trouvaient pas encore sur la voiture ce matin?
M. Danois: Non, non, pas du tout. Vous voyez bien que quelqu'un est entré dans la voiture par effraction. Je ne sais pas qui va payer les réparations. Et puis, on a essayé de voler la voiture. Mais cela n'a pas marché.
Policier: Est-ce qu'on a volé quelque chose?

M. Danois: Oui, mon appareil photo a été volé. C'était même un appareil assez cher.
Policier: Bon, je propose de retourner au commissariat. Je vais rédiger le procès-verbal au poste.
M. Danois: D'accord.

Les deux hommes retournent au commissariat de police.

Policier: Il me faut d'abord votre identité. Avez-vous une pièce d'identité sur vous?
M. Danois: Voilà mon passeport.

Le policier prend le passeport de M. Danois et il prend des notes.

Policier: M. Danois, c'est vous, le propriétaire de la voiture?
M. Danois: Oui, c'est moi.
Policier: A quelle heure avez-vous garé la voiture au parking?
M. Danois: Vers 10 heures.
Policier: Et vous êtes revenu vers deux heures de l'après-midi?
M. Danois: C'est exact.
Policier: Décrivez maintenant les dégâts.

M. Danois décrit les dommages subis.

Policier: Avez-vous une assurance tous risques?
M. Danois: Oui, il me faut une copie du procès-verbal pour mon assurance.
Policier: Et vous voulez porter plainte contre „X"?
M. Danois: Oui, Monsieur.
Policier: Alors, signez ce formulaire.
   (*M. Danois signe et le fonctionnaire lui donne une copie.*)
   C'est pour vous, Monsieur.
   M. Danois, je vais maintenant prendre la plainte et rédiger le procès-verbal. Ensuite, je vous donnerai la copie de ce procès-verbal pour votre assurance. Nous allons essayer de trouver l'auteur de cette infraction. Mais normalement le pourcentage d'élucidation dans ce domaine n'est pas très élevé.
M. Danois: Cela ne m'étonne pas. C'est un peu la même chose chez nous en France. C'est partout pareil.

 Complétez avec les mots du dialogue.

1. Monsieur Danois veut .... parce que sa voiture est endommagée.
2. Le malfaiteur est entré dans la voiture par ....
3. Quelqu'un a .... la boîte à gants.
4. Quelqu'un a essayé de .... le volant, mais la voiture a
   ....
5. La vitre est ....
6. En plus, on a .... son appareil-photo.
7. Le policier a besoin (de) .... pour vérifier les coordonnées.
8. Monsieur Danois a besoin (de)............................. pour son assurance tous risques.

6.3.2 Plainte contre X

Toute plainte contre une personne inconnue est portée „contre X".

objet: vol de voiture (tentative) et vol à la roulotte
victime: Sven Hardberg, Taleckstraße 12, Bamberg
dégâts: serrure crochetée, vitre de la porte avant gauche brisée, dégradations à
                    l'intérieur du véhicule, câbles arrachés de la colonne de direction
lieu: parking de l'hôtel 'Aux quatre saisons', allée de la Moselle, Metz
date et heure: entre le 3 mars 1996, 22h et le 4 mars 1996, 6h

   Répétez.

Pourquoi et contre qui est-ce que la personne a porté plainte?
Quel est le lieu du vol?
Quels dégâts est-ce que le propriétaire du véhicule a constaté?

6.3.3 Protégez votre véhicule.

Les Français et l'automobile

Garer sa voiture en France présente bien des risques. Trafic de voitures volées, vols d'autoradios ou actes de vandalisme: au hit-parade européen des effractions d'automobiles, la France arrive en tête. C'est ce qui ressort d'un sondage réalisé auprès de 10 000 conducteurs de 13 pays européens et publié le 2 novembre dans FRANCE SOIR. Ce sondage révèle, entre autres, qu'en 1994, un Français sur deux a été victime de ces actes délictueux, soit une progression de 10 % par rapport à l'année précédente. Et pourtant, les Français ne semblent pas trop disposés à protéger leur bagnole chérie: les deux tiers des voitures circulent toujours sans système d'alarme. Les plus prévoyants en matière de protection sont d'ailleurs les Irlandais avec plus de 50 % de voitures equipées d'alarme. ...

*(Aus: Revue de la presse, 'Les Français et l'automobile',
2-11-1994)*

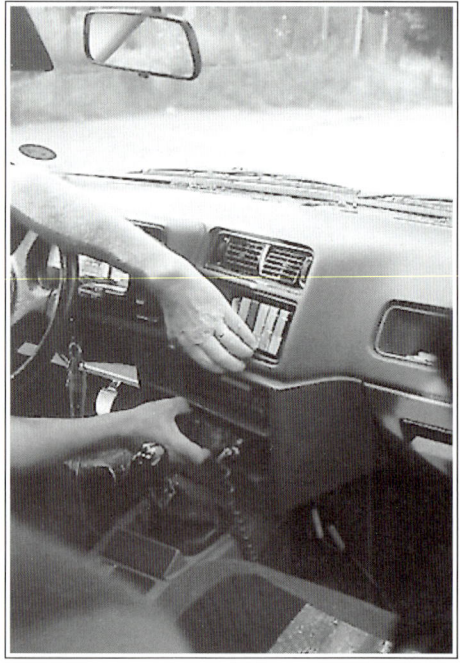

Pour vous protéger contre le vol à la roulotte ou même le vol de votre véhicule, la police recommande

• de toujours bien fermer toutes les portes et les vitres,
• de ne pas laisser de l'argent, des cartes de crédit ou des chèques dans votre voiture,

- de ne pas laisser des choses de valeur (sac à main, appareil photo, etc.) dans la voiture,
- d'installer un dispositif d'alarme acoustique qui se déclenche lors d'une infraction,
- de signaler visiblement que la voiture est équipée de ce dispositif d'alarme pour décourager d'éventuels voleurs,
- de ne pas garer votre voiture chargée de bagages (départ en vacances p.ex.) dans des parkings souterrains non surveillés ou sur des parkings isolés.

 Discussion.

– Discutez de l'efficacité de ces moyens.
– Avez-vous d'autres idées? Est-ce qu'il existe d'autres systèmes de sécurité?
– Proposez des mesures pour protéger une maison contre des voleurs.
– Proposez des mesures supplémentaires pour la période des vacances quand les propriétaires sont absents.

6.4   Die Relativpronomen

6.4.1 'Que' und 'Qui'

– Le détective **qui** a découvert le vol informe la police tout de suite.
– Le livre **que** cette personne a dans la main et **qu'**elle veut acheter est nouveau.

Das Relativpronomen *qui* hat im Relativsatz die Funktion des Subjektes, *que* hat im Relativsatz die Funktion des Objektes. Dabei spielt es keine Rolle, ob das Relativpronomen sich auf eine Person oder eine Sache bezieht.

Vor Vokalen wird *que* apostrophiert; *qui* wird nie apostrophiert.

 Trouvez la forme qui convient.

1. Le véhicule, ... vous avez vu, a été volé.
2. Le client ...... avait vu le voleur a informé la police.
3. La police, ... a été informée par le détective du magasin, est venue tout de suite.
4. L'appareil, ... on a volé, a coûté très cher.
5. La police a trouvé la voiture avec le numéro d'immatriculation ...... le passant avait noté.
6. Nous sommes toujours à la recherche de l'argent ..... il a volé.
7. La personne, ... avait appelé la police, est restée anonyme.
8. Le signalement, ... vous avez donné, a aidé à trouver le délinquant.
9. L'homme, ... vous avez décrit, est inconnu chez nous.
10. Nous examinons le lieu ...... vous avez indiqué.

6.4.2 'Ce que' und 'Ce qui'

Vous ne savez pas **ce qui** peut arriver après un vol.

Vous racontez **ce que** tout le monde sait déjà.

Ce qui übernimmt im Relativsatz die Funktion des Subjektes, *ce que* die eines Objektes.
In Abgrenzung zu *qui* bzw. *que* stehen *ce qui* und *ce que (ce qu'),* wenn es im übergeordne-
ten Satz kein Substantiv gibt, auf das sich das jeweilige Relativpronomen direkt bezieht. Sie
entsprechen dem deutschen Relativpronomen *was.*
Ce que wird oft durch *tout* verstärkt: *tout ce qu'il fait.*

 Remplissez.

1. Je vous dis .... je pense.
2. Je fais .... il me dit.
3. Vous devez dire .... vous savez.
4. Je vous donne .... j'ai trouvé.
5. Nous avons trouvé des empreintes digitales .... est une grande chance.
6. J'ai trouvé .... vous avez cherché.
7. Il dit .... il faut faire.
8. Le témoin a raconté tout .... il savait.

6.5   Das unverbundene, betonte Personalpronomen

	Singular	Plural
1. Pers.	moi	nous
2. Pers.	toi	vous
3. Pers. mask.	lui	eux
fem.	elle	elles
reflexiv	soi	soi

Das betonte Personalpronomen steht:

– zur besonderen Betonung des Subjektes. In der 1. und 2. Person muß das verbundene
  Personalpronomen erscheinen, in der 3. Person kann es auch fehlen:

  z. B. *Moi, je travaille aujourd'hui, mais lui ne travaille pas.*

– nach Präpositionen:

  z. B. *C'est pour moi. Allez avec lui.*

– als Dativobjekt, wenn dieses nachgestellt wird (z.B. beim Imperativ):

  z. B. *Je me présente à elle. Donnez-le-moi.*

 Discussion.

Quel moyen de transport préférez-vous pour aller en vacances: la voiture, la motocyclette, le
bus, le train, le bateau, l'avion ...?

Discutez avec votre collègue et parlez de vos habitudes ainsi que de ses habitudes.
Moi, je ...   Mon collègue, lui, ...

6.6   Attention: la coopération fonctionne.

La coopération transfrontalière, qui s'est améliorée depuis les accords de Schengen, a contribué à l'arrestation d'un truand de Homburg en Allemagne.

Voici les faits: un inconnu rôdait autour d'une banque. Son comportement était étrange, car il essayait de se cacher derrière un container. Un habitant du quartier a immédiatement informé la police. Le truand s'est sauvé avant l'arrivée de la police, mais notre habitant avait déjà noté le numéro de sa voiture.

Il s'agissait d'une Peugeot 205 avec un numéro d'immatriculation de Homburg.

(LKA Saarbrücken, Archiv)

Le numéro, que notre habitant avait noté, était déjà connu, parce que quelqu'un avait volé ces plaques minéralogiques à Homburg, quelques semaines auparavant. Et on avait utilisé ces plaques lors d'un hold-up à Zweibrükken, pas loin de Homburg: un homme masqué s'était présenté au guichet d'une banque, il avait réclamé l'argent de la caisse et s'était échappé ensuite.

Cette fois, – selon les observations de notre habitant qui avait appelé la police – il s'était dirigé vers la frontière française. D'autres témoignages ont confirmé ces déclarations. Mais le truand n'avait pas pensé à la gendarmerie française qui a été informée par la police sarroise. Le numéro d'immatriculation de sa voiture a été transmis à la gendarmerie française. Et il a suffi de connecter la „Ringalarmfahndung" sarroise avec le plan 'Milan', le plan de recherche de la gendarmerie en Lorraine pour mettre la main sur le malfaiteur.

    Discussion.

1. Comment fonctionne le plan de recherche allemand, le „Ringalarmfahndungsplan"?
2. Connaissez-vous des exemples de coopération transfrontalière? Racontez.
3. Avez-vous déjà enquêté sur un hold-up? Est-ce qu'il y a le hold-up type ou sont-ils tous différents?

6.7   Das Plusquamperfekt

Il **avait noté** le numéro d'immatriculation avant la fuite du truand. (Aktiv)
La voiture **avait été volée** trois semaines avant le hold-up. (Passiv)

6.7.1 Bildung

Das Plusquamperfekt wird gebildet aus dem Hilfsverb und dem Partizip Perfekt. Das Hilfsverb wird dabei im Imperfekt konjugiert.

Für die Wahl des Hilfsverbes und die Veränderlichkeit des Partizips gelten dieselben Regeln wie beim Passé composé.

6.7.2 Gebrauch

Das Plusquamperfekt steht für abgeschlossene Vorgänge, die sich vor einem bestimmten Zeitpunkt in der Vergangenheit abgespielt haben. Es braucht deshalb einen zeitlichen oder einen anderen Bezug:

Deux semaines avant ce hold-up, la voiture **avait été vue** à K.
Il cherchait le masque qu'il **avait caché** derrière les containers.
Deux minutes après le hold-up, il **était parti**.

Das Plusquamperfekt kann sich auf ein Imperfekt oder auf ein Passé composé beziehen.

Il est allé au container | où il avait caché le masque.
Il rôdait autour du container | où il avait caché le masque.

 Traduisez.

1. Die Nummernschilder hatte der Unbekannte einige Wochen zuvor in der Stadt Homburg gestohlen.

2. Vor dem Bankraub hatte er eine Maske in der Nähe der Bank versteckt.

3. Die Gendarmerie war von der saarländischen Polizei informiert worden und erwartete den Täter bereits.

4. Ein Mann hatte den Täter vor der Tat beobachtet.

5. Vor diesem Banküberfall hatte der Täter bereits einen Einbruch begangen.

6. Er wollte Anzeige erstatten, da sein Wagen beschädigt worden war.

7. Er ist mit dem beschädigten Fahrzeug zu einer Werkstatt gefahren, die er zuvor angerufen hatte.

8. Vor meiner Rückkehr hatte jemand am Lenkradschloß hantiert (manipuler).

9. Der Detektiv hatte den Dieb beobachtet, der eine Uhr stehlen wollte.

10. Vor dem Raub hatten sie sich über den Wert des Schmucks informiert.

 Begründen Sie die Wahl der Tempora.

Tout ne **s'est pas passé** comme prévu.

En 1996, je **travaillais** dans ce petit garage pour un salaire de misère et je **rêvais** du grand coup.

Un jour, j'**ai fait** la connaissance du 'commissaire'. Il **avait été** policier jusqu'au moment où ses collègues **l'avaient démasqué**: il était l'auteur d'une série de cambriolages. Il **avait donc passé** quelques années en prison et après, il n'**avait plus eu** envie de reprendre son ancien métier. D'ailleurs, un cambrioleur comme chef de la police, c'**était** impossible. Il se **débrouillait** alors avec des vols simples et des cambriolages.

Il **était intéressé** et nous **avons mis** au point notre coup. Tout **semblait** si facile. Nous ne **voulions** pas attendre longtemps. Donc nous **avons fixé** la date et **préparé** les détails. Le jour venu, nous **sommes allés** à la banque.

Nous **avions déjà volé** la voiture six semaines auparavant et **nous l'avions équipée** de fausses plaques minéralogiques.

Devant la banque, il n'y **avait** presque pas de place pour garer la voiture. Nous **avons dû nous garer** plus loin que prévu. Dans la banque, tout **s'est passé** comme prévu. Le butin **était** même plus important que **nous le pensions**.

Mais lorsque nous **sommes sortis** de la banque, il y **avait** des policiers en train de distribuer des contraventions: trop de conducteurs **gênaient** la circulation avec leurs véhicules, comme nous d'ailleurs. Ils nous **ont vus** avec nos masques sur la tête. Ils **étaient** très nombreux, et en plus notre voiture **était coincée** entre deux autres voitures. Nous **étions** pris au piège.

Exercice lexical.

1. Cherchez le substantif correspondant.
   Ex.: masquer, le masque;
   habiter; informer; présenter; diriger; réclamer; compter; indiquer; connaître; cambrioler;
   marcher; travailler; coincer; intéresser.
2. Cherchez le contraire.
   Commencer; faux; rapidement; acheter; clair; divorcé; le mensonge; rarement; la sécurité.

6.8   Cambriolage dans un hôtel

Les Durand rentrent de leurs vacances. Ils passent encore trois jours dans un petit hôtel en Sarre avant de continuer leur voyage.

Le soir du deuxième jour, ils rentrent tard dans leur chambre d'hôtel. Là, ils font une découverte désagréable: quelqu'un est entré dans leur chambre, il a fouillé partout et dans le désordre de cette chambre, les Durand découvrent vite que les chèques et les bijoux de Mme Durand ont disparu.

Ils informent la direction de l'hôtel et aussi, le plus vite possible, la police.

Au bout d'une demi-heure, deux policiers se rendent sur les lieux pour faire le procès-verbal.

Tout d'abord, ils essayent de savoir comment le cambrioleur a pu entrer dans la chambre de M. et Mme Durand.

Foto: Karl-Heinz Feller

Policier: Alors, M. Durand, est-ce que vous avez fermé la porte à clé?

M. Durand: Bien sûr, j'ai fermé la porte à clé. Lorsque ma femme était déjà dans le hall, je suis revenu à la porte encore une fois pour vérifier si elle était fermée. Ensuite j'ai donné la clé au portier.

Les deux policiers cherchent les traces des voleurs, ce qui est très important pour avoir des preuves. La porte de la chambre était toujours fermée, lorsque M. et Mme Durand sont rentrés, mais la fenêtre était ouverte. Les traces montrent que le cambrioleur est entré par la fenêtre. Les policiers prélèvent les empreintes digitales du voleur.

Policier: Des spécialistes vont les analyser.

Ensuite, il s'adresse à Mme Durand:

Policier:	Je vais faire le constat des préjudices subis. Qu'est-ce qu'on vous a volé?
Mme Durand:	Les chèques ont disparu. Et un petit coffret avec mes bijoux également, ce qui est très, très dommage.
Policier:	Des chèques? Quelle sorte de chèques et de quel montant? Et qu'est-ce qu'il y avait comme bijoux?
M. Durand:	Il a volé les chèques d'un montant de 8000 francs, mais il n'a pas pu voler la carte, parce que je l'ai toujours sur moi. Il a pris le petit coffret avec un collier de perles et des boucles d'oreilles assorties. Ce sont des bijoux assez précieux. Mais l'argent liquide que nous avions caché dans un livre est toujours là. Je pense que le voleur a été dérangé. Peut-être qu' il a entendu des voix dans le couloir...

M. et Mme Durand s'inquiètent à cause de cette perte. Mais l'assurance de l'hôtel va les dédommager. Pour cela, ils doivent porter plainte.

Les policiers leur demandent de venir au poste de police pour régler les formalités.

 Comparez avec le dialogue. C'est vrai ou faux?

Monsieur et Madame Durand ont passé leurs vacances en Sarre. A la fin de leurs vacances, ils font des courses et ne rentrent dans leur chambre que pour le déjeuner. Ils constatent qu'un voleur leur a rendu visite entre-temps. Ils n'y a pas de traces d'effraction et Monsieur Durand regrette d'avoir laissé la porte ouverte.

6.9   Le Français vole tout et partout

A l'hôtel, au supermarché, dans les églises ou à l'école ...
les Français volent tout: des bouteilles d'alcool, des oeuvres d'art, des stylos ou des serviettes de bain.

Quelques exemples

Un hôtel de Paris, qui accueille 250 000 clients par an, a constaté en 1988 les vols suivants: 4000 cendriers, 1500 serviettes de bain, 600 serviettes éponges, des milliers de kilomètres de papier hygiénique, des ampoules, des extincteurs et des dizaines de télécommandes de télévision.

La fauche des téléviseurs a diminué depuis qu'ils sont scellés aux murs. Par contre, dans un autre hôtel de la région parisienne, toutes les caméras de surveillance du parking ont disparu en une nuit. Même une chambre complète avec sa télé, son bureau et son lit s'est envolée. Cette chambre donnait sur le parking. A présent il n'est plus possible d'ouvrir complètement les fenêtres du rez-de-chaussée; on ne peut plus que les entrebâiller.

Dans les supermarchés, les voleurs ont des rayons qu'ils préfèrent: la parfumerie, les livres, les disques, les cassettes, la confection et l'outillage. Au rayon alimentation, les alcools sont les premiers qui disparaissent. Les techniques de vol sont plus ou moins élaborées. A Rennes, un couple est allé au supermarché avec un petit sac de terre pour salir des chaussures neuves et leur donner un aspect usagé. A Nantes, une femme a rempli une baguette de pain avec des crayons de maquillage. Dans les cartons de lessives, on trouve souvent des bouteilles d'alcool. Un amateur de musique a essayé de passer des disques compacts à l'intérieur d'emballage de pizzas.

A l'école, la fauche est également partout présente. De la maternelle à l'université, tout disparaît: trousses, compas, stylos chez les plus jeunes; blousons, montres, mobylettes chez les adolescents; micro-ordinateurs et matériels coûteux à l'université. On assiste dès le plus jeune âge à une véritable banalisation du vol. Cette banalisation incite même les plus faibles à voler: si chacun le fait, pourquoi pas moi? Très rapidement, le phénomène du vol „boule de neige" s'installe. La personne de laquelle on a volé plusieurs fois quelque chose, se retourne sur les autres et va se servir chez son voisin.

Pour combattre ce fléau, il y a naturellement la répression. Les voleurs, s'ils sont pris, sont condamnés à des amendes. Parfois ils doivent payer des dommages et intérêts au magasin. Le voleur qui récidive, risque la prison avec sursis. Les commerçants, eux, misent sur la dissuasion. Ils multiplient le nombre des surveillants et des inspecteurs. Ils installent des caméras vidéo, des appareils de détection et des systèmes de surveillance électronique. Malheureusement, beaucoup de gens pensent que le vol n'est même pas un délit grave. Certains excusent même très facilement un voleur et accusent plutôt sa victime. C'est le propriétaire du magasin, le coupable, car il offre à la vente de beaux articles, mais ne ferme pas les yeux s'ils sont volés. Les commerçants ne supportent pas cette tolérance de l'opinion publique sur ces délits.

(selon un journal français)

 Questions de compréhension.

1. Résumez le texte.
2. Qu'est-ce qui est volé dans les hôtels?
3. Qu'est-ce que les voleurs volent dans les supermarchés? Quels articles est-ce qu'ils préfèrent dans les différents rayons?
4. Décrivez les différentes techniques de vol. Aidez-vous du texte.
5. Qu'est-ce qui est volé à l'école?
6. Qu'est-ce que l'auteur entend par „banalisation" et le phénomène „boule de neige"?
7. Comment est-ce que la police et les commerçants essayent de combattre ce fléau?
8. Quelle est l'opinion des gens en ce qui concerne ces délits?

 Formulez un dialogue.

Le représentant d'une société de sécurité fait une liste de propositions au propriétaire d'un magasin. Vous êtes ce représentant. Faites des propositions pour améliorer la sécurité. Commencez par „Pour diminuer les vols à l'étalage, nous vous proposons différentes mesures ..."

 Parlez des infractions et des peines.

Trouvez une peine adéquate (p.94) pour chacune de ces infractions. Discutez.

a. Albert Duval, 71 ans, vole un manteau dans un magasin de vêtements, très pauvre, pour la première fois devant tribunal, regrette.
b. Marie Legrand, 24 ans, héroïnomane, vole une trentaine d'autoradios, au tribunal pour la troisième fois, pas de soutien familial.
c. Marcel André, 39 ans, employé de banque, manipule les comptes, au tribunal pour la première fois, famille, sans difficultés financières.
d. Isabelle Labarde, 28 ans, vole des couches au supermarché, au tribunal pour la première fois, vit des allocations familiales.

1. donner un avertissement (= verbaliser),
2. ordonner une amende forfaitaire avec sursis,
3. ordonner un service pour la communauté (dites combien d'heures),
4. ordonner une amende forfaitaire sans sursis,
5. ordonner une peine de prison (dites combien de mois),
6. ordonner une thérapie,
7. autre punition,
8. un mélange des punitions proposées.

6.10 Champs-Elysées et pickpockets

Vraiment très élégante, Catherine est la „reine du portefeuille", et cela depuis 15 ans. Elle travaille presque toujours accompagnée par un ou deux hommes. Pendant qu'elle ouvre les sacs ou va chercher un portefeuille dans une veste, ils font attention à ce que les policiers ne la voient pas. Catherine a déjà été arrêtée (car elle fait parfois un peu de prison) avec 25000 F de butin: la recette d'une journée sur la plus belle avenue du monde. Pour les policiers, c'est une des avenues qui leur donne le plus de travail. Car les pickpockets sont nombreux ici.

A côté de professionnels comme Catherine, il y a de plus en plus de petits voyous qui pratiquent le vol à la tire. Une méthode très risquée, car si les Champs sont l'avenue la plus brillante, celle qui attire le plus les voleurs, c'est aussi celle où les policiers en civil sont les plus nombreux.

Ils ne peuvent cependant pas grand-chose contre le vol dans les magasins: certaines boutiques disent avoir 20000 F de perte par jour. Là encore, le danger vient plus des bandes organisées que des petits voyous. Mais ceux-ci adorent le cinéma: ils utilisent des crochets pour aller chercher les sacs à main posés par terre qu'ils vident consciencieusement. Cela s'appelle travailler „en sous-marin". Alors si Paris reste toujours l'une des plus belles villes du monde, faites bien attention sur les Champs-Elysées!

(Aus: écoute, février, 1993)

 Questions de compréhension.

1. Décrivez la méthode habituelle de Catherine.
2. Qu'est-ce que cette avenue représente pour les touristes d'un côté et pour la police de l'autre côté?
3. Pourquoi est-ce que le vol à la tire est une méthode risquée sur les Champs-Elysées?
4. Comment les pickpockets travaillent-ils dans les cinémas?

Le crimes de sang

7.1   Cours de criminalistique à l'école de police

C'est un nouveau sujet que les élèves-po-
liciers attaquent aujourd'hui: le meurtre et
l'assassinat, les mesures à prendre et
l'enquête de police.

Parmi les mesures à prendre, il faut rappeler:

(LKA Saarbrücken, Archiv)

– Protection des lieux

   Il faut interdire l'accès aux lieux aux personnes étrangères à l'enquête tant à
   l'intérieur qu'à l'extérieur des lieux du
   crime.   A cette fin, on doit boucler les
   lieux du crime et, assez souvent, un es-
   pace autour de ces lieux.

– Prélèvement des traces et indices

   Tous les indices qui se trouvent sur le lieu du crime peuvent avoir un intérêt pour l'enquête.
   On ne doit rien toucher ou déplacer avant la prise des photos.

   Le moindre détail doit être consigné, même si on lui accorde peu d'importance au moment
   du prélèvement des traces.

   La police technique se sert de tous les moyens disponibles pour préserver les traces et
   indices:

   photographie, préservation des empreintes digitales, préservation des traces biologiques,
   préservation de toute trace susceptible d'être altérée comme p.ex. des traces de pneus,
   préservation des fibres textiles ou des particules métalliques, comme p.ex. une balle, une
   douille etc.

   Pour le prélèvement des empreintes digitales, la méthode traditionnelle est toujours très
   utilisée. Pour le reste, les procédés chimiques appliqués pour le prélèvement varient selon la nature des objets traités ou préservés.

   L'enquêteur doit s'informer sur la position du corps de la victime. Dans quelle position est-
   ce que la victime a été découverte? Est-ce que des modifications y ont été apportées
   avant les constatations par la police?

   Si la victime est inconnue de la police, les traces biologiques et les indices sur l'identité de
   la victime sont extrêmement importants pour l'identité judiciaire.

– Information du parquet

   Le procureur général ou le juge d'instruction dirige l'enquête.

– Appel d'un médecin

   On l'appelle le plus vite possible. S'il ne peut plus apporter son aide à la victime, il doit
   établir un acte de décès.

– Recherche des témoins

   Qui a entendu ou vu quelque chose de significatif? Qui connaît la victime et peut donner
   des indications sur sa vie? Qui peut éventuellement donner des indications sur l'auteur du
   crime?

Reliez les mots avec leur traduction et indiquez le genre de ces mots.

1. fibre textile
2. particule metallique
3. trace de pneus
4. empreinte digitale
5. procédé chimique
6. préservation
7. prélèvement de traces
8. balle
9. enquête
10. douille

a. Geschoß
b. Metallteilchen
c. chemischer Vorgang
d. Erhaltung
e. Hülse
f. Fingerabdruck
g. Ermittlung
h. Spurenentnahme
i. Reifenspur
k. Textilfaser

  Questions de compréhension.

1. Pourquoi est-ce que la police doit boucler les lieux du crime?
2. Qu'est-ce qu'il faut faire ou ne pas faire avant la prise des photos?
3. Pourquoi est-ce que l'enquêteur doit consigner le moindre détail, même s'il lui accorde peu d'importance au moment du prélèvement?
4. Qu'est-ce qui est important en ce qui concerne la position de la victime?
5. Quel est le rôle du procureur dans l'enquête?
6. Que fait la police pour avoir un maximum d'informations sur la victime?

  Exercice de lexique: le matériel d'une constatation.

Pourquoi a-t-on besoin du matériel suivant?

Répondez en utilisant le vocabulaire suivant:

mesurer, regarder de plus près, faire des dessins, noter des témoignages, regarder/chercher dans la nuit, prélever des empreintes digitales, prélever des traces de pneus, protéger les mains, protéger les traces, faire un croquis, prélever les traces, prendre.

l'appareil photo

le mètre à ruban

la loupe

la lampe de poche

la feuille de papier

le crayon

la craie

la feuille transparente

la pincette

la pâte pour prélever
les traces de pneus

des gants

de la poudre

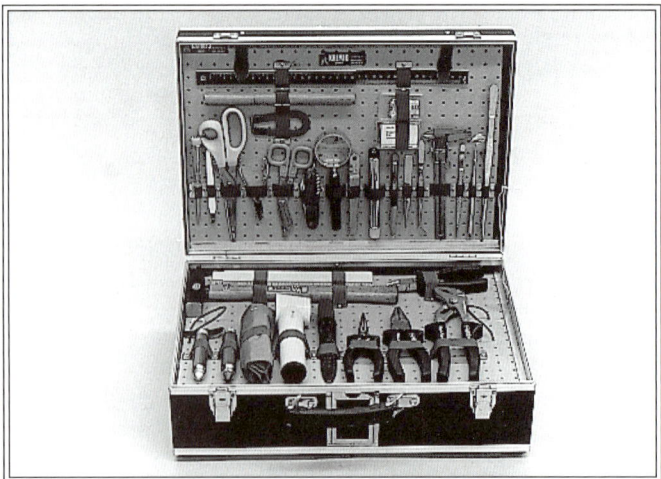

(KRIMFO GmbH Kriminal- und Fototechnik)

7.2   Der Teilungsartikel

Le commandant Vitefait veut prélever les traces d'un crime qu'on vient de signaler à la police. Il emmène l'inspecteur Unpeubête. Il fait nuit.

Donnez-moi une lampe, s.v.p..
　　Une lampe? Je n'ai pas de lampe.

Alors donnez-moi une boîte d'allumettes.
　　Je n'ai pas d'allumettes.

Mon Dieu! On va faire une photo avec le flash.
Donnez-moi l'appareil-photo.
　　Je n'ai pas d'appareil photo.
　　Vous n'avez rien dit.

Oh, donnez-moi un peu de craie.
Je vais marquer les traces sur le sol.
　　Il n'y a pas de craie dans la boîte.

Malheureux, donnez-moi du papier et un crayon. Je vais au moins faire un dessin.
　　Mais je n'ai pas de papier.

De la poudre pour prélever les empreintes digitales, vous avez assez de poudre?
　　Il n'y en a plus dans la boîte.

Imbécile, à quoi servez-vous? A rien? Donnez-moi un verre d'eau et une aspirine!
　　Je n'ai plus d'eau, Monsieur. Mais cela ne fait rien. Il n'y a plus d'aspirine non plus.

Nach folgenden Adverbien zur Mengenangabe wird das Substantiv mit *de* angeschlossen:
beaucoup de, peu de, assez de, trop de, plus de, tant de,
un kilo de, un verre de, une bouteille de, un morceau de, une boîte de, etc.

Bei Gegenständen, die dem Sinn nach zählbar sind, steht das Substantiv im Plural.
z.B. *Il mange beaucoup de fruits et il boit peu de vin.*

Nach *pas* steht immer nur *de*, niemals ein Artikel.
Ausnahme: nach verneintem *être*.
z.B. *Ce ne sont pas des histoires policières.*

  Remplissez.

1. Avec .... chance, je vais réussir cette fois. (ein wenig)
2. On a trouvé .... douilles près des lieux du crime. (viele)
3. La police a prélevé .... empreintes digitales que l'identification de l'auteur est facile. (soviele)
4. La victime a perdu .... sang. (zuviel)
5. Il a tenu .... papier dans la main. (ein Stück)
6. Donnez-moi .... eau. (eine Flasche)
7. Il y a .... indices, mais pas de preuves. (genug)
8. Il n'y a .... témoins. (keine mehr)

7.3 Reihenfolge zweier Objektpronomen

+ Le commandant veut voir les clichés photogra-
phiques. Les voilà! **Prenez-les** et **donnez-les-lui!**
– Oui, Monsieur, **il me l'a dit. Je vais les lui donner**
tout de suite.
+ Et puisque vous y êtes, **pouvez-vous m'apporter**
les résultats de l'enquête Lavall?
– Oui, Monsieur, **je vais vous les apporter.**
+ Et, en passant chez M. Renault, **demandez-lui** s'il
vient déjeuner avec nous.
– Oui, Monsieur, **je vais le lui demander.**
+ **Pouvez-vous nous réserver** une table pour quat-
re personnes chez Richard?
– Oui, Monsieur, **je peux le faire.**
Rappelez-le-moi dans cinq minutes, s.v.p.
+ A-t-on enfin retrouvé la clé du laboratoire? **Peut-on l'ouvrir** maintenant?
– Oui, Monsieur, **on peut vous l'ouvrir.**
+ Avez-vous vu le journal d'aujourd'hui?
– Non, **je ne l'ai pas vu.** Mais **je peux vous en acheter un.**
+ Vous êtes très gentil. Que ferais-je sans vous?
– Je ne sais pas, Monsieur.

* Das bzw. die Objektpronomen stehen bei einfachem Prädikat und bei einem Prädikat aus
einem Hilfsverb und einem Partizip vor dem konjugierten Verb:
z.B. *Je le fais. Je l'ai fait.*

Bei einem Prädikat bestehend aus einem Hilfsverb und einem Infinitiv stehen sie vor dem
Infinitiv:
z.B. *Je vais le lui dire. Je ne peux pas le faire.*

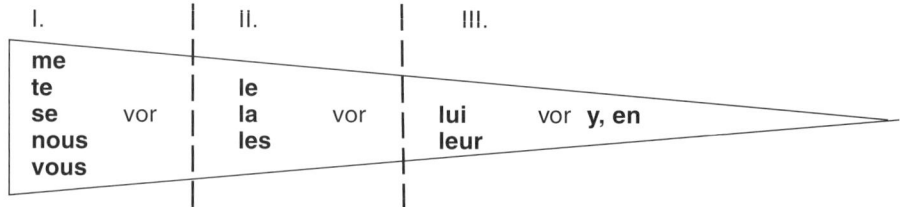

I.	II.	III.
me		
te	**le**	
se vor	**la** vor	**lui** vor **y, en**
nous	**les**	**leur**
vous		

Mögliche Kombinationen:

Pronomen aus Gruppe I. + II/ Pronomen aus Gruppe II + III
nicht: Pronomen aus Gruppe I + III

In diesem Fall werden die Pronomen aus der Gruppe III mit *'à'* nachgestellt.
z.B. *Tu me présentes à lui/ à elle/ à eux/ à elles?*

- Im Imperatif steht das direkte Objektpronomen (le, la, les) grundsätzlich unmittelbar hinter dem Verb, gefolgt von dem indirekten Objektpronomen. Aus *me* und *te* werden *moi* bzw. *toi*.

    z.B. *Donne-le-moi. Dites-le-lui. Figure-toi cela.*
- Beim verneinten Imperativ bleibt die Reihenfolge der Objektpronomen wie im Aussagesatz erhalten.

    z.B. *Ne le lui donne pas. Ne le leur racontez pas!*

 Remplacez les objets soulignés et en italiques par les pronoms respectifs.

Ex.: Il raconte *sa version* à l'inspecteur. Il la lui raconte.

1. L'inspecteur ordonne *les mesures nécessaire*s **aux enquêteurs**.
2. Le témoin montre *les traces* **aux policiers**.
3. Il transmet *le résultat* **au commandant de police**.
4. Il envoie *le croquis* **au chef du laboratoire**.
5. Il faut apporter *ces clichés* **au commissaire de police**.
6. Pouvez-vous donner *cette liste* **à M. Robert**?
7. Je n'ai pas encore montré *les résultats* **au juge d'instruction**.
8. Nous allons transmettre *les résultats* **à votre adjoint** dès que possible.
9. Il a demandé *une cigarette* **à l'enquêteur**.
10. Ne montrez surtout pas *ces résultats* **à la personne interpellée**.

 Traduisez.

1. Er hat mir ein Zeichen gegeben. Aber ich habe es nicht sofort gesehen.
2. Ich erkläre ihm die Situation.
3. Ich buchstabiere Ihnen den Namen.
4. Er fragt sich, ob der Vernommene die Wahrheit sagt.
5. Geben Sie ihm bitte die Taschenlampe und die Lupe!
6. Zeigen Sie mir den Brief!
7. Ich erlaube es Ihnen nicht. Ich darf es Ihnen nicht erlauben.
8. Ich habe es während eines Spazierganges entdeckt.
9. Er hat es mir heute morgen gesagt.
10. Ich werde ihn bitten zu kommen.

7.4   Un chantage cher payé – histoire policière

7.4.1   Un matin pas comme les autres

C'est vendredi matin, le temps est pluvieux, bru-
meux. Néanmoins, un coureur à pied solitaire mais
courageux, que le mauvais temps ne peut pas
empêcher de suivre son entraînement, fait sa
course quotidienne dans la forêt.

Plongé dans ses idées, il trébuche presque sur
une chaussure qui traîne sur le chemin forestier:
une chaussure d'homme assez neuve qui semble
être là depuis peu de temps.

Etonné, il s'arrête et regarde dans les bois à droite
et à gauche pour trouver l'autre chaussure. Ce n'est
que maintenant, qu'il aperçoit des traces de pneus
d'une voiture sur le chemin où d'habitude pendant
ses longues courses il ne rencontre personne.

Les traces de pneus s'arrêtent à cet endroit, donc
la voiture a stationné ici. Notre coureur à pied
regarde de plus près et il voit une deuxième file de
traces de pneus sur le chemin. Qui peut être ce
conducteur qui roule en pleine forêt, perd une
chaussure et recule sans la ramasser? D'autant
plus qu'elle était bien visible.

Le coureur à pied entre dans les bois et là, il fait une découverte macabre.

Bon sang, il s'était attendu à beaucoup ce matin, mais pas à cela.

Il court de toutes ses forces jusqu'à la première maison et il informe la police.

    Questions de compréhension.

1. Quel temps fait-il ce matin?
2. Que fait l'homme dans la forêt?
3. Que découvre-t-il au milieu du chemin? Qu'est-ce qu'il voit quand il regarde de plus près?
4. Imaginez le dialogue entre le policier et le coureur à pied.

7.4.2   Découverte et constatations dans la forêt

Au bout de dix minutes les fonctionnaires d'astreinte du commissariat de
police le plus proche sont sur les lieux.

De multiples indices prouvent que cet
homme n'est pas mort d'une mort natu-
relle. Les policiers bouclent les lieux
pour retenir d'éventuels curieux et pour
protéger les traces et les indices.

Quelle est l'identité du cadavre? Comment est-ce que la personne a trouvé
la mort? Est-ce un suicide ou un meurtre? Si c'est un meurtre, qui est le meurtrier?

„Nous allons faire autopsier le cadavre par un médecin légiste. Relevez tous les détails qui peuvent être importants," ordonne le chef de l'équipe.

La position du corps est photographiée. A première vue, il n'y a pas d'indices sur la cause de la mort. Il est également possible que la victime était déjà morte lorsqu'elle a été transportée ici. Les fonctionnaires retournent le corps et voilà qu'ils découvrent un trou dans la partie arrière du crâne de la victime. L'homme a sans doute été tué par une arme à feu.

Reste à effectuer le prélèvement des traces et des indices.

Il faut soigneusement fouiller l'entourage de l'endroit, où le corps a été trouvé.

Y-a-t-il des traces de pas, des objets perdus, un mouchoir, un gant ou même un objet portant des empreintes digitales? Ou peut-être même une balle ou une douille?

Rien.

 Questions de compréhension.

1. Pourquoi est-ce que les policiers bouclent les lieux?
2. Qu'est-ce que le chef d'équipe ordonne?
3. Que sait-on sur la cause de la mort? Pourquoi?
4. Qu'est-ce que les policiers cherchent autour du cadavre?

7.4.3 Faire ou laisser?

Le commandant **fait venir** le médecin légiste.
Après le prélèvement, le commandant **laisse approcher** la presse.

faire + Infinitif = veranlassen
laisser + Infinitif = zulassen

 Complétez selon le cas par *faire* ou *laisser*.

1. Je .... réparer ma voiture dans un garage.
2. L'enquêteur de police .... prélever toutes les traces pour trouver le meurtrier.
3. Aujourd'hui, c'est l'anniversaire de l'enquêteur Deluc et son patron le .... partir plus tôt.
4. Je suis fatigué. Il m'a .... travailler pendant tout l'après-midi sans pause.
5. Après l'accident, j'ai .... appeler un médecin par un habitant de la rue.

7.4.4 Les premiers indices

Ils ne trouvent rien.... ! Sauf, sur le petit chemin de terre forestier, une trace d'huile qui ne peut provenir que d'une voiture, car elle se trouve juste au milieu des traces de pneus. A-t-on emmené la victime ici, dans cette voiture?

Les traces se terminent à cet endroit. Ensuite, quelqu'un est entré dans les bois.

Plus tard, en quittant la forêt et en poursuivant ce petit filet d'huile qui se trouvait au sol, les policiers découvrent un mouchoir ensanglanté à côté du chemin

(LKA Saarbrücken, Archiv)

de terre. Le conducteur l'a peut-être jeté par la fenêtre? Le mouchoir est soigneusement prélevé à l'aide de gants en plastique.

La trace d'huile mène à une petite entreprise d'un village limitrophe de la France. Personne ne se trouve dans la maison, mais on sait dans le village que le propriétaire de l'entreprise, Monsieur Kleist, entretenait beaucoup de contacts avec des Français. Pour l'instant, par contre, il serait parti en voyage. Personne ne l'a vu ces derniers jours.

 Questions de compréhension.

1. Pourquoi est-ce que la trace d'huile est intéressante? Qu'est-ce qu'elle peut indiquer? Où mène-t-elle?
2. Qu'est-ce que les policiers trouvent encore?
3. Que sait-on du propriétaire de l'entreprise?
4. Avez-vous déjà assisté aux constatations d'un meurtre? Décrivez.

7.4.5   Contact avec les collègues français

„Police nationale, j'écoute!"

„Allô? Ici Oberkommissar Kirsch, bonjour! Puis-je parler au commandant Bertrand, s.v.p.? C'est urgent."

„Un instant, ne quittez pas!"

Quelques instants plus tard, Oberkommissar Kirsch parle de cette affaire au commandant:

„Il est possible que la victime soit un Français. D'après les indices que nous avons, nous pensons qu'il s'agit d'un meurtre. Nous allons vous transmettre les empreintes digitales et les clichés photographiques de la victime."

„Est-ce qu'il y a déjà des indices sur l'auteur du crime?" demande le commandant.

(LKA Saarbrücken, Archiv)

„Pour l'instant, on ne peut encore rien dire. Mais à l'examen des poches de la victime nous avons découvert une petite fiche avec un numéro de téléphone. D'après l'indicatif, il s'agit d'un numéro français. L'abonné du téléphone avec ce numéro pourrait nous être utile. Je vous demande d'identifier cet abonné et de nous donner ses coordonnées. Je vais vous envoyer le numéro de téléphone par télécopie."

Dans l'état actuel des recherches, il est encore trop tôt pour formuler des hypothèses.

Une heure plus tard, le commandant Bertrand transmet les informations demandées par l'Oberkommissar Kirsch.

L'identification de la victime est un objectif essentiel de l'enquête. Le numéro de téléphone trouvé sur la victime peut aider à cette identification et doit être vérifié. Une fois la victime identifiée, il sera plus facile de trouver son meurtrier.

 Est-ce vrai ou faux?

1. POK Kirsch téléphone à son collègue français pour lui demander quel temps il fait.	Vrai	Faux
2. Le commandant envoie des empreintes digitales du meurtrier à la police allemande pour identifier celui-ci.	Vrai	Vaux

3. La police a trouvé l'adresse du meurtrier.   Vrai   Faux
4. La police allemande suppose que la victime s'est suicidée.   Vrai   Faux
5. POK Kirsch espère que le nom de l'abonné du téléphone
   peut l'aider à identifier la victime.   Vrai   Faux

En France,

il n'y a pas d'obligation de déclarer son domicile, donc le bureau de déclaration domiciliaire de la préfecture ne peut pas fournir de données complètes sur la population. Pour la recherche de personnes, la police se sert donc d'autres registres disponibles: assurance maladie, poste, caisse sociale, électricité de France, etc. Mais il faut une commission rogatoire délivrée par un juge d'instruction ou par un procureur pour avoir ces renseignements.

7.4.6 Le premier résultat

Transmission Téléfax

Police de Metz
tél.: 3 87 54 31 76
fax: 3 87 54 77 88

Date: 14/10/1996 15h40
Destinataire: Kriminalpolizei Saarbrücken
A l'intention de: Oberkommissar Kirsch SG 7
Nombre de pages: 1

Référence: 321 OK

C O M M U N I C A T I O N :

Suite à l'entretien téléphonique du 13/10/96, message donné par la police de Nancy

Veuillez trouver ci-dessous le résultat des recherches effectuées suite à la demande de la Kriminalpolizei Saarbrücken:

Le n° de téléphone (0033) 3 27 48 03 54 est attribué au dénommé: Daniel Denier, 21, rue Maréchal Ney à 54 112 Nancy.
Son numéro n'apparaît pas à l'annuaire téléphonique.

Ce dernier s'identifie comme suit:
né le 12 octobre 62, sans profession, divorcé, inscrit comme vivant isolé à l'adresse susmentionnée.

En outre, l'intéressé est connu de nos services pour trafic de stupéfiants. Il a été arrêté et condamné en 1992 à six mois de prison pour infraction à la loi sur les stupéfiants.

Questions de compréhension.

1. Quels sont les services impliqués dans la recherche des renseignements sur l'abonné du téléphone?
2. Quels renseignements sont transmis à la Kriminalpolizei de Saarbrücken?

 Exercice supplémentaire: les moyens de communication.

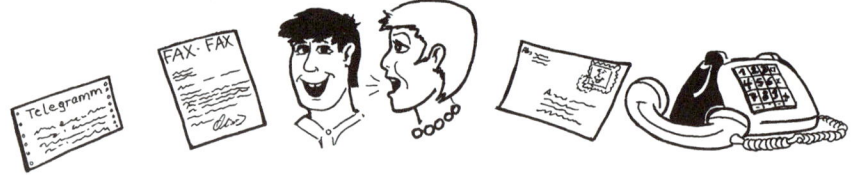

le téléphone – la lettre – la télécopie (le téléfax) – le télégramme – la conversation

1. Quel est le moyen utilisé pour quelle situation? Discutez en utilisant les termes *vie privée, vie professionnelle, situation officielle, urgence.*
   Quand avez-vous écrit une lettre privée pour la dernière fois?

 Transformez le texte suivant en un texte plus court.

C'est un télégramme à votre chef de service. Barrez donc les mots ou les phrases inutiles.

„Hier soir, nous sommes bien arrivés dans le petit village. J'ai trouvé un hôtel pas cher et il fait très beau. Les gens sont sympas. Les collègues de la police ont déjà tout préparé. Le mis en cause est en garde à vue. Je l'ai vu, il a l'air affreux. Je vais commencer avec l'audition du mis en cause et l'audition des témoins demain. Si le temps reste beau, je ne vais pas revenir avant lundi. Je vous tiens au courant. Amitiés à tous les collègues! Inspecteur Unpeubête."

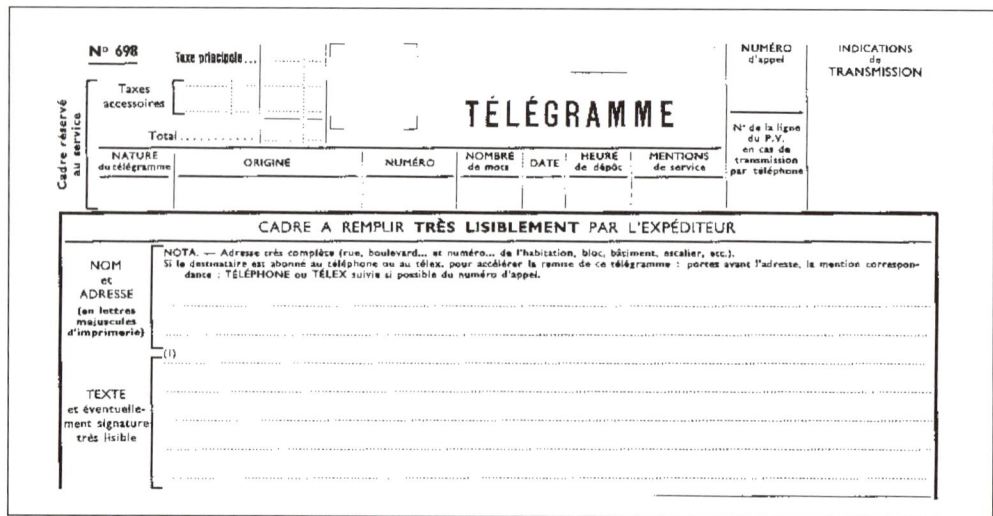

7.4.7 Bon sang, mais c'est bien sûr ...

Le soir du 14 octobre, les fonctionnaires de la police française interpellent le dénommé Daniel Denier. Lors de la perquisition à son domicile, ils découvrent des drogues et un petit carnet avec des adresses. L'adresse du propriétaire de la petite entreprise figure dans ce carnet.

Au cours de l'audition, l'interpellé déclare qu'il a régulièrement acheté de la drogue à un dealer nommé Marcel Lambert, que ce dernier se fournissait en drogues chez un trafiquant allemand, le fameux Monsieur Kleist, propriétaire de l'entreprise, qu'il y a eu entre eux de plus en plus de tensions dues au trafic de drogues, que Marcel Lambert a fait chanter M. Kleist et que, le soir du 10 octobre, Lambert avait dit à Daniel Denier, qu'il devait se planquer pour quelque temps.

Effectivement, le fichier automatisé des empreintes digitales contient les empreintes digitales d'un certain Michel Lambert. Ces empreintes digitales sont identiques avec les empreintes de la victime trouvée dans la forêt, même si le prénom de la victime et celui de la personne identifiée par le fichier automatisé ne sont pas identiques.

Lambert n'a donc plus réussi à 'se planquer' comme il l'avait prévu.

Le mandat d'arrêt contre M. Kleist va être établi.

 Questions de compréhension.

1. Qu'est-ce que les fonctionnaires de la police trouvent dans l'appartement de Daniel Denier?
2. Quelles étaient les relations entre D. Denier, M. Lambert et M. Kleist?
3. Qu'est-ce que la police apprend par le fichier automatisé?

Kommissar Maigret

Romanfigur des Georges Simenon. Als Kommissar durchschaute er mit psychologischem Scharfsinn Masken und Fassaden bei Tätern aus allen sozialen Schichten. Vor der Auflösung eines Falles fielen jedesmal die Worte „Bon sang, mais c'est bien sûr ...", die damit zu seinem Erkennungsmerkmal wurden.

Georges Simenon wurde 1903 geboren, er schrieb etwa 200 Romane, wovon allein etwa 100 Kriminalromane sind.

7.5 Die Verneinung der Inversionsfrage

	Connaissez-vous	M. Kleist?
Ne	connaissez-vous **pas**	M. Kleist?
	Avez-vous rencontré	M. Kleist?
N'	avez-vous **pas** encore rencontré	M. Kleist?
Ne	l'avez-vous **pas** encore rencontré?	

In der Umgangssprache wird häufig statt dessen die verneinte Intonationsfrage verwendet:
z.B. *Vous ne connaissez pas M. Kleist?*

 Leçon pour l'élève-officier.

Quelle est la meilleure question pendant une audition?
Expliquez pourquoi vous choisissez une telle question plutôt qu'une autre.

1. Pour savoir qui est M. Kleist:
   a. Qui est M. Kleist?
   b. Ne connaissez-vous pas M. Kleist?
   c. Où avez-vous rencontré M. Kleist?
   d. Vous connaissez M. Kleist. Pourquoi est-ce que vous le niez?

2. Pour connaître la situation de M. Kleist:
   a. Comment gagnait-il sa vie?
   b. De quoi vivait-il?
   c. Ne travaillait-il pas?
   d. Savez-vous ce qu'il faisait dans la vie?

3. Pour savoir ce que M. Kleist vendait:
   a. Savez-vous, s'il vendait des drogues?
   b. Vendait-il des drogues?
   c. Ne vendait-il pas des drogues?
   d. Qu'est-ce qu'il vendait?

4. Pour savoir ce qui s'est passé le dernier soir:
   a. Souvenez-vous du dernier soir. Racontez.
   b. Qu'est-ce qui s'est passé le dernier soir?
   c. Vous souvenez-vous du dernier soir?
   d. Ne vous souvenez-vous pas du dernier soir?

5. Pour mieux connaître le rôle de M. Denier dans cette affaire de chantage:
   a. N'avez-vous pas empêché Marcel Lambert de faire chanter M. Kleist?
   b. Pourquoi n'avez-vous pas empêché Marcel Lambert de faire chanter M. Kleist?
   c. Avez-vous essayé d'empêcher Marcel Lambert de faire chanter M. Kleist?
   d. Connaissiez-vous les plans de Marcel Lambert concernant ce chantage?

6. Pour connaître le prénom de M. Lambert:
   a. Quel est le vrai prénom de M. Lambert?
   b. Pourquoi n'a-t-il pas donné son vrai prénom?
   c. Donnez-moi le vrai prénom de M. Lambert.
   d. Est-il possible qu'il ait deux prénoms?

Formulez la question qui convient.

Il s'agit de l'audition de Daniel Denier.

+ _____ ?
— Non, je ne le connaissais pas avant 1989.

+ _____ ?
— Il m'a vendu du haschisch.

+ _____ ?
— Il venait environ deux fois par mois.

+ _____ ?
— Je ne sais rien de ses relations avec Kleist.

+ _____ ?
— Si, il l'a fait chanter.

+ _____ ?
— Si, je crois qu'il était le propriétaire d'une petite entreprise.

+ _____ ?
— Cette entreprise fabrique de la peinture et d'autres produits chimiques.

+ _____ ?
— Je l'ai vu pour la dernière fois le soir du 24 avril.

+ _____ ?
— Il m'a demandé de l'argent. Puis il a dit qu'il devait se planquer pour quelque temps.

 Traduisez en français.

L'inspecteur Unpeubête, dans sa lutte contre la grande criminalité,
a laissé s'enfuir un criminel:

1. Warum haben Sie zur Verhaftung nicht Ihre Handschellen mitgenommen?
2. Warum sind Sie alleine dahin gegangen?
3. Warum haben Sie Ihren Kollegen nicht mitgenommen?
4. Haben Sie im Büro keine Nachricht hinterlassen?
5. Haben Sie diese Festnahme alleine geplant?
6. Warum haben Sie das Blaulicht nicht ausgeschaltet (arrêter le girophare)?
7. Warum haben Sie die Wohnung des Täters nicht beobachten lassen?

7.6   Fait divers

Digne

Les 234 habitants du petit village provençal Barrault sont encore sous le choc: hier après-midi, la vieille infirmière du village, Mme Blanche, a été tuée.

Comme souvent cet été, sous l'empire de l'alcool, son voisin M. Martin Leroc a commencé à l'insulter. Il ne lui a jamais pardonné qu'à l'époque de la maladie de sa femme, morte depuis trois ans maintenant, Mme Blanche n'ait pas pu l'aider. Il lui a jeté des pierres dans le jardin jusqu'au moment où Mme Blanche a appelé le maire du village. Celui-ci s'est rendu sur les lieux et a appelé la gendarmerie. Lorsque la gendarmerie s'est approché, Martin Leroc est devenu encore plus furieux et il a tiré en l'air et en direction des gendarmes. Une balle a accidentellement touché la tête de Mme Blanche qui est morte sur le coup. Peu après, les forces de l'ordre ont pu arrêter l'auteur.

„Normalement, il n'était pas dangereux, mais quand il avait bu, il était emporté par son chagrin" dit un des habitants du village sur l'auteur des faits.

 Quel est votre avis sur ces faits?

Utilisez le vocabulaire suivant:

homicide involontaire
homicide volontaire
meurtre
circonstances particulières, chagrin dû à la perte de sa femme
action sous l'empire de l'ivresse, circonstances atténuantes

7.7   Steigerung von Adjektiven und Adverbien

Pourquoi ne pas voyager en train?
Vous voyagez **plus calme qu'**en voiture,
vous arrivez **aussi vite qu'**en voiture
et c'est **moins dangereux.**

- Der Komparativ wird mit *plus* (mehr) bzw. *moins* (weniger) gebildet.

- Der Komparativ kann auch in einem Vergleich herangezogen werden. Der zweite Teil des Vergleichs wird immer durch *que* eingeleitet (niemals mit comme!).

  z.B. *Il travaille moins que son collègue.*

  Der Vergleich kann mit *plus/moins* und auch mit *aussi* (ebenso) gebildet werden. Bei der Verneinung kann statt *aussi* auch *si* stehen,

  z.B. *Il n'est pas si grand que son frère.*

- Der Superlativ des Adjektives wird gebildet, indem vor den Komparativ noch der jeweilige Artikel des Substantives gesetzt wird. Die Regeln zum Voran- bzw. Nachstellen des Adjektives gelten weiterhin:

  z.B. *la chose la plus importante, la plus belle rose.*

- Einige unregelmäßige Formen lauten:

  bon, meilleur,e , le/la meilleur,e
  bien, mieux, le mieux
  mauvais, pire, le pire (schlimm)
  mauvais, plus mauvais, le/la plus mauvais,e (schlecht)
  mal, pire, le pire
  petit, plus petit,e , le/la plus petit,e (klein)
  petit, moindre, le moindre (gering, wenig)

 Formez une phrase correcte.

1. Le prélèvement des traces est .... que l'identification de la victime.
   (ebenso wichtig)
2. L'auteur du crime s'est sauvé, il a roulé .... que la police. (schneller)
3. Ce vin est .... que le vin de Bourgogne. (weniger gut)
4. Le résultat de ce test est déjà mauvais, mais le résultat de l'autre est encore ....
   (schlechter)
5. Cette balle est .... preuve. (der beste)
6. Il travaille .... que son chef. (so lange)
7. Les policiers français ont travaillé .... que leurs collègues allemands.
   (ebenso gut)
8. J'achète une voiture d'occasion. Elle est .... qu'une voiture neuve. (billiger)

Merke:

Plus de und *moins de* können auch zur Steigerung und zum Vergleich bei Substantiven verwendet werden. Auch hier wird der zweite Teil des Vergleichs mit *que* eingeleitet.

z.B. *Il y a plus de candidats que de places.*

Bei *plus/moins* in Verbindung mit Zahlen steht *de*:

plus de dix, moins de cent

| Unité 8 | Les drogues |

8.1   Les principales drogues

8.1.1   Le cannabis

Le cannabis est une plante à partir de laquelle sont obtenues trois formes de produits stupéfiants:

La **Marijuana**, c'est le cannabis à l'état sé-
ché et haché. Il a l'apparence du tabac. Sa
couleur varie selon le pays d'origine: kaki
pour le Maroc, marron pour l'Afrique ... .

Pour le **Haschich**, il s'agit de sécrétions
résineuses de la plante qui sont séchées
et comprimées en blocs.

Il y a aussi plusieurs couleurs selon les pays
de provenance: noir pour le Pakistan,
rougeâtre ou ocre pour le Liban, ...

(Foto: Guy Becam/SIRP)

L'huile de Cannabis est un produit obtenu par distillation de feuilles de cannabis. C'est une
substance visqueuse de couleur noire.

Le THC (tetrahydrocannabinol) contenu dans ces trois produits stupéfiants est responsable
pour les effets de cette drogue. La teneur en THC varie: La marijuana a une concentration de
2 à 10%, le haschich 8 à 30% et l'huile de Cannabis plus de 60%.

Les produits du Cannabis sont pour la plupart mélangés avec du tabac et fumés sous forme
d'une cigarette ou d'une pipe.

Les effets du Cannabis varient en fonction de la teneur en THC. A faibles doses le cannabis
agit comme un euphorisant et un sédatif faible. A plus fortes doses les effets se rapprochent
de ceux des hallucinogènes. La consommation de Cannabis est nocive pour le système
immunitaire et pour les voies respiratoires: bronchites chroniques, cancer du poumon ... .
Les gens qui prennent le Cannabis perdent toute motivation, deviennent de plus en plus
dépendants et descendent dans le milieu des vendeurs de drogue et des toxicomanes.

(Aus „A propos de la drogue ...", IM/B.-W.)

   Questions.

1. Présentez les trois formes de Cannabis.
2. Comment est-ce qu'elles sont consommées?
3. Quels sont les effets de ces drogues?

8.1.2 La cocaïne

C'est une poudre de couleur blanche. Elle est obtenue à partir de la feuille de coca par voie chimique. La cocaïne est surtout absorbée par prise nasale (le sniff). Mais elle est aussi soluble et est consommée par injection intraveineuse ou inhalation. La cocaïne produit une sensation d'euphorie physique et intellectuelle. Le consommateur se sent actif et fort, il ne sent plus de faim, de soif ou de fatigue. Ces sensations peuvent durer quelques heures. Mais à la phase de stimulation succède une période de dépression d'où l'utilisateur tend à sortir en prenant une nouvelle prise et ainsi de suite.

La cocaïne provoque un état de surexcitation pouvant aller jusqu'à des hallucinations et du délire, accompagné de tremblement et de tressaillements musculaires. Elle entraîne la détérioration des cloisons nasales pour les utilisateurs par prises nasales. La surdose de cocaïne peut entraîner la mort par défaillance cardiaque. A long terme des syndromes psychiques peuvent apparaître: schizophrénie, paranoïa.

(Aus „A propos de la drogue ..." IM/B.-W.)

Foto von Kokablättern
(Aus: "La drogue, le jeu mortel avec la vie"; IM/B.-W.)

 Questions.

1. Comment est-ce que la cocaïne est consommée?
2. Quels sont les effets de la consommation de cocaïne?
3. Décrivez les dangers de la consommation de cocaïne.

Foto von Kokain schnupfen
(Aus: "La drogue, le jeu mortel avec la vie"; IM/B.-W.)

8.1.3 Les opiacés

Les opiacés sont extraits du pavot somnifère ou du pavot oriental. Ces plantes forment après la fleur une capsule de la forme d'une noix. De cette capsule, on retire un latex de couleur brune. Par voie chimique, on produit de ce latex la morphine et l'héroïne.

L'opium peut être mangé, bu en infusion, fumé ou injecté. L'héroïne, une poudre de couleur blanche, beige, grise ou brune, peut être absorbée par prise nasale (sniffée), fumée, mais surtout injectée (fix, shoot).

L'absorption d'héroïne, surtout lorsqu'elle est pratiquée par voie intraveineuse, provoque immédiatement une sensation brutale de plaisir intense, de bien-être. La consommation d'héroïne conduit, au bout de quelques prises, à une forte dépendance psychique et physique et l'utilisateur éprouve les douloureux symptômes du manque dès qu'il ne réitère plus l'absorption d'héroïne.

Foto von Schlafmohn u. Mohnkapsel
(Aus: "La drogue, le jeu mortel avec la vie"; IM/B.-W.)

Les surdoses peuvent provoquer un coma et la mort par blocage respiratoire. D'autres dangers peuvent survenir et sont dus aux modes d'administration et à l'affaiblissement général de l'organisme: embolie gazeuse, septicémie, tétanos, oedème du poumon, SIDA, abcès vaineux ou cutanés...

(Aus „A propos de la drogue ..." IM/B.-W.)

 Questions.

1. Quelle plante est à l'origine des opiacés?
2. Qu'est-ce qu'on entend par „opiacés"?
3. Comment obtient-on l'héroïne?
4. Décrivez les effets et les dangers de la consommation d'héroïne.

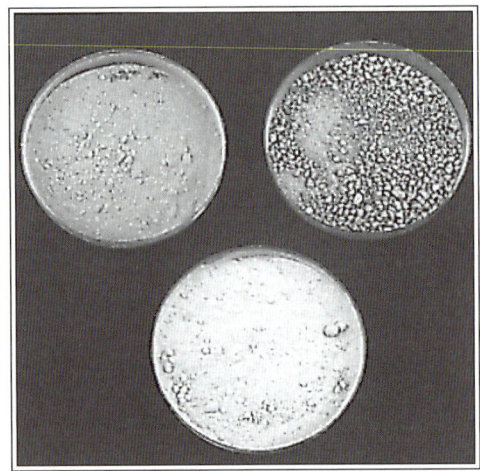

Foto von: Heroingranulat u. Heroin pulverförmig
(Aus: "La drogue, le jeu mortel avec la vie"; IM/B.-W.)

➡ **Exercice de traduction.**

1. Aus Cannabis werden 3 Arten von Rauschmitteln gewonnen.

_____

2. Marihuana sieht aus wie Tabak.

_____

3. Das THC ist verantwortlich für die Wirkung des Cannabis.

_____

4. Die Wirkung des Cannabis variiert je nach THC-Gehalt.

_____

5. Der Konsum von Cannabis ist schädlich für die Atemwege.

_____

6. Die Menschen, die Cannabis konsumieren, verlieren jegliche Motivation.

_____

7. Kokain ist ein weißes Pulver.

_____

8. Kokain ist wasserlöslich und kann injiziert werden.

_____

9. Eine Überdosis Kokain kann zum Tod durch Herzschwäche führen.

_____

10. Die Opiate werden aus dem Schlafmohn gewonnen.

_____

11. Der Konsum von Heroin führt zu einer starken psychischen und physischen Abhängig-keit.

_____

12. Andere Risiken können auftreten und sind auf die allgemeine Schwächung des Organis-mus zurückzuführen.

_____

8.2   Introduction illégale de stupéfiants – trafic de stupéfiants – consommation de stupéfiants

D'après la loi sur les stupéfiants, tout commerce, en particulier l'importation et l'exportation, le trafic, la livraison, l'acquisition, la culture, la fabrication, l'extraction et la possession de stupéfiants sont fondamentalement interdits. Pour des raisons financières, certains essaient d'introduire illégalement en République Fédérale d'Allemagne des stupéfiants. Sans scrupules, des criminels utilisent des voyageurs intègres pour acheminer la drogue. Ainsi par exemple, des véhicules sont préparés dans des garages à des fins frauduleuses. Les stupéfiants peuvent être dissimulés aussi dans un objet anodin.

Attention aux bagages dont vous ignorez le contenu!

Les activités commerciales (trafic de drogues) devraient être signalées à la police.

La loi sur les stupéfiants prévoit des amendes et des peines d'emprisonnement pouvant aller dans des cas particulièrement graves jusqu'à 15 ans. Les ressortissants de nationalité étrangère peuvent être expulsés.

Si vous constatez la consommation de stupéfiants chez vos amis ou dans votre famille, n'essayez pas de résoudre le problème tout seul. Vous pouvez vous adresser à un service de consultation sur la drogue ou à des institutions correspondantes.

(Aus: "La drogue, le jeu mortel avec la vie"; IM/B.-W.)

  Questions.

1. Quelle est la position de la loi en ce qui concerne les drogues?
2. Comment est-ce que les drogues sont introduites en République Fédérale d'Allemagne?
3. Quelles peines prévoit la loi pour les activités commerciales frauduleuses de stupéfiants?
4. Qu'est-ce qu'il faut faire, quand on a constaté la consommation de stupéfiants chez un ami?
5. Pourquoi est-ce qu'il ne faut pas résoudre ce problème soi-même?

8.3   Pourquoi est-ce que ces objets sont suspects?

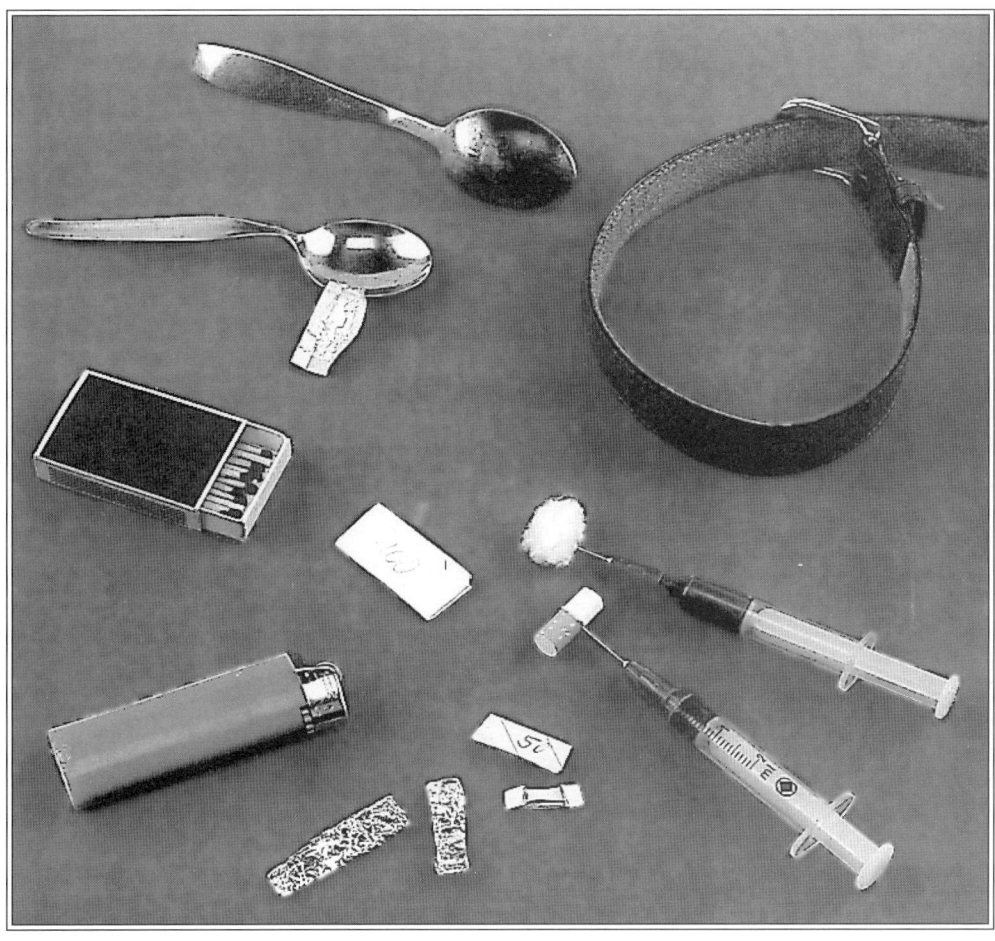

Foto von Hilfsinstrumenten für den Rauschgiftkonsum
(Aus: "Rauschgift, ohne mich", IM/B.-W.)

8.4   Caractéristiques possibles

yeux rougis ou humides,
pupilles rétrécies ou dilatées

transpiration anormale

vêtements à manches
longues afin de dissimuler
les marques de piqûres

cicatrices, coloration
de la peau, plaies
suppurantes, abcès

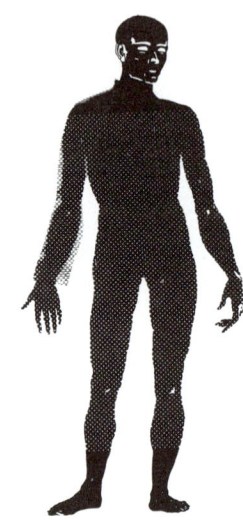

air pâle, maladif, ictère,
nez qui coule

susceptible, agité, nerveux,
bâillements, insomnie, douleurs,
démangeaisons, chair de poule,
mal au coeur, colique

grande perte de poids

(Aus: „La drogue, le jeu mortel avec la vie"; IM/B.-W.)

 Faites un résumé.

Quelles sont les caractéristiques d'un toxicomane?

 Quels mots ne conviennent pas?

Dans chaque groupe il y a un mot qui ne s'accorde pas. Trouvez-le et expliquez pourquoi il
est déplacé.

1. la cocaïne – la marijuana – le THC – l'héroïne
2. le toxicomane – l'héroïnomane – le stupéfiant
3. injecter – fumer – sniffer – inhaler
4. la stimulation – la dépression – la puissance – l'euphorie
5. kaki – marron – blanc – rougeâtre

8.5   L'ecstasy

Une drogue à la mode, à l'époque de la musique „techno"?

Ils sont blancs, rouges, verts ou bleus. Ils supportent des inscriptions telles que LOVE, AMOR, EVA ou SMILE.

Ils représentent des motifs en forme de coeur, d'éléphant ou d'oiseau.

Et le dealer vous dit: il donne du punch et de l'énergie.

Ecstasy – ou le mensonge des cachets inoffensifs.

L'ecstasy est une drogue synthétique, fabriquée uniquement à partir de produits chimiques. Des substances dérivées de l'amphétamine sont proposées aujourd'hui à la vente sur le marché de la drogue sous l'appellation d'ecstasy, la plupart du temps sous la forme de cachets ou de pilules. Nombreux sont les jeunes qui pensent apparemment que la musique „techno" sera perçue de manière particulièrement intensive grâce à l'ecstasy. Ils payent jusqu'à 200 FF le cachet.

L'ecstasy est une drogue stimulante et dopante. La fatigue est refoulée, le besoin de parler et de bouger augmente, un sentiment d'euphorie peut voir le jour.

Le consommateur risque une dépendance psychique, une accoutumance à la drogue ainsi qu'une tendance à l'intempérance ou à la consommation de somnifères pour trouver le calme après l'ivresse. Le consommateur se rend coupable aux yeux de la loi, parce que l'ecstasy est un produit stupéfiant interdit. Il court le danger de devenir également consommateur d'autres drogues car là, où il y a de l'ecstasy, on trouve aussi du haschich, du L.S.D., de la cocaïne ainsi que de l'héroïne.

La consommation d'ecstasy provoque une perte de l'appétit, diminue le besoin de sommeil, augmente la tension artérielle ainsi que la température du corps. Des troubles du métabolisme ainsi que des crises de tachycardie peuvent en résulter. Une consommation persistante peut générer des états dépressifs ainsi qu'un sentiment de persécution.

Un surdosage excessif peut avoir pour conséquences des effets hallucinogènes, des troubles de la vision et de l'ouïe, des états d'épuisement physique, des syncopes, ainsi que le décès du sujet.

(Aus: "Informationsbroschüre",O.R.P.C./B.-W.)

 Exercice linguistique.

a) **Trouvez le verbe:**
   la drogue:
   l' inscription:
   la vente:
   le stimulant:
   le consommateur:
   la vision:
   l'ouïe:

b) **Trouvez le substantif:**
   fabriquer:
   stimuler:

c) **Trouvez la forme féminine/masculine:**
   inoffensif:
   blanc:
   intensive:

d) Trouvez le contraire:
inoffensif:
augmenter:

e) Trouvez le synonyme:
il court le danger:
générer:
produit stupéfiant:

f) Autre mot pour „le décès"?

g) „Des troubles du métabolisme ainsi que des crises de tachycardie peuvent en résulter".
A quoi se réfère le pronom „en"?

 Questions.

1. L'ecstasy, qu'est-ce que c'est?
2. Quelle est la substance de base de cette nouvelle drogue?
3. Quelle est la relation entre l'ecstasy et la musique techno?
4. Sous quelle forme est-ce que l'ecstasy est vendu?
5. Comment agit l'ecstasy?
6. Quels sont les effets négatifs de l'ecstasy?
7. Pourquoi est-ce que l'ecstasy n'est pas inoffensif?

8.6 Un quartier chaud

Le quartier du 19ième arrondissement de Paris est le point de rencontre et de ventes des toxicos. Le marché du crack fleurit partout.

Vous y trouvez les prostituées du boulevard des Maréchaux qui viennent se procurer leur dose quotidienne. Vous y rencontrerez également Jo, noir, skinhead et dingue, qui terrorise les trottoirs avec son dobermann. Et puis il y a ce type en capuche, que la police a viré d'une cave, où il s'était installé. Vous y verrez également ce fou de culturisme qui vous fera admirer ses muscles. Et son copain en train de fumer son premier „caillou".

Les uns, qui sont accrochés à la drogue depuis des années et qui n'ont aucun espoir de retrouver une vie normale. Les autres, clean, mais qui n'arrivent plus à se réintégrer dans leur famille, à retrouver une vie normale dans leur ancien milieu. Ils sont encore clean, mais pour combien de temps?

Dans le commissariat de police du quartier, les citoyens font pression sur la police pour qu'elle agisse. Les policiers comprennent les problèmes. Leur commissariat étant au centre de ce quartier particulièrement touché par les problèmes de la drogue, ils ne peuvent pas être partout à la fois.

Cependant les problèmes subsistent et les citoyens s'en plaignent:

Un habitant: Monsieur, le parking sous-terrain de notre immeuble est le point de rencontre des dealers du quartier. La police pourrait nous aider à le fermer.

Le policier: Nous ne pouvons rien faire car il s'agit d'un lieu privé. Nous ne pouvons intervenir qu'en cas de délit.

L'habitant: Les délits, ils sont quotidiens, mais la police ferme les yeux. Si vous voulez, je peux vous montrer les photos que j'ai prises au téléobjectif. D'ailleurs les criminels sont mieux équipés que la police. Et puis ils ont des sentinelles qui surveillent tout et qui communiquent avec leur talkie-walkie. Lorsqu'on vous appelle, on nous dit qu'il n'y a pas de patrouilles de libre.

Le policier   Avec le boulot qu'on a, ce n'est pas étonnant!

L'habitant: On est en train de se rassembler pour organiser des rondes. En plus, certains d'entre nous possèdent une arme. Et puis on va se plaindre au député qui nous avait promis la présence de la police vingt-quatre heures sur vingt-quatre. Mais c'était avant les élections. Ces gens-là ont la mémoire très courte.

De plus en plus, la population a le sentiment de n'être plus protégée par la police. Le "sentiment de sécurité" fait place au sein de la population à "un sentiment d'insécurité".

La police a les mains liées et son action dépend des politiques. Un brigadier chef du commissariat déclare: "Il y des clients qui se retrouvent tous les quinze jours en garde à vue. Pourquoi les interpeller, si la justice les remet aussitôt en liberté. Trop de chèques sans provision ou trop de fausses cartes de séjour ... la justice dépénalise. Cela ne nous encourage et ne nous motive pas. On ne règle pas les problèmes, on les détourne."

   Répétition et discussion.

1. Nommez les différents personnages dans la scène décrite.
2. Comparez cette scène avec une grande ville en Allemagne. Y-a-t-il des parallèles?
3. Quel est le problème d'une personne „clean" qui reste dans son milieu? Connaissez-vous d'autres modèles de solution? Lesquels?
4. Décrivez la pression quotidienne sur les policiers du commissariat du 19ième arrondissement.
5. Quelle est l'attitude de beaucoup d'habitants face à cette situation?
6. Comment beaucoup de policiers se sentent-ils?

Exercice de traduction.

In diesem Viertel von Paris wird überall mit Crack gehandelt.

_____

Les prostituées se procurent leur dose quotidienne.

_____

Die Polizei hat einen Drogensüchtigen aus einem Keller vertrieben.

_____

Son copain est en train de fumer son premier „caillou".

_____

Il y a les uns qui sont accrochés à la drogue depuis des années.

_____

Die anderen, die clean sind, schaffen es nicht, sich in ihre frühere Umgebung wieder einzu-
gliedern.

_____

La police mène une lutte contre la délinquance de ce quartier.

_____

Die Bürger üben Druck auf die Polizei aus.

_____

Ils ont leurs sentinelles avec leur talkie-walkie.

_____

Les habitants vont faire leurs rondes eux-mêmes.

_____

Der Polizei sind die Hände gebunden.

_____

Il y a des clients qu'on retrouve une fois par mois en garde à vue.

_____

8.7   Mots croisés.

1. La marijuana, le haschich sont obtenus d'une plante qui s'appelle ....
2. La cocaïne est pour la plupart absorbée par le ....
3. La consommation d'héroïne conduit à une forte .... physique et psychique.
4. Une .... d'héroïne peut provoquer le coma et la mort.
5. Le .... de stupéfiants est interdit.
6. Les drogués portent souvent des vêtements à manches longues pour dissimuler les marques de ....
7. Paul, un héroïnomane, se .... plusieurs fois par jour.
8. C'est un drogué ou un ....
9. .... , c'est la drogue à l'époque de la musique techno.
10. Ceux, qui ne touchent plus à la drogue, sont ....

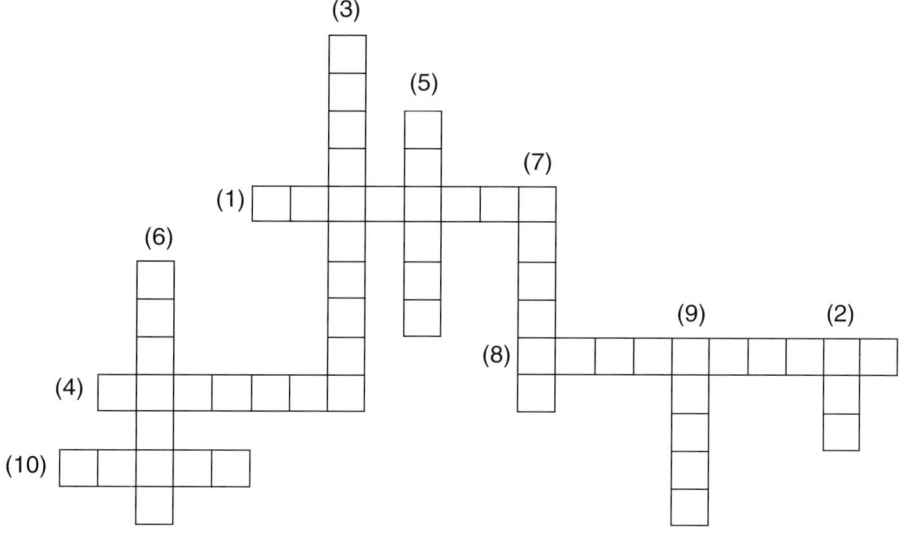

Unité 9   Les crimes et les délits

9.1   Bilan à la fin de l'année

A la fin de l'année 1991, le bilan du travail de la police judiciaire est publié.

Les *atteintes aux biens* sont en augmentation. Les chiffres montrent une augmentation nette: de 14 131 l'année précedente à 16 028 cette année (+ 1897, soit une augmentation de 13,4%).

Cette hausse concerne *les vols avec violence*, *les vols* et *les cambriolages*.

Les *atteintes aux personnes* se stabilisent.

Les *infractions à la législation aux stupéfiants* connaissent une augmentation frappante de l'ordre de 70,5 %.

Dans le domaine des *escroqueries* et *abus de confiance*, on constate une hausse légère par rapport à l'année précédente, le nombre des *chèques sans provision* est même en baisse.

Il faut noter une augmentation des *viols* et *outrages à la pudeur*. L'ensemble des faits touchant les mineurs par contre est en baisse.

Les unités de la police judiciaire et les unités de recherches et d'investigations ont élucidé 83,4 % des crimes et délits constatés. Mais le taux de réussite dans les affaires relatives aux atteintes aux biens est proche de 45 % seulement, ce qui prouve que cette délinquance est difficile à traiter.

Le lendemain, on peut lire dans le journal:

„M. Grandjean a présenté les nouveaux chiffres de la criminalité hier soir, lors d'une réunion. Il a constaté que les atteintes aux biens sont en légère augmentation, il en est de même pour les escroqueries, les viols et les outrages à la pudeur. Les atteintes aux personnes, a-t-il constaté, se stabilisent.

Il a terminé en disant que la gendarmerie et la police vont tout faire dans le cadre de leur lutte contre la criminalité pour faire baisser les chiffres de la délinquance."

    Reliez les mots avec leur traduction.

législation sur les stupéfiants	Vergrößerung/Erhöhung
viol	Anzahl
vol avec violence	Vergehen
taux de réussite	Betäubungsmittelgesetz
escroquerie	schwerer Diebstahl
augmentation	Betrug
lutte	Kampf
nombre	Treffen
délit	Vergewaltigung
réunion	Erfolgsquote

9.2   Comment parler des chiffres?

Pour décrire une statistique, utilisez le vocabulaire suivant:

le nombre; les chiffres (m./pl.); la tendance; la part de; le pourcentage; la différence; la comparaison; par rapport à; en moyenne; augmenter; être en hausse; stagnant,e; diminuer; être en baisse.

    Parlez des chiffres dans les statistiques suivantes.

Comparez les chiffres des affaires recensées par la police (*erfaßte Fälle*), des affaires élucidées (*aufgeklärte Fälle*) et du taux d'élucidation *(Aufklärungsquote).*

Comparez les chiffres des années présentées dans les statistiques suivantes.

Kriminalitätsentwicklung im Saarland

Jahr	1993	1994	1995	1996
Erfaßte Fälle	67939	63306	64652	68206
Aufgeklärte Fälle	30745	31240	33630	35080
Aufklärungsquote in %	45,3	49,3	52	51,4

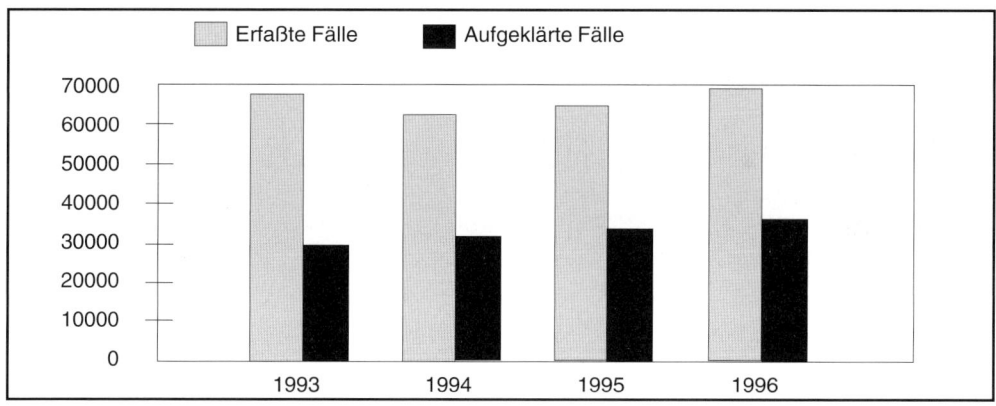

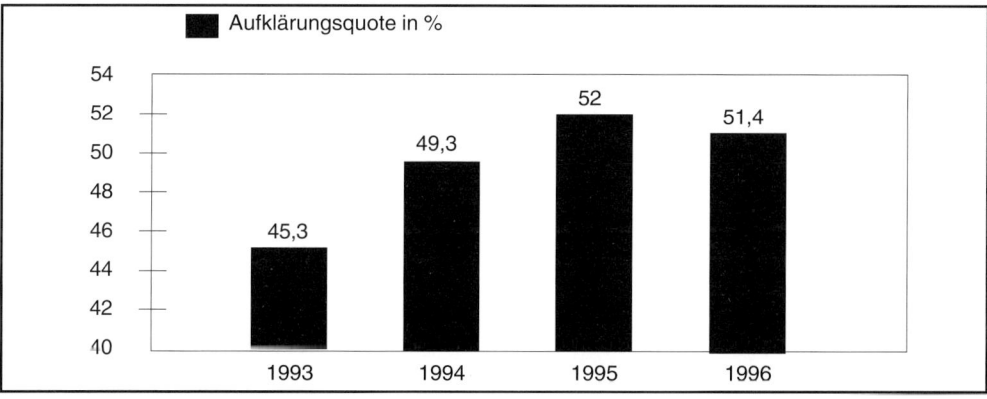

(LKA Saar Report 1997, S. 6)

9.3   Dommage aux biens et tentative de vol

Tribunal de Grande Instance

Numéro du Parquet: 45831
Audience du 5 février 1997
à 14h.00

Monsieur Frank Meiser
Niederstraße 19
Saarbrücken/Allemagne

J'ai l'honneur de vous faire connaître la suite de la procédure engagée
contre   Marc Delore
pour   dommage aux biens et tentative de vol.

L'affaire sera appelée à l'audience du Tribunal Correctionnel de Thionville le 5
février 1996 à 14h.00.

Le Procureur de la République

voir notice jointe

Notice de renseignements
Si vous êtes victime et si vous souhaitez réclamer réparation de votre préjudice,
vous pouvez le faire
1. avant l'audience
2. à l'audience.

Si vous le faites avant l'audience, faites-le par lettre recommandée avec accusé de
réception. Cette lettre doit parvenir au Tribunal au moins 24 heures avant l'audience.
Si vous le faites à l'audience, vous pouvez vous faire présenter par un avocat ou
vous présenter personnellement au Tribunal. Il sera nécessaire de fixer de manière
précise le montant des dommages et intérêts que vous réclamez. Il vous faudra des
pièces justificatives.

Pour toutes informations, adressez-vous au Palais de Justice de T., bureau d'accueil!
Des permanences sont assurées tous les jours ouvrables de 9 heures à 12 heures et
de 14 heures à 17 heures.

 Questions de compréhension.

1. Qu'est-ce qui se passe le 5 février au Tribunal Correctionnel?
2. Quand est-ce que la victime peut réclamer réparation de son préjudice?
3. Qu'est-ce que la victime doit faire, si elle veut réclamer réparation de son
   préjudice avant l'audience?

9.4   Faits divers

Incendie volontaire

L'incendie volontaire en tant que moyen de frauder les assurances, c'est malheureusement bien connu. Mais qui aurait l'idée de mettre le feu à la concurrence pour s'enrichir?

Paris: Après six mois d'enquêtes et des suspicions injustes vis à vis du propriétaire d'un magasin de meubles, les vrais aggresseurs ont été démasqués. Ils avaient mis le feu à un des plus grands magasins de meubles dans le nord de Paris. Le but de cet incendie volontaire: attirer la clientèle de ce magasin – maintenant ruiné – dans un autre magasin du même style qui était menacé par cette concurrence.

Il y a des jours où tout va mal...

C'est ainsi, que l'auteur d'un hold-up a été interpellé par la police dans un petit village de l'Allier. Au moment où il a voulu prendre la fuite à bord de sa Peugeot 305, celle-ci n'a pas voulu démarrer.

Preneur d'otage arrêté

Le 3 décembre, Michèle, une petite fille de onze ans, est enlevée à Orléans. Très vite, les soupçons se dirigent sur un homme de 45 ans qui est aussi suspecté d'avoir violé deux jeunes adolescentes. Un portrait-robot est fait et diffusé par la presse locale. Grâce à l'attention d'un agent immobilier, la résidence secondaire du suspect peut être localisée dans le Cher et la victime est libérée saine et sauve.

Patrouille de nuit

Dijon: Dans la nuit du 18 au 19 mars, une patrouille de nuit surprend deux hommes qui viennent de commettre un cambriolage dans une villa. Les deux hommes s'enfuient, profitant de l'obscurité de la nuit. Mais ils abandonnent leur véhicule sur les lieux et à l'intérieur du véhicule, les gendarmes trouvent ... leurs adresses. Résultat: Nos deux cambrioleurs sont déjà attendus lorsqu'ils rentrent chez eux, le lendemain.

Lisez les phrases et dites si elles sont vraies ou fausses. (Incendie volontaire)

1. Les assurances doivent payer les dégâts provoqués par un incendie.
2. Il y a des propriétaires qui mettent le feu à leurs biens.
3. Dans ce cas, le propriétaire de l'entreprise a mis le feu à son magasin.
4. Des aggresseurs ont mis le feu au magasin pour enrichir le propriétaire.
5. Il y avait deux magasins de meubles du même style.
6. Quelqu'un a mis le feu au magasin pour ruiner la concurrence.

Complétez.
(Patrouille de nuit)

Deux .... entrent dans une villa. (Einbrecher)
La police les .... juste après le cambriolage. (entdecken)
Ils .... (nehmen die Flucht)
Ils laissent leur .... sur les lieux. (Fahrzeug)
La police peut les .... à leur domicile. (festnehmen)

 Expliquez les erreurs que les gangsters ont commis dans les deux cas.
(Patrouille de nuit + Il y a des jours où tout va mal)

 Complétez.
(Preneur d'otage arrêté)

Un homme d'environ 45 ans est .... d'avoir .... une petite fille.
La police fait un .... et le .... par la presse locale. Un
agent immobilier a aidé la police à .... la résidence secondaire du ....
(des Beschuldigten). Grâce à cela, la police a pu .... la victime ....
(unversehrt).

 Etablissez un champ sémantique.

Aidez-vous des textes „**Faits divers**" et/ou du vocabulaire de ce manuel.

atteintes aux personnes   **atteintes aux biens**
viol, ...   vol, ...

9.5   Cela va rapporter un bon paquet

+ Oui, ça va marcher comme sur des rou-
lettes. Je préparerai tout dans l'après-
midi. Et vous entrerez le soir par la porte de derrière. Mais ne garez surtout pas
la voiture à côté du bâtiment. Laissez la
voiture un peu plus loin et allez plutôt à
pied. Si quelqu'un vous voit, vous pourrez toujours faire comme si vous cher-
chiez un coin tranquille pour .....

– Et le service de sécurité?

+ En général, le type vient vers 23h30. A
cette heure-là, tout sera terminé.

– Alors je répète: je déposerai le bidon
d'essence dans une remise pour les produits de nettoyage.

(LKA Saarbrücken, Archiv)   *maison brulée*

+ Il y a toujours beaucoup de bouteilles, de paquets et de torchons. Personne ne le remar-
quera. Cette remise se trouve au bout du couloir. Elle n'est pas fermée à clé, mais attention, la porte s'ouvre difficilement. La meilleure place pour mettre le feu est le bureau. Là,
il y a beaucoup de papiers, puis les rideaux aux fenêtres. Le feu prendra rapidement. Vous
verserez l'essence sur la tache devant le bureau. Vous la trouverez facilement. C'est une
tache que j'ai faite il y a quelque temps. Comme cela, même si on trouve cette trace après,
on pourra toujours dire, qu'elle était là depuis longtemps.
Après, vous disparaîtrez tout de suite par la porte de derrière.

– Et l'argent?

+ Après le coup. En tout cas, ça va rapporter un bon paquet. Ne me téléphonez surtout pas.
Je vous contacterai. J'ai votre numéro de téléphone. C'est toujours ce bled en Alsace?

– J'y suis bien à l'aise. Personne ne me cherchera là-bas.

 Questions de compréhension.

Un homme incite un autre à mettre le feu à une maison.

1. Comment est-ce que cet homme a préparé le coup?
2. Où se trouve le bidon d'essence?
3. Quelle est la meilleure place pour mettre le feu? Pourquoi?
4. Quand est-ce que l'incendiaire doit mettre le feu?
5. Qu'est-ce qu'il doit faire après le coup pour ne pas être vu?
6. Quand et comment est-ce que le malfaiteur recevra son argent?

Formulez les questions que l'inspecteur pose.

La police allemande est sur la piste de l'homme qui a mis le feu à la maison à Güdingen. Sur demande de la justice allemande, il est auditionné par la police française. Quelles questions pose l'enquêteur lors du dialogue suivant?

Enquêteur: _____

M. Lallemand: Je m'appelle Lallemand.

Enquêteur: _____

M. Lallemand: Mon prénom est Martin.

Enquêteur: _____

M. Lallemand: Je suis né le 13 novembre 1962 à Vigy.

Enquêteur: _____

M. Lallemand: J'habite 11, rue de l'église.

Enquêteur: _____

M. Lallemand: Je ne connais pas de M. Meier.

Enquêteur: _____

M. Lallemand: Le 4 mai? J'étais sans doute au café du centre, dans mon village.

Enquêteur: _____

M. Lallemand: Si, je me le rappelle exactement.

Enquêteur: _____

M. Lallemand: J'y suis allé vers 20 heures.

Enquêteur: _____

M. Lallemand: Je suis rentré vers minuit environ.

Enquêteur: _____

M. Lallemand: Des témoins? Vous savez, je n'ai pas fait attention. Je n'ai parlé à personne.

Enquêteur: _____

M. Lallemand: Mais j'ai déjà dit que je ne connais pas de M. Meier.

Enquêteur: _____

M. Lallemand: Qu'est-ce que vous avez trouvé chez lui? Mon adresse? Cela doit être un autre Lallemand.

Enquêteur: _____

M. Lallemand: Non, je ne connais pas ce village. Je n'étais jamais en Sarre.

Enquêteur: _____

M. Lallemand: C'est impossible. Personne ne peut m'avoir vu partir ce soir.

Enquêteur: _____

M. Lallemand: Puisque je ne suis pas sorti ce soir.

9.6   Futur simple

Das **Futur simple** bezeichnet eine zukünftige Handlung, die von der Gegenwart aus gesehen wird.

Im Deutschen steht dafür oft der Präsens.

Bildung:

Infinitiv + Endungen: -ai, -as, -a, -ons, -ez, -ont.

je	chercher**ai**
tu	chercher**as**
il	chercher**a**
nous	chercher**ons**
vous	chercher**ez**
ils	chercher**ont**

Aber:

Die Verben acheter, appeler, employer, payer, préférer, bilden das Futur simple aus der 1. Pers. Sing. Präsens + Endungen: -rai, -ras, -ra, -rons, -rez, -ront.

j'achète**rai**
tu appele**ras**
il emploie**ra**

Aber:

Bei den Verben auf -re fällt das Endungs-e weg.

je mett**rai**

Einige unregelmäßige Formen:

avoir:	*faire:*	*pouvoir:*
j'aurai	je ferai	je pourrai
être:	*falloir:*	*savoir:*
je serai	il faudra	je saurai
aller:	*vouloir:*	*devoir:*
j'irai	je voudrai	je devrai

 Trouvez la forme du futur simple.

L'inspecteur Unpeubête est en observation. De loin, il reçoit les instructions données par son chef:

Vous (vous approcher) de la maison, mais vous (devoir) faire attention. Personne ne (devoir) vous voir. Vous (ouvrir) la grande porte avec le code B 567 CD. Vous (aller) dans la cour intérieure. Par là, vous (entrer) dans le bâtiment C. Vous (monter) au deuxième étage et vous (trouver) la clé de son appartement sous le paillasson. Le propriétaire ne (rentrer) pas avant 5 heures de l'après-midi, mais il (falloir) faire vite quand même. Quand vous (avoir) trouvé les documents, vous (faire) autant de photos que possible. Pendant tout le temps, vous (rester) en contact avec moi par radio.

S'il y a un problème, appelez-moi.

9.7   Retrouvez Nadine

Un village dans le nord de la France, une vingtaine de maisons, dispersées au pied d'une colline, une caserne abandonnée.

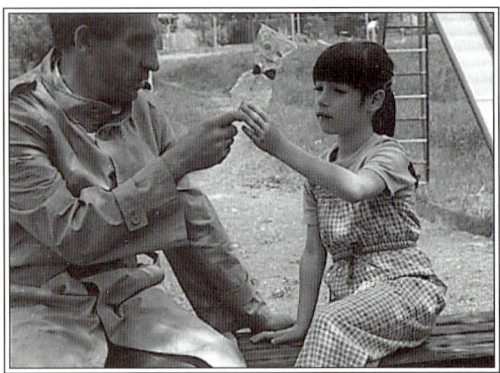

Une fille y a disparu. Tout est possible: enfant perdue, fugue, enlèvement par un proche, enlèvement par un tiers, abus sexuel, prise en otage pour chantage, accident, ...

Les recherches sont déclenchées immédiatement. Le pire est à craindre.

Le major Marcel Lechamps de la Gendarmerie départementale coordonne et dirige l'enquête.

(LKA Saarbrücken, Archiv)

Il dispose de plusieurs moyens pour renforcer la recherche:

– les personnels de la compagnie,
– le renfort du personnel de la compagnie limitrophe,
– une équipe cynophile,
– deux hélicoptères,
– les deux brigades de recherches de la compagnie compétente et de la compagnie limitrophe,
– une dizaine de gendarmes mobiles,
– une dizaine de plongeurs,
– les sapeurs-pompiers avec leurs moyens techniques.

Il faut fouiller systématiquement les alentours du lieu de disparition.
Les maisons, notamment la caserne vide, sont visitées minutieusement à l'aide des chiens.
La plaine est survolée par un hélicoptère, les forêts sont fouillées par des cavaliers, les eaux et les rivières par les plongeurs et les sapeurs-pompiers.
Une photo est diffusée dans tous les journaux.
Rien. Mais tant qu'on n'a pas de traces, il reste l'espoir.

Après cinq jours enfin, le premier signe de vie: Nadine téléphone à ses parents, mais sans pouvoir préciser le lieu où elle se trouve. Un dément s'est pris pour son père et l'a enlevée. Au moment de l'appel téléphonique, il l'avait laissée seule pour faire des courses. Et grâce au réseau des lignes téléphoniques, on a pu retrouver l'endroit d'où l'appel est venu. Et le soir du même jour, la petite a pu être sauvée.

 Questions de compréhension.

1. Situez et décrivez les lieux des faits.
2. Quelles sont les différentes hypothèses concernant la disparition de la fille?
3. Qui a participé à la recherche de la fille? Dans quels endroits?
4. Dans quelles conditions est-ce que la fille a pu téléphoner à ses parents?
5. Par quels moyens techniques est-ce que la police a pu retrouver la fille?

Traduisez ce message pour la police française.

(Suchmeldung der deutschen Polizei an ihre französischen Kollegen)

Seit zwei Tagen wird ein älterer Mann, der krank ist und wahrscheinlich Hilfe braucht, aus einem Altenheim vermißt. Das Altenheim liegt in einem kleinen Dorf nahe bei Wissembourg, an der französischen Grenze.

Der Mann wurde zuletzt gesehen vor zwei Tagen, am 3. November, im Park des Altenheimes. Er wollte spazierengehen.

Er ist 82 Jahre alt, etwa 1,65 Meter groß und hat graues Haar. Er trug zuletzt eine weite, dunkelbraune Hose, einen grauen Mantel und eine Baskenmütze.

Der Mann hat wenig Ortskenntnisse und keinerlei Verwandte in der Umgebung.

9.8   Délinquance juvénile

Vol à l'étalage, affaires de drogues, violence à l'école, racket, ...
Le nombre de ces méfaits se multiplie.
Les chiffres révèlent un nombre important de cas parmi les moins de 18 ans.
Les opinions sont partagées sur les causes de cette criminalité et les moyens susceptibles de la combattre.

Il y a ceux qui disent que ce genre de criminalité est un phénomène avec lequel la société doit s'arranger et que la criminalité et la délinquance juvénile ne sont rien de nouveau.

Et il y les autres qui voient parmi les causes de ce phénomène un changement profond des valeurs voire une perte totale de ces valeurs. Chercher un maximum de satisfaction à travers la consommation d'un côté et d'un autre côté ne pas accepter de travailler ou de renoncer à certaines choses. C'est un aspect qui caractérise bien des délinquants juvéniles.

Conséquence: ne plus respecter la propriété d'autrui, se servir là où l'on veut et cela avec des moyens de plus en plus aggressifs voire brutaux.

L'augmentation de la délinquance juvénile est nette dans le domaine des vols à l'étalage et d'autres atteintes aux biens, des blessures volontaires et dans celui des stupéfiants. Son déroulement est caractérisé par la spontanéité, le manque de planification et l'acceptation des risques. La limite entre légalité et illégalité s'estompe et est souvent dépassée inconsciemment.

Trouver les moyens pour rétablir certaines valeurs de la société et de la vie en communauté, élargir les possibilités d'améliorer sa situation par des moyens légaux, p.ex. par un emploi, voilà les mesures proposées par des pédagogues.

Les criminologues demandent par contre de ne pas minimiser la délinquance juvénile. Selon eux, il faut également recommencer à punir le délinquant juvénile pour lui fixer des limites.

 Questions de compréhension.

1. Pourquoi est-ce que les pédagogues sont alarmés?
2. Quelles explications pour cette hausse de la criminalité sont proposées par le texte?
3. Quelles sont les caractéristiques de beaucoup de délinquants juvéniles?
4. Dans quels domaines est-ce que la hausse de la criminalité est la plus nette?
5. Décrivez le déroulement de la criminalité juvénile.
6. Quels moyens sont proposés pour lutter contre la criminalité et la délinquance juvénile?
7. Que pensez-vous de ces moyens?

(Aus Gend Info n°193, juin 1997)

```
MAIN-COURANTE INTERVENTION      03/10/97

INTERVENTION:
Type d'intervention: dégradation de biens
Secteur de l'intervention: centre ville, en face de la discothèque 'Gloire'
Résumé des faits:
Nous sommes sur place en présence de M. Blanc et du jeune M. Lagarde. M. Blanc a
vu que M. Lagarde jetait des pierres sur le parebrise arrière du véhicule automobile
6964XL57 et l'a brisé. Mais selon les déclarations de Mme Nodier, le seul jeune
homme qu'elle a vu dans la rue ne correspond pas au signalement de M. Lagarde.
Propriétaire du véhicule automobile identifié et plainte prise.

Avisé à 2h40, nombre de fonctionnaires: 2
Arrivés sur les lieux: 2h55, fin d'intervention: 3h25

PERSONNE EN CAUSE N° 1:
Nom:                     Michèle
Prénom:                  Nodier
Date de naissance:       04/11/72
Catégorie:               Témoin
Adresse:                 112, rue de la Suisse, St. Avold

PERSONNE EN CAUSE N° 2:
Nom:                     Blanc
Prénom:                  Marc
Date de naissance:       21/07/49
Catégorie:               Témoin
Adresse:                 131, rue de la Suisse, St. Avold

PERSONNE EN CAUSE N° 3:
Nom:                     Lagarde
Prénom:                  Clément
Date de naissance:       07/09/81
Catégorie:               Auteur
Adresse:                 42, impasse du champ, Metz

PERSONNE EN CAUSE N° 4:
Nom:                     Petit
Prénom:                  Bertrand
Date de naissance:       11/05/69
Catégorie:               Victime, (propriétaire de la voiture mise en cause)
Adresse:                 13, rue du moulin, Metz
```

 Questions de compréhension.

1. Résumez ce qui s'est passé en face de la discothèque (10 phrases) et expliquez le rôle des personnes mises en cause.

2. Imaginez le dialogue entre M. Blanc et le policier intervenant.

3. Imaginez les questions que le policier intervenant a posées à M. Lagarde.

9.9   Criminalité en matière d'environnement

La délinquance et la criminalité en matière de trafic illégal de déchets prend de plus en plus de volume. Dans la région transfrontalière se multiplient les cas de déchargement illégal de déchets et d'atteinte à l'environnement par des trafics douteux voire illégaux.

PROCES-VERBAL

L'an mil neuf cent quatre-vingt treize le 2 mars, quinze heures quinze

Nous   Denier Jacques
                gendarme
                Thionville

– agissant conformément aux instructions du Commissaire Principal, Chef du district de Thionville,
– poursuivant l'enquête,
– vu la déclaration faite par Monsieur Delacre concernant des fûts déposés sur un champ faisant partie du jardin du cimetière de Thionville,
– allons sur les lieux, accompagné par les sapeurs-pompiers de la ville de Th.,
– prenons contact avec le responsable du jardin du cimetière qui déclare qu'il a découvert ces fûts le jour précédent,
– constatons qu'il s'agit d'environ 50 fûts de 200 litres et une trentaine de bidons de 10 litres.
  D'après les étiquettes, les fûts et les bidons ne contiennent que des peintures et du vernis.
  L'état général de ces bidons montre une corrosion avancée et des traces de chocs.
– ne pouvant pas nous approcher de ces fûts à cause du danger d'émanations nocives,
– prenons des clichés photographiques de l'ensemble des fûts,
– quittons le jardin à 16 h 15 pour regagner le service et rédiger le présent.

gendarme

(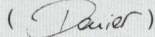)

  Questions de compréhension.

1. Qui a fait la déclaration concernant des fûts déposés dans un jardin du cimetière de Thionville?
2. Qui est l'enquêteur qui prend la plainte?
3. Qui va sur les lieux pour constater les faits?
4. Qu'est-ce qu'on y a déposé exactement?
5. Qu'est-ce qu'on apprend sur le contenu et l'état général des fûts déposés dans le jardin?
6. Pourquoi est-ce que l'enquêteur ne peut pas s'approcher des fûts et que fait-il alors?
7. Que fait-il après être retourné dans son bureau?

Traduisez ce texte ou expliquez son contenu en français.

Petit lexique:

fouiller, bâtiment de la firme,
vernis et peintures, le parquet
français, le soupçon, vendre,
déposer à titre illégal, le cimetière,
confisquer

> **Trier:** Gestern nachmittag durchsuchte die Kriminalpolizei Trier das Bürogebäude der Firma „Proper Lacke und Farben" in E.. Nach Hinweisen der französischen Staatsanwaltschaft Metz ergab sich der Verdacht, daß die Firma Proper Fässer mit Lacken, die in Deutschland nicht mehr verkauft werden dürfen, illegal auf einem Friedhofspark in Thionville deponiert hatte. Die Polizei beschlagnahmte zahlreiche Papiere.

9.10 Sans papiers

Les policiers de la DICCILEC ont affaire à une filière internationale d'immigration illégale.

Depuis l'Inde, ces immigrants clandestins sont transportés par voie aérienne jusqu'à plusieurs aéroports en Russie. Ensuite, par voie terrestre, ils rejoignent les pays de l'Europe occidentale. Ils payent une somme comprise entre 45.000 et 50.000 francs pour ce passage, les frais de transports, d'hébergement et les frais pour les faux papiers.

Il s'agit d'un réseau d'organisateurs, de passeurs et de rabatteurs qui travaillent sur tous les pays européens de l'ouest.

L'objectif de la police est, dans un premier temps, l'interpellation d'un maximum de passeurs et d'immigrants clandestins, et, dans un deuxième temps, le démantèlement de cette filière.

Une fois de plus, un autobus avec des personnes sans papiers a été arrêté pendant la nuit, à la frontière franco-italienne. Les passagers ne font pas de déposition, prétendant ne pas bien connaître la langue. Ils sont tous interpellés et mis en garde à vue. Seul le conducteur du bus fait sa déposition tout de suite.

(...) „J'ai fait un voyage en Italie. Hier matin, je suis parti de Rome pour rentrer à la maison. Et hier soir, 50 kilomètres avant la frontière, ce groupe de gens m'a arrêté au bord de la route. Je ne les avais jamais vus avant. Ils étaient tombés en panne. Ils avaient déjà essayé d'arrêter plusieurs voitures sans succès. Ils voulaient seulement aller jusqu'à Marseille, chez des amis. (...)"

Le lendemain, l'officier de police judiciaire Jean-Pierre Mars, qui a interpellé le conducteur, donne un bref aperçu de l'affaire au chef de service.

– Je l'ai informé sur ses droits et il a voulu faire sa déposition. Il a dit, qu'il n'avait rien à cacher, *relate Jean-Pierre Mars.*
– Il a dit qu'il avait fait un voyage en Italie. Il a déclaré que, avant-hier, sur son chemin de retour, ce groupe de personnes lui avait demandé de les emmener en France. Il ne les avait jamais vues auparavant, *a-t-il dit.*
– Vous lui avez demandé s'il n'avait pas eu de soupçons? C'est difficile à croire, cette histoire-là, *dit le chef de l'inspection.*
– Si, je le lui ai demandé. Mais il a dit que leur bus était tombé en panne et que les gens avaient déjà essayé d'arrêter plusieurs voitures. Il a dit qu'ils voulaient aller chez leurs amis à Marseille.

Six personnes, dont aucune ne parle suffisamment français, sans papiers, en garde à vue: trouver des interprètes, vérifier les identités des personnes en garde à vue, voilà le travail type du service du contrôle de l'immigration.

9.11 Indirekte Rede und indirekte Frage

Der Nebensatz in der indirekten Rede wird eingeleitet mit *que* (dass).
Bei der indirekten Frage steht *si* (ob) bei Entscheidungsfragen,
aus *que* bzw. *qu'est-ce que* wird *ce que*, aus *qu'est-ce qui* wird *ce qui*.
z.B. *Il fait froid? Il demande s'il fait froid.*
z.B. *Qu'est-ce qui se passe? Il demande ce qui se passe.*

I. Das Hauptverb steht in einer Zeit der Nicht-Vergangenheit:

direkt: **indirekt:**

„Je cherche mes clés."   **Elle dit** qu'elle cherche ses clés.
„Il fera beau demain."   **Elle dit** qu'il fera beau demain.
„Qu'avez-vous trouvé?"   **Elle demande** ce que nous avons trouvé.

Vor Vokalen werden *que, ce que* und *si* apostrophiert.

II. Das Hauptverb steht in einer Zeit der Vergangenheit

direkt: **indirekt:**
     Il a dit/disait ...

„Il ne travaille pas seul."   qu'il ne travaillait pas seul.
„J'ai vu M. Latour."   qu'il avait vu M. Latour.
„Il faisait beau lorsqu'il est venu."   qu'il faisait beau lorsqu'il était venu.
„Je vais noter cela."   qu'il allait noter cela.
„Je serai de retour bientôt."   qu'il serait de retour bientôt..

Präsens wird zu Imperfekt[*],
Passé composé wird zu Plusquamperfekt,
Futur simple wird zu Conditionnel I,
Plusquamperfekt, Imperfekt und Conditionnel bleiben unverändert.

 Transformez les phrases au discours indirect.

Commencez les phrases par: *Il a dit que* ...

– Je m'appelle Jean Delore.
– J'exerce la profession de mécanicien à F ... .
– Samedi dernier, je suis allé à la société 'Vacances Mobiles'. Je voulais louer un camping-car.
– Lorsque j'ai quitté le bâtiment, un inconnu m'attendait dans la rue.
– C'était intéressant pour moi de gagner un peu d'argent.
– Je devais transporter quelques personnes en Allemagne.
– La somme promise était de 5000 francs.
– Il ne m'a pas donné son nom, mais un numéro de téléphone.
– Hier soir, je me suis rendu au dernier parking de l'autoroute avant la frontière.
– Il m'attendait déjà. D'abord, je n'ai vu que lui sur le parking.
– On a ouvert la porte arrière du camping-car.
– Sur un signe de lui, ils sont tous venus et sont montés très vite dans le camping-car.
– J'ai démarré et je me suis approché de la frontière.
– Puis vos patrouilles m'ont interpellé.

---

[*] Ist eine Aussage auch in der Gegenwart noch gültig (z.B. wissenschaftliche Grundwahrheiten), so kann auch das Präsens beibehalten werden.

Formulez des questions au discours indirect.

		les personnes (vouloir) faire ici.
		les personnes (avoir) des papiers.
Il a demandé	si	les personnes (avoir payé) le conducteur.
	ce que	le conducteur (faire) cela souvent.
		les personnes dans la voiture (parler français).
		il (pouvoir) donner le nom du chef de la bande.
		il (savoir) d'où les personnes venaient.

9.12 Trafic de voitures volées

Faits divers

> **Vittel:** Le 11 novembre, les gendarmes découvrent plusieurs véhicules volés chez un ferrailleur. Les investigations commencent et les gendarmes apprennent que ce n'est que la pointe de l'iceberg. Tout un lot de voitures volées a fait étape chez ce ferrailleur. Les véhicules ont été maquillés ici, certains ont même servi à commettre d'autres crimes avant d'être revendus. Et des professionels de la branche automobile de même qu'un fonctionnaire de la préfecture ont organisé un commerce de cartes grises falsifiées.

 Questions de compréhension.

1. Qu'est-ce que les gendarmes découvrent chez un ferrailleur?
2. Qu'est-ce que le ferrailleur avait fait avec les véhicules volés?
3. Qui est impliqué dans le commerce de ces véhicules?
4. A quoi les véhicules avaient ils souvent servi?

Les dimensions du trafic des voitures volées

En ce qui concerne le développement de ce genre de criminalité, les chiffres des vols de voitures sont stagnants voire en baisse. Mais les voitures volées sont souvent des voitures de grandes marques et les méthodes de vol font preuve de grand professionnalisme. Ceci caractérise aussi le trafic clandestin des voitures volées (voir page suivante).

Vol de véhicule

 Comparez les chiffres des vols des années 1992 et 1997.

Jahr	1992	1993	1994	1995	1996	1997
Erfaßte Fälle	1277	1431	1167	1003	976	882
Aufgeklärte Fälle	195	281	302	282	241	206
Aufklärungsquote	15,3	19,6	25,9	28,1	24,7	23,4

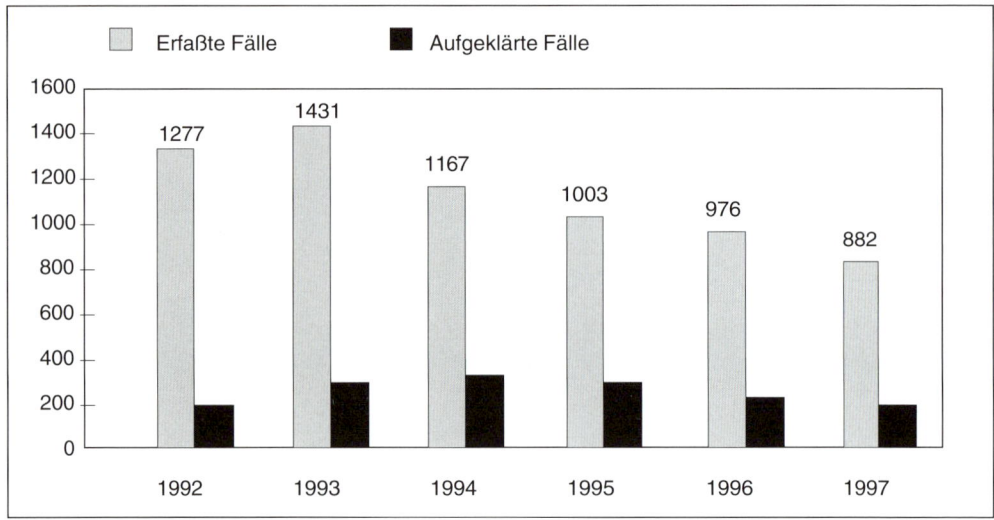

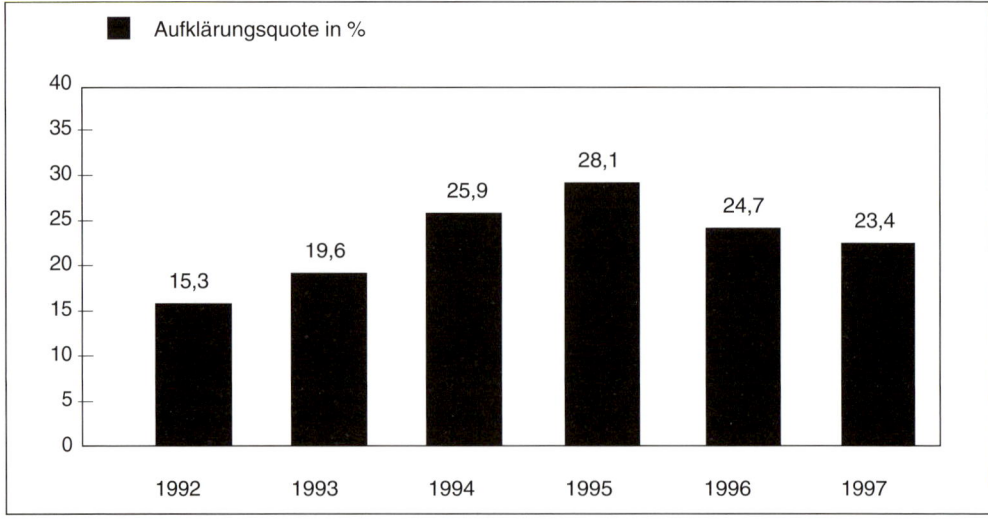

(Aus: LKA Saar Report 1997)

Lutte contre le trafic des voitures volées

Contre le vol et la vente organisés de véhicules, les constructeurs, la police et les assurances ont pris plusieurs mesures:

– Les constructeurs ont amélioré les différents dispositifs antivols.

– Les assurances ont supprimé le remboursement de la valeur du véhicule à l'état neuf. Il y a quelque temps encore, le propriétaire à qui on avait volé son véhicule pouvait ainsi profiter du vol.

– La police et la douane ont amélioré les méthodes de recherches. Le risque d'être pris à une frontière lors de l'exportation du véhicule a augmenté. Les moyens d'identification des voitures par des numéros sur les parties principales du véhicule peuvent aider la police à identifier des voitures volées. Ceci devrait diminuer également la chance de trouver un acheteur pour une voiture volée.

 Résumez en quelques mots les mesures proposées contre le trafic de voitures volées.

 Donnez votre avis sur l'efficacité de ces mesures.

9.13 Prenez garde à la fausse monnaie.

(Aus: Prospekt der Deutschen Bundesbank, Service de presse et Direction de l'information, Frankfurt am Main)

La quantité de la fausse monnaie en circulation est en baisse.

Toutefois on ne peut pas négliger cette criminalité qui est une attaque essentielle au fonctionnement de l'économie. C'est pour cette raison qu'en Allemagne, la production de la fausse monnaie est qualifiée de crime et non de délit.

Il y a de petits groupes de criminels qui se sont partagé le travail de la production et de la diffusion de faux billets. Ces petits groupes ne rentrent pas dans la catégorie du grand banditisme. Mais la production de la fausse monnaie est souvent liée aux affaires de drogues ou au trafic d'armes. Dans ces cas, la production de la fausse monnaie est organisée en grand style.

  Remplissez.

Fil de sécurité, des signes irréguliers, en taille-douce, éclairage ultraviolet, des microcaractères.

Les mots Deutsche Bundesbank sont imprimés ...., on peut les toucher.

Un .... est intégré dans le papier.

Vus par transparence, ... forment un D.

Il y a .... qu'on peut voir à la loupe.

Une partie de la ville au milieu du billet, des numéros et des fibres de couleur se détachent sous ....

9.14 Trafic d'armes à feu

Un homme inculpé de trafic d'armes à feu est interpellé par la police allemande. Son véhicule, un camion, a été contrôlé par la police de la route. Le conducteur prétend rouler pour une entreprise de Nancy nommée 'Rapide'. Il dit qu'il transporte des ordinateurs.
Après la vérification de son identité, le conducteur, qui ne parle pas allemand, est auditionné par la police.

Policier:	Qu'est-ce que vous avez chargé?
Conducteur:	Je ne sais pas, mais je crois que ce sont des ordinateurs.
Policier:	Vous avez tout de même vu ce qu'on a chargé dans votre camion.
Conducteur:	Non, j'ai rien vu. Cela m'est égal.
Policier:	Mais c'est vous qui chargez le camion.
Conducteur:	Non, dans mon cas, c'est l'entreprise pour laquelle je roule.
Policier:	Qui vous a donné les papiers de chargement?
Conducteur:	Le responsable du service des transports. Il m'a demandé de prendre l'autoroute.
Policier:	Pourquoi cela?
Conducteur:	A cause d'un chantier.

Dans la boîte à gants du camion, les policiers trouvent une liste avec le nom de plusieurs armes à feu et une liste de caisses et de prix.

La liste comprend des revolvers, des pistolets, des mitraillettes et des munitions.

Ils ont également trouvé un petit papier avec un nom et une adresse. En même temps, par un message radio à la centrale de la police, ils ont découvert que la firme 'Rapide' n'existe pas. Les policiers montent sur le camion et découvrent des caisses remplies d'armes et de munitions.

Policier:	Pouvez-vous m'expliquer ce papier? Et qui est la personne nommée sur ce papier?
Conducteur:	Je ne la connais pas.
Policier:	Qui a écrit ce nom?
Conducteur:	Je ne sais pas.
Policier:	Monsieur, vous prétendez transporter des ordinateurs. Mais ce sont des armes à feu. Vous prétendez rouler pour une entreprise nommé 'Rapide', mais cette entreprise n'existe pas.
	Vous êtes suspecté de vous livrer à un trafic d'armes à feu. Vous avez intérêt à nous dire la vérité maintenant.

Enfin, le conducteur commence à parler:

qu'il a perdu son emploi de conducteur, car son entreprise a fait faillite;
qu'il a des dettes sur sa maison;
que sa famille et ses enfants à l'école ont besoin d'argent;
qu'un inconnu lui a proposé ce transport;
que celui-ci a dit qu'il payerait bien.

Pour la suite de l'affaire, la police s'adresse au procureur.

Questions de compréhension.

1. Qu'est-ce que le conducteur prétend?
2. Qu'est-ce que les policiers ont trouvé et appris après les premières recherches?
3. Quelles informations est-ce que les policiers ont obtenues après leurs recherches?
4. Pourquoi est-ce que le conducteur a accepté ce marché avec un inconnu?

 Trouvez les termes équivalents dans le texte.

– somme qu'on doit payer à qn; – chômeur; – dire; – pistolets et revolvers; – travaux routiers;
– avouer; – ne pas faire qc; – conduire; – quelqu'un qu'on ne connaît pas.

 Complétez.

Utilisez le vocabulaire suivant:

*du butin, leur résistance, avec des vêtements de luxe, le stock, de système de sécurité, réseau,
au démantèlement, la frontière.*

Trafic d'objets de luxe

C'est un .... d'une vingtaine de personnes qui avaient organisé le vol, le transport et le
recel d'objets de luxe pendant presque deux ans dans l'est de la France.

La technique: des femmes vêtues .... ont dérobé des objets de luxe
dans des grandes surfaces et des bijouteries qui ne disposaient pas ....
Des voitures avec une immatriculation falsifiée les attendaient toujours devant les magasins.
Ainsi s'était fait le transport .... à travers .... franco-
allemande. Une trentaine de propriétaires de boutiques à l'étranger servaient ensuite de rece-
leurs et revendaient les objets.

Mais une simple panne de voiture, suivie d'un contrôle de routine de la police qui passait par
hasard, a mené .... du réseau:

Les policiers, mis en garde par une série de vols dans des magasins, ont commencé à avoir
des soupçons, lorsqu'ils ont vu .... de flacons de parfums et des bijoux dans la voiture.
Les passagers ont vite abandonné ...., lorsqu'ils se sont rendu compte
de leur situation.

9.15 Traite des êtres humains

Prostitution: Contente de pouvoir partir

Lors de la perquisition d'une maison close allemande, trois femmes sans papiers ont été interpellées. Elles ne parlent que français. Le policier essaye d'apprendre d'où elles viennent et dans quelles conditions elles travaillent.

Policier: Quel est votre nom?

Clara: Je m'appelle Claire.

Policier: Depuis quand êtes-vous en Allemagne?

Clara: Depuis six mois environ.

Policier: Comment êtes-vous venue en Allemagne?

Clara: Nous sommes venues ensemble de Lomé, Vera, Léa et moi.

Ils nous ont promis de gagner beaucoup d'argent.

Que voulez-vous? Avec les conditions de vie, que nous avions, l'idée de gagner de l'argent en Allemagne nous a plu. Et ils m'ont assuré que je gagnerai assez d'argent pour pouvoir me payer des études. Puis ils sont venus nous chercher. Ils étaient à deux. Une grande voiture élégante, puis la valise avec des vêtements, puis l'avion, nous étions très contentes. A l'arrivée, ils nous ont pris nos papiers.

Policier: Qu'est-ce qu'ils vous ont promis?

Clara: Des emplois dans un ménage ou comme serveuse dans un restaurant.

Policier: Vous n'avez pas refusé de venir et de travailler ici?

Clara: Si, enfin, au début, on ne se doutait encore de rien. Mais le premier jour après l'arrivée, ils nous ont emmenées dans cette maison. Et ils ont dit qu'il fallait travailler maintenant.

Policier: Vous ne pouviez pas partir?

Clara: Non, sans papiers, sans argent, et puis, au début, nous ne savions même pas exactement où nous étions.

Policier: Est-ce qu'on vous a payé?

Clara: Au début non. Ils nous ont dit qu'il fallait travailler pour rembourser les frais du voyage et les vêtements. Après six semaines, ils ont commencé à nous donner de l'argent.

Policier: Combien?

Clara: 50 marks par jour environ. Mais ils ne nous ont pas rendu nos papiers.

Policier: Vous n'avez jamais essayé de partir?

Clara: Si, mais ils nous ont menacées. Ce sont de vrais proxénètes. Ils ont menacé de nous frapper. Une fois ils ont battu ma copine, Vera.

Je ne sais pas ce qui va se passer maintenant. Mais je suis contente de pouvoir quitter cette maison.

   Questions de compréhension.

1. Qu' est-ce que les proxénètes ont promis aux femmes?
2. Qu'est-ce que les femmes ont vécu après leur arrivée en Allemagne?
3. Comment est-ce que les proxénètes ont empêché les femmes de partir?

Mariage blanc:

Ils demanderont maintenant le divorce, les plus de 150 conjoints français payés pour leur mariages blancs. Entrés en France par voie illégale, ils ont espéré légaliser leur statut par un mariage. Plus de 400 personnes étaient impliquées dans une organisation qui menait à plus de 150 mariages blancs. Elles ont été interpellées par les enquêteurs de la brigade de recherche de V.. La filière comportait en fait un fonctionnaire de l'état-civil, qui, de son côté, travaillait avec un hôtelier. L'hôtelier s'occupait des témoins. Les conjoints français, le fonctionnaire, l'hôtelier et les témoins de mariage ont été bien payés: le mariage coûtait entre 50 000 et 80 000 francs. Et le réseau était en pleine expansion.

 Vrai ou faux?

1. 150 personnes ont cherché un conjoint pour partager leur vie.
2. Les personnes qui n'avaient pas payé le prix demandé ont été interpellées par la police.
3. Un réseau a établi les contacts entre les futurs conjoints.
4. Le réseau comprenait un fonctionnaire de l'état civil et un hôtelier.
5. Les conjoints dépensaient d'énormes sommes pour fêter leur mariage: entre 50 000 et 80 000 francs.

Des invitations   **Unité 10**

10.1 Invitation à des collègues français

Lors de la prise de ses fonctions de chef de l'inspection, Polizeihauptkommissar Mark invite son homologue, le commandant Lacroix, et ses collègues du commissariat de police limitrophe.

Les invités arrivent à cinq et M. Mark les accueille très cordialement.

„Messieurs, je suis heureux de faire votre connaissance et de vous accueillir dans nos services.

Nous apprécions beaucoup le fait que vous ayez accepté notre invitation, malgré toutes les charges du service et les missions qui vous incombent.

Permettez-moi tout d'abord de vous présenter mes collègues: Polizeihauptkommissar Schmidt, le chef de l'unité „investigations et recherches", Polizeioberkommissar Mantel, mon adjoint.

Nous vous invitons à prendre un verre avec quelques collègues et je voudrais porter un toast avec vous à l'amitié et à la bonne coopération de nos deux services.

Après cela, nous vous proposons de visiter nos services. Naturellement, je vous accompagnerai.“

 Formulez la réponse du commandant Lacroix à l'aide de la phraséologie proposée à la page suivante.

Il remercie Polizeihauptkommissar Mark pour cette invitation,
il souligne l'importance des échanges pour la bonne coopération et
il formule une invitation.

10.2 Phraséologie utile lors d'une invitation

Présenter

– Permettez-moi de me présenter. Je suis le chef de ce poste de police.
– Je voudrais vous présenter mes collègues.
– Je suis heureux de faire votre connaissance.

Vorstellen

– Erlauben Sie mir, daß ich mich vorstelle. Ich bin der Leiter dieses Polizeipostens.
– Ich möchte Ihnen meine Kollegen vorstellen.
– Ich freue mich, Sie kennenzulernen.

Souhaiter la bienvenue

– Je vous remercie d'avoir accepté notre invitation.
– Je vous souhaite la bienvenue en mon nom et au nom de mes collègues.
– Nous espérons que vous avez fait bon voyage.
– Permettez-moi de vous souligner combien nous sommes heureux de la bonne coopération entre nos deux forces de police.

Willkommen heißen

– Ich danke Ihnen dafür, daß Sie unsere Einladung angenommen haben.
– Ich heiße Sie im Namen aller Kollegen herzlich willkommen.
– Wir hoffen, Sie hatten eine gute Reise.

– Erlauben Sie mir, Ihnen zu sagen, wie glücklich wir über die gute Zusammenarbeit unserer Polizeiorganisationen sind.

Présenter le programme

– Nous avons préparé un programme qui prévoit ...
– Notre programme comprend aussi une visite de notre police de la route.
– La partie officielle du programme se terminera vers 18 heures avec un verre d'honneur au poste de police.

Programm vorstellen

– Wir haben ein Programm erstellt, das ... vorsieht.
– Das Programm beinhaltet auch einen Besuch unserer Verkehrspolizei.
– Der offizielle Teil des Programms endet gegen 18 Uhr mit einem kleinen Umtrunk bei dem Polizeiposten.

Remercier, formuler une invitation

– Je vous remercie de cette invitation.
– C'est avec grand plaisir que nous sommes venus.
– Nous avons passé une journée très agréable.
– Monsieur, j'ai l'agréable tâche de vous inviter à l'inauguration de nos nouveaux locaux.

Dank, Gegeneinladung

– Ich danke Ihnen für diese Einladung.
– Wir sind sehr gerne gekommen.

– Wir haben einen angenehmen Tag verbracht.
– Ich habe die angenehme Aufgabe, Sie zur Einweihung unseres neuen Dienstgebäudes einzuladen.

Amélioration de la coopération

– Je suis optimiste et convaincu que notre coopération s'améliorera à l'avenir encore.
– La barrière linguistique ne sera pas un obstacle à notre coopération.
– Je voudrais souligner l'importance de ces échanges pour la bonne coopération entre nos deux pays.

Zusammenarbeit verbessern

– Ich bin optimistisch und davon überzeugt, daß unsere Zusammenarbeit sich noch verbessern wird.
– Die Sprachbarriere wird unsere Zusammenarbeit nicht verhindern.
– Ich möchte die Bedeutung dieser Austausche für die Zusammenarbeit unserer beiden Länder betonen.

10.3 Invitation à la journée portes ouvertes

Gendarmerie Nationale   Metz, 15 mars 1996
Groupement de Gendarmerie
Etat-major

              Monsieur le Directeur de
              l'Ecole de Police
              Hauptstr. 23

              D 66 121 Saarbrücken

Objet: Journée portes ouvertes, le 15 mai 1996

Monsieur le Directeur,

J'ai l'honneur de vous informer que le Groupement de Gendarmerie de Metz organise pour la
troisième fois une journée portes ouvertes, le
15 mai 1996.

Cette journée comprendra plusieurs présenta-
tions communes. Entre autres, il est prévu
d'organiser un tournoi amical de football entre
gendarmes et policiers sarrois.

Cette réunion sera l'occasion de contribuer au
renforcement des liens d'amitié et de coopération entre la gendarmerie nationale et la
police sarroise.

Permettez-moi de vous inviter à honorer cette
journée de votre présence.

Je vous prie, Monsieur le Directeur, de croire
à l'expression de mes sentiments les plus dis-
tingués.

                    Colonel Laval
                    Commandant le Groupement de
                    Gendarmerie Départementale de
                    Lorraine

 Corrigez.

– La gendarmerie nationale organise à Metz une journée portes ouvertes qui va durer trois jours.
– Le colonel, qui voudrait venir à la journée portes ouvertes, demande au directeur de l'école de police une invitation.
– L'école de police sarroise organise un match de football.

10.4 Echange professionnel

Direction de la Formation continue de la police
3, rue Louis Philippe
57 021 Metz

Metz, le 22 avril 1996

Monsieur le Directeur de l'Ecole de Police de
Saarbrücken
Mainzer Straße
D 66 121 Saarbrücken

Objet: Stage de policiers français auprès de la police en Sarre

Référence: Votre courrier en date du 17 avril 1996

Monsieur le Directeur,

Par correspondance en date du 17 avril 1996, vous proposez à 10 policiers français un stage professionnel de deux semaines auprès de différents postes de police en Sarre.

C'est avec beaucoup de plaisir que j'accueille cette proposition. Les dates que vous proposez pour cet échange professionnel me paraissent tout à fait opportunes.

C'est également avec plaisir que, suite à votre invitation, je participerai à la soirée 'fin de stage'. Mais je me permets de vous proposer d'avancer la date de cette soirée, étant donné que tout déplacement m'est impossible à la date que vous me proposez.

En outre, je vous prie de régler les modalités relatives à ce stage avec le commandant Michel Dufour, Chef du Bureau de Service, Organisation.

Je vous prie d'agréer, Monsieur le Directeur, l'expression de ma considération distinguée.

Le Commissaire Principal Legrand
Chef de la Direction de la Formation
continue de la police

Ministerium des Innern
PD Josef Schmidt
Leiter der Polizeischule
66 000 Saarbrücken

Saarbrücken, le 30 avril 1996

Direction de la Formation continue
de la police
de la Circonscription Est

A l'attention de M. Dufour

Objet: Echange professionnel entre la police française
                  et la police de la Sarre
Référence: Votre courrier en date du 22 avril 1997

Monsieur Legrand,

Par la présente correspondance, j'ai l'honneur de vous adresser le programme du stage prévu pour les 10 policiers français et qui se déroulera du 25 au 29 mai 1997.

Je me permets de vous inviter pour la soirée 'fin de stage' qui aura lieu le 28 mai, à partir de 20 h, dans la salle des fêtes de notre école.

Toute modalité concernant les détails du stage sera réglée par nos services respectifs compétents.

Je vous prie de croire, Monsieur, à l'expression de mes sentiments les plus respectueux.

Josef Schmidt
Leiter der Polizeischule
Saarbrücken

Dispositions générales concernant le stage de fonctionnaires de la Police Nationale dans les services de la police du Land de Sarre et programme du stage

Hébergement:	Dans les chambres mises à la disposition par l'école de police, en chambre double, dotée d'une salle d'eau, cuisine commune, salle de musculation et sauna mis à la disposition des stagiaires
Repas:	Les repas seront pris à la cantine dans les locaux de l'école de police
Déplacement:	Les stagiaires seront conduits de leur lieu d'hébergement aux différents locaux de service par des voitures de police banalisées
Horaires de service:	En fonction du programme

Programme de la première journée

9h00	Accueil et installation des stagiaires Présentation du programmme du stage
10h00	Présentation des structures administratives et des missions de la police
12h00	Déjeuner à la cantine de l'Ecole de Police
13h30	Présentation des structures administratives et des missions du Landeskriminalamt avec visite des locaux
16h30	Verre de l'amitié – fin de la première journée –

Programme de la deuxième journée

8h00	Prise en charge des stagiaires sur leur lieu d'hébergement
8h15	Accueil des stagiaires par le chef de l'inspection de police Saarbrücken centre
8h30	Présentation des missions d'un commissariat de police au sein d'une direction de police
9h30	Exposé sur les statistiques de la criminalité et les problèmes spécifiques de la lutte contre la criminalité transfrontalière Visite des locaux de service
11h00	Patrouille commune des fonctionnaires de police français et sarrois au centre de la ville de Sarrebruck (tenue de service exigée)
12h00	Déjeuner à la cantine de l'Ecole de Police
13h30	Présentation de la Bereitschaftspolizei
17h00	Verre de l'amitié – fin de la deuxième journée –

Troisième journée

8h00	Prise en charge des stagiaires sur leur lieu d'hébergement
8h30	Exposé sur les rapports entre la police, le juge d'instruction, le procureur et le tribunal
10h30	Exposé sur les commissions rogatoires internationales et l'espace Schengen
12h00	Déjeuner à la cantine de l'Ecole de Police
13h30	Présentation des missions de la police de la route Visite des locaux et de l'équipement de la police de la route
16h30	– fin de la troisième journée –

Quatrième journée

8h00	Prise en charge des stagiaires sur leur lieu d'hébergement
8h30 – 17h00	Journée informative dans un service correspondant au service ou à l'affectation locale des policiers français (Le repas de midi est organisé par le service d'accueil)
20h00	Soirée 'fin de stage' dans la salle des fêtes de l'Ecole de Police

Cinquième journée

8h00	Prise en charge des stagiaires sur leur lieu d'hébergement
8h15	Présentation du groupe spécial d'intervention
10h30	Visite de l'équipe cynophile
12h00	Repas commun avec le directeur de la direction de formation
14h00	Bilan du stage

 Rédigez un programme pour les deux jours.

Vous allez accueillir des collègues de la police française d'un commissariat limitrophe pendant deux jours dans votre service. Vous êtes chargé d'organiser le programme.

10.5 Deux invitations particulières

INVITATION

Les officiers gradés et gendarmes
de la Compagnie de Gendarmerie de Metz
ont l'honneur d'inviter

Le directeur de l'école de police, Monsieur Josef Schmitt,
et son épouse

À LA SOIRÉE DANSANTE

qui aura lieu samedi, le 30 novembre, à partir de 20 heures,
à la salle des fêtes de l'hôtel de ville de Metz.

R.S.V.P. pour le 11 novembre au plus tard

Tenue de soirée exigée

Section de Recherches de Metz

A l'occasion de son départ à la retraite
le gendarme Pierre Laval
vous prie d'honorer de votre présence

le pot de départ

qui sera servi
mardi 21 janvier 1997, à 17 heures.

 Questions.

1. Quelles sont les différentes cérémonies / fêtes proposées?
2. A laquelle voudriez-vous participer?
3. Quelle tenue porteriez-vous?

Trouvez les fautes grammaticales et corrigez le style.

Chèr ami ,
je vu remercie de votre invition gentille pour la rancortre sportif du 15 juiet. Mais malheureu-
sement je ne peut pas venir. J'ai plein de travail et ma secrétaire est malad et moi, je ne
conais pas encor le PC. Mais j'ai présparé la réunion du 27 septembre à Straßbourg. Sie
vous avez besoin d'un Hebergement, il fo s'en ocuper.
Amicalement

 Rédigez des invitations.

1. Rédigez une invitation aux collègues du commissariat limitrophe pour un repas dans le
   cadre des festivités de Noël du jeudi, 18 décembre 1997, à 20h00. Demandez-leur de
   vous préciser combien de collègues viendront. Vous avez besoin de cette information
   pour lundi, le 15 décembre, au plus tard.

2. Invitez le chef de l'état major du groupement de gendarmerie pour la soirée 'fin de stage'
   de l'échange professionnel. Dites-lui qu'il est le bienvenu et qu'il peut également emmener un ou deux collègues. La soirée a lieu jeudi, le 14 avril, à 20h00, dans la salle des
   fêtes de l'Ecole de Police.

3. Vous accueillez quelques collègues d'une ville jumelée bretonne qui veulent passer une
   journée dans votre inspection. Rédigez un petit discours d'accueil. Soulignez au cours de
   ce discours la bonne coopération entre la France et l'Allemagne.

Au téléphone   Unité 11

11.1 Les investigations après un hold-up

Polizeihauptkommissar Zimmer veut demander de l'aide à un collègue français. Il compose le numéro de la compagnie. C'est le standard qui répond.

Standard: Allô, la compagnie de la gendarmerie nationale de Creutzwald, à qui ai-je l'honneur?

Zimmer: Bonjour, Monsieur, je vous appelle de la Sarre, du commissariat central de Saarbrücken. Mon nom est Zimmer. Est-ce qu'il y a quelqu'un qui parle allemand?

Standard: Non, Monsieur Zimmer, je regrette. A qui aimeriez-vous parler?

Zimmer: Alors, je voudrais parler au gendarme Legrand.

Standard: Un instant s.v.p., je vous le passe.

Après quelques instants:

Standard: Allô, c'est occupé. Vous voulez attendre?

Zimmer: Oui, j'attends.

(...)

Legrand: Oui, j'écoute?

Zimmer: Polizeihauptkommissar Zimmer de la police de Saarbrücken à l'appareil.

Legrand: Bonjour, Monsieur Zimmer, comment allez-vous?

Zimmer: Oh, merci, je vais très bien. Et vous?

Legrand: Très bien aussi.

Zimmer: Monsieur Legrand, un hold-up vient d'être commis et nous cherchons le propriétaire d'une voiture française. On a trouvé après le hold-up cette voiture non loin de la banque. Elle a un numéro d'immatriculation du département de la Moselle. Le numéro est: 1234 LX 57. Pouvez-vous me donner le nom et l'adresse du propriétaire?

Legrand: Oh, oui, naturellement. Mais j'ai besoin de quelques minutes.
            Je vous rappelle dans quelques instants.

Zimmer: Pardon, je vous ai mal compris. Vous pouvez répéter plus lentement, s.v.p.?

Legrand: Oui, je peux vous donner les informations. Mais j'ai besoin d'un peu de temps. Je vous rappelle tout de suite.

Zimmer: Alors, je vous laisse mon numéro. C'est le 0049 pour l'Allemagne. L'indicatif de Sarrebruck est le 0681, ne composez pas le zéro. Le numéro de mon commissariat est le 6789 et de mon poste le 9134.

Legrand: Je vous rappelle dans – disons – 15 minutes. Cela vous va?

Zimmer: Bien sûr. Et merci beaucoup.

Legrand: A tout à l'heure!

Un quart d'heure après:

(...)

Legrand:	Monsieur Zimmer? Legrand de nouveau. Je vous donne le nom du propriétaire. C'est un dénommé Marais, prénom Yves.
Zimmer:	Vous pouvez épeler, s.v.p.?
Legrand:	Oui, le prénom est Yves. J'épèle: Yankee – Victor – Echo – Sierra, le nom de famille est Marais, j'épèle: Mike – Alfa – Romeo – Alfa – India – Sierra.
Zimmer:	L'adresse?
Legrand:	C'est 5, rue haute à 57032 Metz.
Zimmer:	Merci, et au revoir. Je vous tiendrai au courant.
Legrand:	Au revoir.

11.2 Phraséologie 'Au téléphone'

Sich vorstellen.

– Guten Tag, mein Name ist ...
– Peter Klein vom LKA Saarbrücken am Apparat.

Se présenter.

– Bonjour, mon nom est ...
– Peter Klein du LKA Saarbrücken à l'appareil.

Probleme mit der Sprache.

– Sprechen Sie bitte langsam.
– Ich spreche nicht gut französisch.
– Ich verstehe Sie schlecht.
– Können Sie dies bitte wiederholen/ buchstabieren?
– Sprechen Sie deutsch?
– Haben Sie einen Kollegen, der deutsch redet?

Des problèmes avec la langue.

– Parlez lentement s.v.p. .
– Je ne parle pas bien français.
– Je vous comprends mal.
– Pouvez-vous répéter / épeler cela s.v.p.?
– Parlez-vous allemand?
– Avez-vous un collègue qui parle alle- mand?

Mit jemandem sprechen wollen.

– Ich möchte mit M. Legrand sprechen.
– Können Sie mich mit M. Legrand ver- binden?
– Ich verbinde Sie mit ihm.
– Wann kann ich mit M. Legrand spre- chen?

Vouloir parler à quelqu'un.

– Je voudrais parler à M. Legrand.
– Pouvez-vous me passer M. Legrand?

– Je vous le passe.
– Quand puis-je parler à M. Legrand?

Warten.

- Bleiben Sie am Apparat.
- Warten Sie bitte, ich sehe nach, ob er da ist.

Gewünschte Person ist nicht da.

- Er/Sie ist nicht da.
- Niemand antwortet an seinem Apparat.
- Er/Sie ist in einer Besprechung.

Eine Nachricht hinterlassen.

- Können Sie ihm/ihr eine Nachricht übermitteln?
- Sagen Sie ihm/ihr, daß ich angerufen habe.
- Bitten Sie ihn/sie, daß er/sie mich anrufen möge.

Der Grund des Anrufes.

- Ich rufe Sie an wegen der Besprechung.
- Worum handelt es sich?

Telefonnummern austauschen.

- Meine Telefonnummer lautet:
- Die Vorwahl von ... lautet:
- Bitte nennen Sie die Ziffern einzeln.

Attendre.

- Restez en ligne./Ne quittez pas.
- Attendez s.v.p., je vais voir s'il est là.

La personne demandée n'est pas là.

- Il/Elle n'est pas là.
- Son poste ne répond pas.
- Il/Elle est en réunion.

Laisser un message.

- Pouvez-vous lui transmettre un message?
- Dites-lui, que j'ai téléphoné/appelé.
- Demandez-lui de me rappeler.

La raison de l'appel.

- Je vous appelle au sujet de la réunion.
- C'est à quel sujet?

Echanger les numéros de téléphone.

- Mon numéro de téléphone est le: ...
- L'indicatif de ... est le: ...
- Donnez-moi les chiffres l'un après l'autre s.v.p. .

11.3 Messages téléphoniques

C'est un jour sombre pour M. Lundi. Il a une question concernant le contrôle technique de sa voiture. Il veut s'adresser à un ancien collègue pour obtenir ce renseignement, mais hélas...

„Il n'y a pas d'abonné au numéro que vous avez demandé. Veuillez consulter l'annuaire ou téléphoner aux renseignements!"

Il trouve enfin le bon numéro, mais ...
„Vous êtes bien au 56 42 89 12. Veuillez laisser un message après le signal sonore ..."

Il veut alors parler à un spécialiste:
„Vous êtes sur le répondeur automatique du service *Sécurité voiture*. Notre numéro de téléphone vient de changer. Veuillez composer le 34 78 65 22."

Alors, il a besoin de parler à sa femme, mais ...
„Nous sommes sortis et nous regrettons de ne pouvoir répondre personnellement. Si vous laissez votre nom, votre numéro de téléphone et votre message, nous reprendrons contact avec vous."

Son dernier espoir pour avoir ce renseignement est la police, mais même là, il n'a pas de chance.

„Vous êtes en communication avec l'hôtel de police de Reims. Veuillez patienter quelques instants, nous recherchons votre correspondant!"

 Traduisez.

1. Guten Tag, mein Name ist Müller.
2. Ist jemand da, der deutsch spricht?
3. Ich möchte Herrn Martin sprechen.
4. Herr Martin ist nicht da.
5. Wollen Sie warten?
6. Ich verbinde Sie mit einem Kollegen.
7. Ich rufe Sie an wegen eines französischen Fahrzeuges.
8. Ich habe Sie schlecht verstanden.
9. Wann können Sie mir diese Auskunft geben?
10. Können Sie mir den Namen des Halters buchstabieren?
11. Ich brauche Ihre Telefonnummer.
12. Ich rufe Sie später noch einmal an.
13. Die Vorwahl für Deutschland lautet 0049.
14. Sie dürfen die Null nicht wählen.

Bereiten Sie ein Telefonat mit einem französischen Kollegen vor.

Skizzieren Sie dabei die wichtigsten Fragen und Formulierungen im Französischen schriftlich *(Diese Verfahrensweise gibt Ihnen Sicherheit vor jedem zu führenden Telefonat in der Fremdsprache.)*.

1. Stellen Sie sich vor und drücken Sie dann aus, daß Sie die Einladung zum Tag der offenen Tür erhalten haben, daß Sie sich dafür bedanken, daß Sie kommen möchten und um eine möglichst genaue Wegbeschreibung bitten, möglichst per Fax, buchstabieren Sie Ihren Namen und die dienstliche Anschrift und formulieren Sie die vollständige Faxnummer einschließlich der Vorwahlen.

2. Stellen Sie sich vor und drücken Sie dann aus, daß seit längerer Zeit ein Fahrzeug mit dem Kennzeichen 1254 YL 57 verkehrswidrig vor dem Rathaus stand, daß es nun abgeschleppt wurde, daß der Halter festgestellt und benachrichtigt werden soll, daß er die Kosten für das Abschleppen und für die Ordnungswidrigkeit zahlen muß, bevor er das Kfz abholen kann. Hinterlassen Sie die Telefonnummer der Dienststelle, damit der Halter sich dort erkundigen kann.

Unité 12	Gendarmerie Nationale (GN)

Die Gendarmerie ist eine der ältesten Institutionen Frankreichs.

Jahrhundertelang wurde die Polizeigewalt allein von der „Maréchaussée de France" ausgeübt, die dann 1791 in „Gendarmerie Nationale" umbenannt wurde.

Die Angehörigen der *Direction générale de la gendarmerie* sowie alle dieser Direktion nachgeordneten Dienststellen unterstehen dem französischen Verteidigungsministerium. Sie haben, im Gegensatz zu den Angehörigen der Police nationale, den Status von Kombattanten. Die Gendarmerie, die etwa 97 000 Männer und Frauen beschäftigt, ist durch zahlreiche Dienststellen des gesamten französischen Territoriums vertreten. Sie ist zuständig in Kommunen und Städten mit bis zu 10 000 Einwohnern und damit für ca. 95 % des Staatsgebietes und ca. 50 % der Einwohner Frankreichs.

Die GN nimmt zur Erhaltung der öffentlichen Sicherheit *(Sécurité publique)* repressive und präventive Funktionen *(Missions répressives et préventives)* wahr.

Die beiden Hauptsäulen in der Erfüllung dieser Aufgaben sind die *Gendarmerie Départementale* (erkennbar an der weißen Farbe der Dienstgradabzeichen) und die *Gendarmerie Mobile* (gelbe Dienstgradabzeichen).

12.1 Gendarmerie Départementale (GD)

Auf nationaler Ebene ist die GD in drei *Régions de gendarmerie* gegliedert, wobei Paris davon ausgenommen ist und eine eigene Einheit darstellt. Die *Régions de gendarmerie* sind unterteilt in mehrere *Circonscriptions,* zu welcher ihrerseits mehrere *Légions* gehören. Ab dieser Ebene haben die verschiedenen Organisationsstufen der GD in ihrer örtlichen Zuständigkeit eine Entsprechung innerhalb der Verwaltung. So entspricht eine *Légion* der GD einer *Région administrative*.

Eine wichtige operative Einheit ist das *Groupement,* örtlich zuständig auf der Fläche eines *Départements.*

Gendarme et son véhicule de service

Zu dem *Groupement* gehören:

– mehrere *Compagnies* (entsprechend der geographischen Ausdehnung eines Arrondissements), welche ihrerseits geographisch in *Brigades* (*Brigades territoriales,* vgl. örtliche Ausdehnung eines *Canton*) unterteilt sind. Die Brigade hat eine dem „Commissariat de police" vergleichbare Aufgabe. Je nach kriminalgeographischen Schwerpunkten umfaßt sie zwischen 6 und 40 Bediensteten, geleitet von einem *Adjudant, Adjudant-Chef* oder *Maréchal-de-logis-chef.* Innerhalb einer *Compagnie* steht den Brigaden ein Offizier (meist ein *Capitaine*) bevor. In der Regel gehört zur *Compagnie* auch eine besondere Eingreiftruppe *(Peloton de surveillance et d'intervention)*, oft mit Hundeführer, die ihre Aufgabe insbesondere zur Nachtzeit wahrnimmt.

Brigade motorisée

– ein *Centre Opérationnel de Gendarmerie (COG)*, eine Einsatzleitzentrale, insbesondere tätig außerhalb der Regeldienstzeiten (Nachtzeiten).

– Ermittlungsgruppen *(Unités de police judiciaire)*: eine *Section de recherche* im Zuständigkeitsbereich eines *Cour d'appel* (Berufungsgerichts) sowie eine *Brigade de recherche,* i.d.R. mit Vertretern in jeder *Compagnie*. Beide unterstützen die *Brigade territoriale* bei der Verbrechensbekämpfung oder bei Ermittlungen, z.B. durch technische Hilfe. Sie übernehmen aber nicht, wie in Deutschland, die Ermittlungen ab einem bestimmten Kriminalitätscharakter, denn der mit der Ermittlung als erstes beauftragte Gendarm kann seine Ermittlungen von Anfang bis zum Ende selbst durchführen, sofern er Hilfsbeamter der Staatsanwaltschaft *(Officier de police judiciaire, O.P.J.)* ist.

– motorisierte Einheiten *(Unités motorisées)*: eine *Brigade motorisée* pro *Compagnie*. Sie unterstehen dem *Peloton Motocycliste* innerhalb eines *Groupement*.

– Autobahnpolizei *(Unités d'autoroute)*: auf den gebührenpflichtigen Autobahnen (à péage).

Je nach geographischen Gegebenheiten unterstehen dem *Groupement* weiterhin Einheiten zur Durchführung polizeilicher Aufgaben und zur Wahrung von Rettungsaufgaben

– im Hochgebirge *(Unités spécialisées de montagne)*

– auf Binnengewässern und an der Küste *(Unités nautiques)*

– in Höhlen *(Unités spéléologues)*.

12.2 Gendarmerie Mobile (GM)

Sie umfaßt insgesamt etwa 17 500 Unteroffiziere und Offiziere. Ihre wesentliche Aufgabe ist die Wahrung bzw. die Wiederherstellung der öffentlichen Ordnung *(Maintien/Rétablissement de l'ordre public)*. Zu den Aufgaben der GM gehören beispielsweise der Einsatz bei Demonstrationen, Unterstützung bei Großeinsätzen (z.B. nach Katastrophen), Objektschutz (z.B. von Ministerien), Auslandeinsätze (in Krisengebieten).

Teilweise unterstützt die GM auch die GD bei allgemeinen polizeilichen Aufgaben.

Die GM umfaßt 128 Hundertschaften *(Escadrons)*, verteilt auf ganz Frankreich einschließlich der *DOM TOM (Départements et territoires d'outre mer)*.

Eine *Escadron* umfaßt 3 Einsatzzüge *(Peletons)* mit jeweils 38 Mann und einen Stab.

Ihrer Ausstattung und ihrer Funktion nach unterscheidet man:

– *Escadron porté:* nur mit PKW und LKW ausgestattet.

– *Escadron mixte blindé:* ausgestattet mit gepanzerten Fahrzeugen und mit Maschinengewehren bewaffnet.

– *Escadron blindé:* ausgestattet mit Spähpanzern.

(Aus: „Gendarmerie nationale – Une force humaine")

Jede *Escadron* ist ein geschlossener Verband, unabhängig von anderen und selbständig einsetzbar. Eigenes Versorgungspersonal, Feldküche usw. müssen im Einsatzfall zusammen mit der *Escadron* innerhalb weniger Stunden verlegbar sein.

Für spezielle Einsätze verfügt die Gendarmerie weiterhin über Spezialeinheiten, die unter dem Dach des *GSIGN*, dem *Groupement de sécurité et d'intervention de la gendarmerie nationale* organisiert sind. Dazu gehören folgende Einheiten:

– *Groupement d'intervention de la gendarmerie nationale (GIGN)*, eine Eliteeinheit, die zur gleichen Zeit gegründet wurde wie die deutsche GSG 9 und vergleichbare Aufgaben hat (Einsätze bei der Bekämpfung von Terrorismus, bei organisierter Kriminalität und bei schweren Straftaten, wie z.B. Gefängnismeuterei, Geiselnahmen usw.),

– *Escadron parachutiste d'intervention de la gendarmerie nationale (EPIGN)*, eine Luftlandeeinheit für spezielle Einsätze,

– *Groupe de sécurité de la présidence de la République (GSPR)*, eine Sicherheitsgruppe für den Präsidenten.

12.3 Aufbau der Gendarmerie

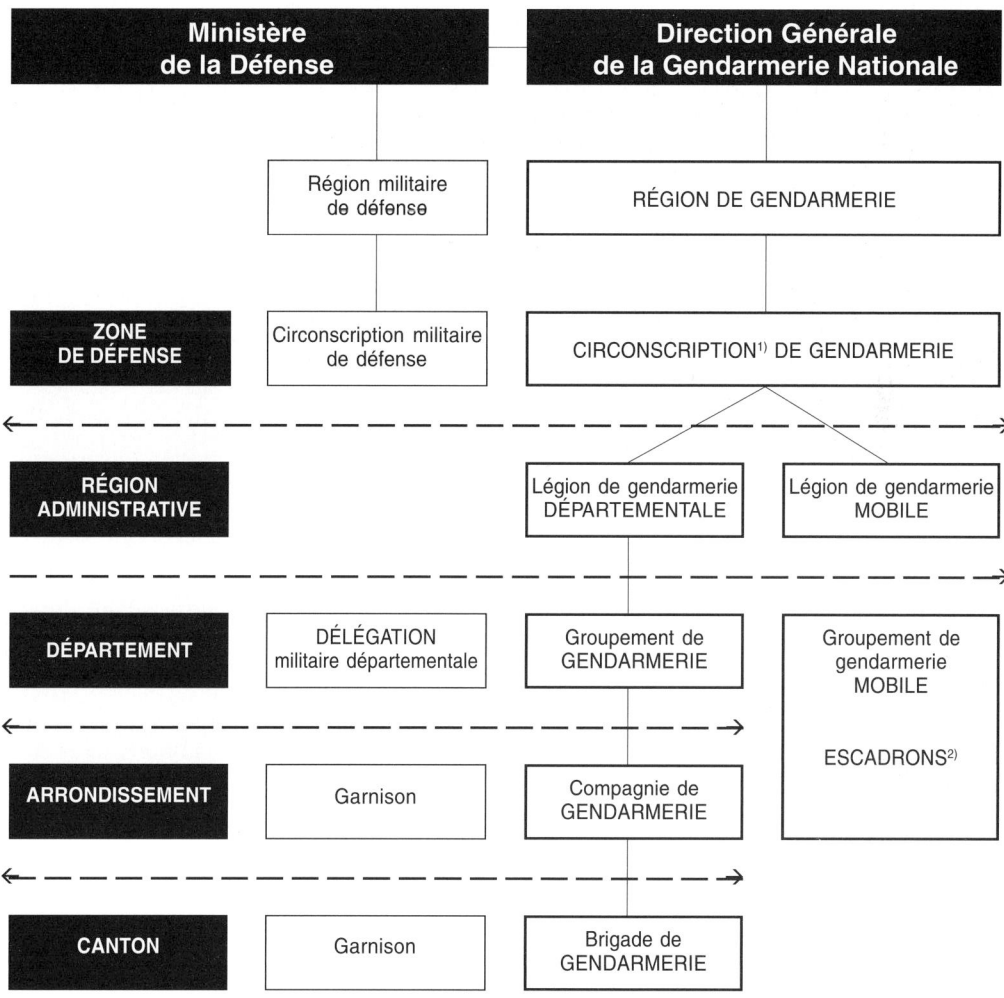

---

1) Le commandant de la circonscription de gendarmerie dont le siège est implanté au chef-lieu de région est commandant de région de gendarmerie (Bordeaux, Lyon, Metz).

2) Pas de correspondance territoriale pour la GM.

12.4 Spezialeinheiten der Gendarmerie Nationale

– *Garde républicaine:* sie umfaßt ca. 3000 Personen, verteilt auf zwei Infanterieregimente und ein Kavallerieregiment. Sie ist zuständig für die Sicherheit des Elyséepalastes, des Hôtel Matignon (Sitz des Premierministers), des Verteidigungsministeriums und des Palais de Justice. Gleichzeitig stellt sie auch die Ehrengarde.

– *Gendarmerie maritime:* sie umfaßt etwa 1000 Personen und nimmt Polizei- und Verteidigungsaufgaben in den Marinehäfen, den Waffenarsenalen und den zur Marine gehörenden Dienstgebäuden wahr.

– *Gendarmerie de l'armement:* sie umfaßt ca. 270 Offiziere und Unteroffiziere, verteilt auf drei Kompanien und 27 Brigaden und übernimmt polizeiliche Aufgaben in Zentren der Waffenlagerung und -herstellung sowie der Forschung.

– *Gendarmerie des transports aériens:* sie umfaßt etwa 550 Personen und dient der Wahrnehmung polizeilicher Aufgaben auf zivilen Flughäfen.

– *Gendarmerie de l'air:* sie umfaßt etwa 1100 Personen, verteilt auf 64 Brigaden, und nimmt militärpolizeiliche Aufgaben bei der französischen Luftwaffe wahr.

12.5 Ausbildung und Dienstgrade

Die Grundausbildung der Unteroffiziere erstreckt sich auf acht Monate theoretischen Unterricht an einer der Unteroffiziersschulen, sowie vier Monate Praktikum in einer Einheit.

Danach erhalten sie als Gendarmen ihre erste Stelle. Sie sind zunächst *Agent de police judiciaire (APJ).* Damit sind ihre Befugnisse gegenüber denen des *Officier de Police judiciaire* (Hilfsbeamter der Staatsanwaltschaft) eingeschränkt. Diese Qualifikation erwerben nur ca. 15 % von ihnen nach einer mehrjährigen dienstbegleitenden Ausbildung und einer abschließenden Prüfung.

Im Laufe ihrer Dienstzeit durchlaufen die Angehörigen der Gendarmerie mehrere Dienststellen, eine Beförderung ist immer mit einem räumlichen Wechsel verbunden.

Unteroffiziere werden nur innerhalb einer *Légion* versetzt und können bis zu 10 Jahre an einer Dienststelle verweilen.

Offiziere können alle 2 bis 3 Jahre innerhalb des gesamten französischen Staatsgebietes (auch Übersee) versetzt werden und haben nicht selten am Ende ihrer Dienstzeit 10 bis 20 Dienststellen erlebt.

Die Ausbildung der Offiziere findet zentral an der Offiziersschule in Melun statt.

Alle Unteroffiziere können sich diesem Auswahlverfahren stellen. Etwa 10 pro Jahr, ab dem Rang des Adjudant-chef und Major, können auch ohne Prüfung dorthin entsandt werden.

Auch die Abgänger von den Militärakademien werden dort für weitere zwei Jahre ausgebildet, wenn sie sich, was für die Absolventen mit den besten Prüfungsergebnissen möglich ist, für eine Laufbahn innerhalb der Gendarmerie entschieden haben.

Das gesamte Personal der Gendarmerie muß in unmittelbarer Nähe zu den Dienstgebäuden in mietfreien Dienstwohnungen leben (Residenzpflicht).

Zur Zeit gehören zur GN noch ca. 12 000 Hilfsgendarmen *(Gendarmes auxiliaires)*, die bei der Gendarmerie ihren Wehrdienst ableisten. Da die allgemeine Wehrpflicht entfallen ist, sollen die Wehrpflichtigen innerhalb der nächsten Jahre sukzessiv durch Freiwillige und durch Hilfsgendarmen mit kurzzeitigem Arbeitsvertrag ersetzt werden.

Dienstgrade

Unteroffiziere: ca. 80 000 (ohne Hilfsgendarmen), Offiziere: ca. 2800, Generäle: 30

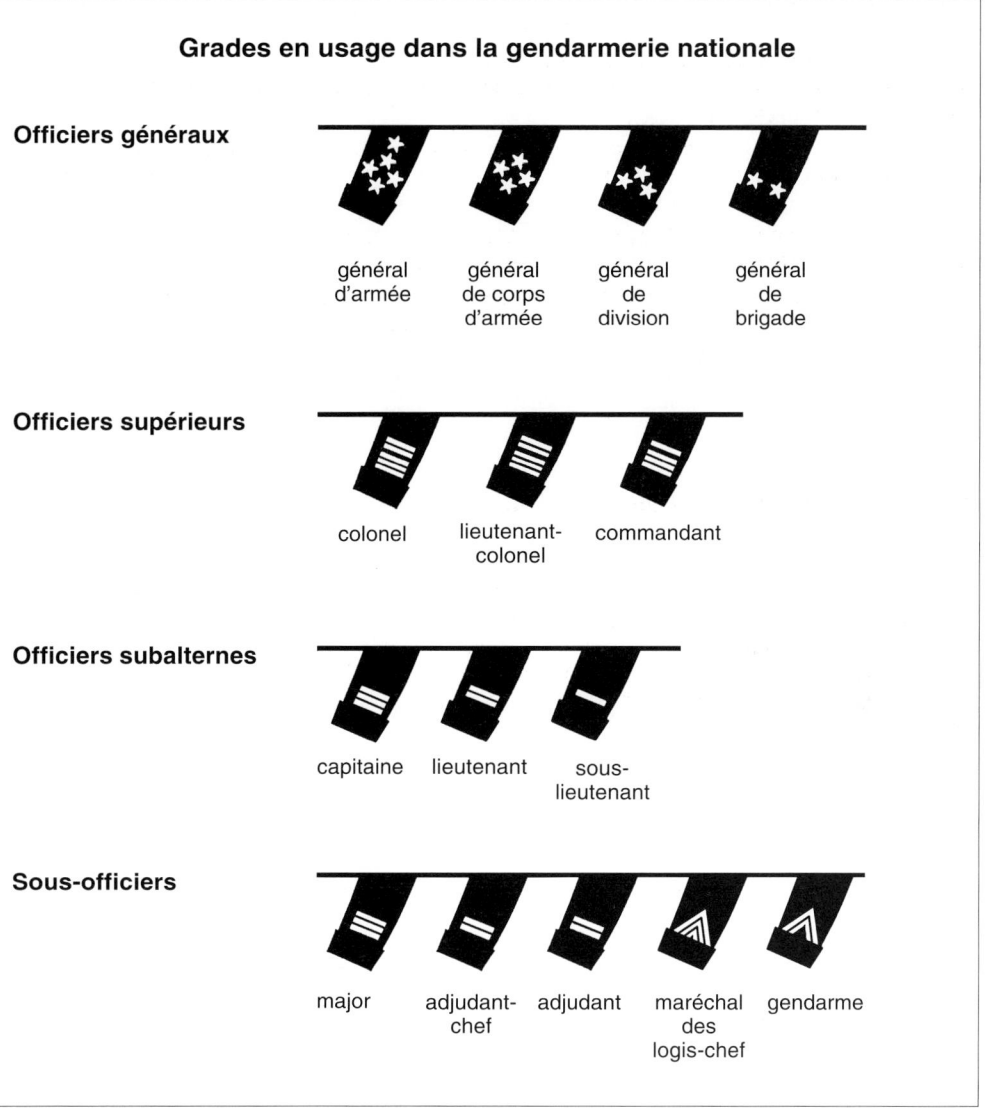

Grades en usage dans la gendarmerie nationale

Officiers généraux

général d'armée   général de corps d'armée   général de division   général de brigade

Officiers supérieurs

colonel   lieutenant-colonel   commandant

Officiers subalternes

capitaine   lieutenant   sous-lieutenant

Sous-officiers

major   adjudant-chef   adjudant   maréchal des logis-chef   gendarme

12.6 Un métier de gendarme particulier: le portraitiste

Ici: *Roland Schmitgen*

Il a passé son service militaire dans la Marine Nationale à Brest, de 1964 à 1965.

En 1970, il a fait sa demande pour entrer dans la Gendarmerie. Il a été formé pendant 9 mois à l'école de gendarmerie de Reims pour avoir ensuite sa première affectation dans une brigade de la Marne. Là, il a passé trois années en brigade.

Ayant plusieurs formations spéciales, il est d'abord muté au *centre de rapprochement et des renseignements judiciaires,* ensuite à la *section de recherches* de Metz.

Ses spécialités deviennent les portraits robots, d'abord faits à la main, ensuite sur l'ordinateur. Son portrait le plus connu – vous le devinez?

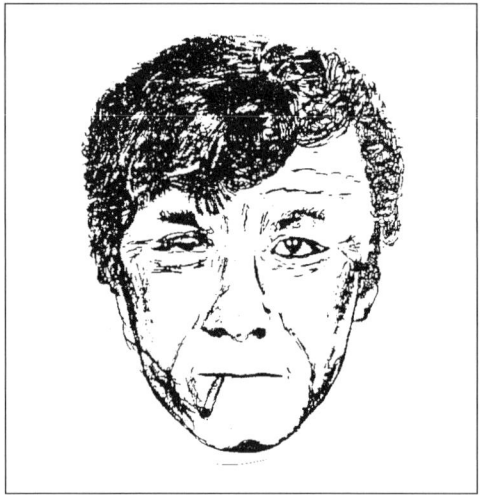

Police Nationale (PN)   **Unité 13**

Die Einrichtung einer Polizei erfolgte im Jahre 1667 unter François I., der damit die Trennung von Polizei und Justiz offiziell besiegelte. Diese Polizei wurde zentral von Paris aus geführt. Nach der Revolution erstarkte vorübergehend eine Police Municipale, die sich durch ein hohes Maß an Eigenständigkeit gegenüber den jeweiligen Regierungen auszeichnete. In der zweiten Hälfte des 19. Jahrhunderts aber entwickelte sie sich zunehmend zu einer zentral geführten Police.

Nach einer Vielzahl von Organisationsformen und etlichen Reformen wurde im Jahre 1966 die heutige Police Nationale gegründet.

Die Police Nationale, mit einer Personalstärke von etwa 125 000 Bediensteten, untersteht dem französischen Innenministerium. Die Angehörigen der Police Nationale sind im Gegensatz zu denen der Gendarmerie Nationale Nicht-Kombattanten. Die Zuständigkeit der Police erstreckt sich auf den städtischen Bereich (Kommunen ab 10 000 Einwohner, allerdings mit der Tendenz, sie in Ballungszentren mit einer Einwohnerzahl ab ca. 20 000 Einwohnern zu konzentrieren). Entsprechend dem zentralistisch ausgerichteten Verwaltungsaufbau überzieht die PN, an deren Spitze der *Directeur général de la police nationale* steht, das gesamte französische Territorium.

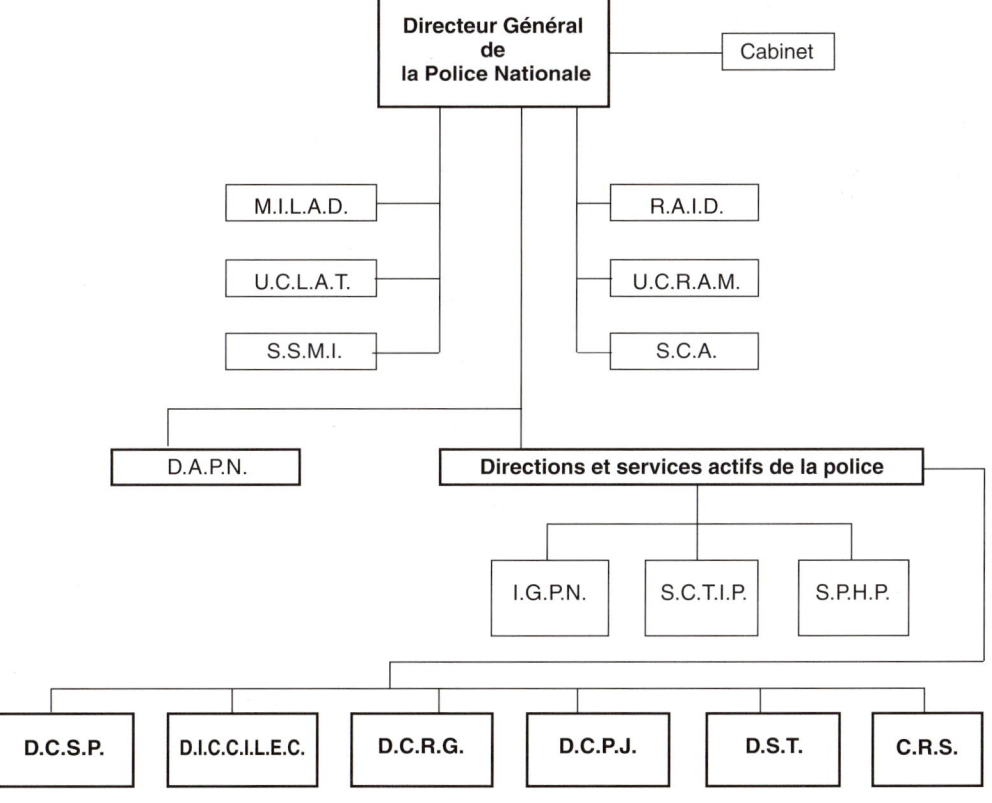

13.1 Directeur de la police nationale

CABINET – Dem *Directeur de la police nationale* ist das Kabinett *(Cabinet)* beigeordnet. Hierbei handelt es sich um eine Gruppe höherer Polizeioffiziere, die Beratungs- und Unterstützungsaufgaben haben, ähnlich einem zuarbeitenden Stab.

Dem *Directeur de la police nationale* sind direkt unterstellt:

1. *MILAD – Mission de lutte anti-drogue*, zentrale Rauschgiftbekämpfung,
2. *UCLAT – Unité de coordination de la lutte antiterroriste*, die Antiterroreinheit,
3. *SSMI – Service de sécurité du ministère de l'intérieur et de l'aménagement du territoire*, der Objekt- und Innenschutz des Innenministeriums,
4. *RAID – Unité de recherche, d'assistance, d'intervention et de dissuasion,* ein Spezialeinsatzkommando – eine Eliteeinheit mit nationaler Zuständigkeit, vergleichbar mit der deutschen GSG 9. Sie leistet lagebezogen Unterstützung in besonderen Situationen (Terrorismus, Geiselnahmen usw.),
5. *UCRAM – Unité de coordination et de recherche anti-mafia*, eine Einheit zur Bekämpfung mafiöser Strukturen,
6. *SCA – Service central automobile*, ein zentraler Kraftfahrzeugdienst, zuständig für Beschaffung und Ausstattung von Kraftfahrzeugen.

In die hier genannten Organisationen können im Einsatzfall auch Vertreter anderer Dienste (Feuerwehr, Gendarmerie Nationale, Rettungsdienste) eingebunden werden.

13.2 Zentralverwaltung (Direction de l'administration de la police nationale, DAPN)

Zu ihr gehören:

1. *Sous-direction de l'administration générale et des finances*, die mit der Budgetierung beauftragte Finanzabteilung,
2. *Sous-direction des ressources humaines*, die Personalabteilung,
3. *Sous-direction du personnel et de la formation de la police*, die Abteilung für Aus-und Fortbildung, die zuständig ist für die Fortbildung der gesamten Polizei sowie für die Auswahlverfahren zum gehobenen und höheren Dienst.
4. *Sous-direction de la logistique*, die Beschaffungsabteilung (Waffen, Kommunikationsmittel, Uniformen u.ä.).

13.3 Polizeidirektionen und zentrale Dienststellen (Directions centrales et services actifs de la police)

Zu den zentralen Dienststellen gehören:

1. *IGPN – Inspection générale de la police nationale*, die Innenrevision, die Disziplinarverfahren und polizeiliche Ermittlung gegen beschuldigte Polizeibeamte leitet.
2. *SCTIP – Service de coopération technique internationale de police*, eine Einrichtung zur Unterstützung der Zusammenarbeit ausländischer Polizeien mit der französischen PN.
3. *SPHP – Service de protection des hautes personnalités*, eine Einrichtung zum Schutz gefährdeter Persönlichkeiten; sie entspricht etwa der Sicherungsgruppe und der Gruppe zum Personenschutz.

Die Direktionen sind:

1. *DCSP – Direction centrale de la sécurité publique*, die Leitung der Polizeien und zugleich die personalstärkste Direktion (ca. 60 000 Bedienstete), am ehesten mit der Schutzpolizei vergleichbar.

   Die *DCSP* ist zur Zeit in ca. 1600 Städten in sogenannten *Commissariats centraux de la police* vertreten, die je von einem Beamten des höheren Dienstes geleitet werden. Ihm unterstehen, je nach Größe und kriminalgeographischen Erfordernissen, zwischen 30 und mehreren Hundert Polizisten. Die wichtigsten Einheiten eines *Commissariat* sind die *Sécurité publique* mit den Beamten in Uniform, zu denen auch eine Art Kontaktbeamte, *Ilotier*, gehören und die *Unités investigations et recherches* mit Beamten überwiegend in Zivilkleidung, zur Bekämpfung der kleinen und mittleren Kriminalität. In jedem Département ist ein *Directeur départemental de la police* Leiter der Polizeien. Er ist zugleich der Berater für die öffentliche Sicherheit beim Präfekten.

Police nationale – sécurité publique
Fotograf: Guy Becam

Police nationale –sécurité publique
Fotograf: Guy Becam

2. *DICCILEC – Direction centrale du contrôle de l'immigration et de la lutte contre l'emploi des clandestins*, eine Direktion zur Bekämpfung illegaler Einwanderung und Schwarzarbeit. Sie löste die frühere *Police de l'air et des frontières (PAF)* ab.

3. *DCRG – Direction centrale des renseignements généraux,* eine Art Nachrichtendienst, der für die Regierung Informationen zur politischen, sozialen oder wirtschaftlichen Lage beschafft, z.B. über die Wirkung von Verordnungen und Gesetzen oder über die Stimmungslage in der Bevölkerung allgemein. Im Rahmen dieses Auftrages erscheinen Beamte der *DCRG* beispielsweise auch bei Demonstrationen oder anderen Versammlungen. Die Beamten arbeiten in Zivil und haben keine Exekutivbefugnisse.

Auf der Ebene des Département unterstehen *DCSP, DICCILEC* und *DCRG* einem *Directeur départemental* und sind i.d.R. auch in jedem *Commissariat* vertreten.

4. *DCPJ – Direction centrale de la police judiciaire*, die Kriminalpolizei. Sie verfügt zur Bekämpfung der Kriminalität über eine Reihe von Spezialeinheiten (z.B. die Einheit zur Bekämpfung des Drogenschmuggels, *OCRTIS, Office centrale de répression du trafic illicite de stupéfiants)* sowie über technische Spezialeinheiten. Sie ist gegliedert in *Services de recherche de la police judiciaire* (19 für Gesamtfrankreich), die örtliche Zuständigkeit deckt sich mit der eines *Cour d'appel.* Ihre Aufgabe besteht in der überörtlichen Verbrechensbekämpfung, insbesondere in der Schwerkriminalität.

5. *DST – Direction de la surveillance du territoire (DST)*, ein Nachrichtendienst zur Bekämpfung von Spionage wirtschaftlicher, kultureller und politischer Natur im Inland durch andere Länder, der auch bei der Bekämpfung internationaler terroristischer Gruppierungen auf französischem Boden eingesetzt ist. Die Beamten haben Exekutivbefugnisse.

6. *CRS – Compagnie républicaine de sécurité*, eine Bereitschaftspolizei zur Auf-
rechterhaltung der öffentlichen Ordnung,
z.B. bei Großdemonstrationen oder Katastrophen, und zur Unterstützung der
Commissariats de police. Die insgesamt
61 kasernierten *Compagnies* der CRS
(à 150 Mann), zwei davon in Übersee,
sind in 9 *Groupements* zusammenge-
faßt. Der Leiter eines *Groupement* ist ein
Beamter des höheren Dienstes und dient
im Einsatzfall dem Präfekten als polizei-
lich/technischer Berater.

Police nationale – CRS   Fotograf: Jérome Martin

13.4 Ausbildung und Dienstgrade

Nach einer Reform der Police Nationale im Jahre 1995 unterliegen deren Angehörige nicht
mehr strikt der Trennung zwischen Kriminal- und Schutzpolizei, sondern können zwischen
den beiden Corps ohne weiteres wechseln. Im übrigen ist auch für die Kriminalpolizei, zu-
mindest für offizielle Anlässe, eine Uniform vorgesehen.

Die Ausbildung für die Bediensteten des mittleren Polizeivollzugsdienstes *(Gardien de la
paix)* erfolgt an einer der Polizeischulen und dauert 12 Monate. Sie sind dann *APJ (Agent de
police judiciaire).* Die Qualifikation des *OPJ (Officier de police judiciaire* = Hilfsbeamter der
Staatsanwaltschaft) ist zur Zeit den Angehörigen des gehobenen und höheren Polizeidien-
stes vorbehalten.

Von den ca. 125 000 Polizeibeamten gehören zur Zeit ca. 18 000 zum gehobenen und 2200
zum höheren Dienst. Die derzeitige Politik plant, die Zahl der Beamten des gehobenen Dienstes auf zunächst ca. 12 000 zu reduzieren. Die Anwärter des gehobenen bzw. höheren
Dienst werden in einer 18- bzw. 24-monatigen Ausbildung mit theoretischen und praktischen
Inhalten auf ihr Amt vorbereitet. Diese Anwärter sind für den gehobenen Dienst zu 60% Externe, zu 30% Aufstiegsbeamte und zu 10% Bewerber aus artverwandten Berufen (z.B. Ar-
mee, Rettungswesen u.a.), für den höheren Dienst sind es zu ca. 30% externe Bewerber.

Eine Beförderung ist immer und zwangsläufig mit einer Versetzung verbunden. Die Mehrzahl
der Berufsanfänger verrichtet zunächst mehrere Jahre Dienst in Paris, bevor sie irgendwo „in
der Provinz" eine Planstelle besetzen können.

Grades de la Police Nationale

Höherer Dienst

 COMMISSAIRE DIVISIONNAIRE DE POLICE

 COMMISSAIRE PRINCIPAL DE POLICE

 COMMISSAIRE DE POLICE

Gehobener Dienst

 COMMANDANT DE POLICE

 CAPITAINE DE POLICE

 LIEUTENANT DE POLICE

LIEUTENANT DE POLICE STAGIAIRE

Mittlerer Dienst

 BRIGADIER MAJOR DE POLICE

 BRIGADIER DE POLICE

 GARDIEN DE LA PAIX

 GARDIEN DE LA PAIX STAGIAIRE

Unité 14	Instanzen und Grundprinzipien des französischen Rechtssystems

Das französische Justizwesen untersteht dem Justizminister (*Garde des sceaux*), der aber, entsprechend dem Grundsatz der Gewaltenteilung, zu keinem Zeitpunkt in die Befugnisse der Ermittlung bzw. in die Rechtsprechung eingreifen darf.

Dieser Grundsatz garantiert auch den Richtern volle Unabhängigkeit.

14.1 Straf- und Zivilgerichtsbarkeit

Das französische Strafrecht unterscheidet drei Klassen von Verstößen (*infractions*):
- Übertretungen, Ordnungswidrigkeiten (*contraventions*), eingeteilt in 5 Klassen,
- Vergehen (*délits*),
- Verbrechen (*crimes*).[1]

Die Zuständigkeit der Gerichte ist abhängig von der Art des Verstoßes.

Grundprinzipien der Gerichtsbarkeit sind:

a) die Justiz ist für alle Bürger zuständig und unentgeltlich, Ausnahme: Verfahrenskosten;

b) die Justiz ist ortsgebunden, Ausnahme: *Tribunal d'instance*, (Amtsgericht);

c) die Justiz ist ständig tätig, Ausnahme: Ferien vom 15. Juli bis 15. September, in denen nur dringende Fälle behandelt werden;

d) die Rechtssprechung erfolgt durch ein Richterkollegium, Ausnahme: *Tribunal d'instance*, hier ist ein Einzelrichter tätig;

e) Gerichtsverhandlungen sind öffentlich, Ausnahme: der Ausschluß der Öffentlichkeit (*le huis clos est prononcé*) wird aus Gründen der Sicherheit oder der Sittlichkeit angeordnet;

f) die Entscheidungen der Gerichte müssen begründet werden (*exposé des motifs*), Ausnahme: Schwurgerichtsverfahren;

g) die verurteilte Partei hat das Recht auf Berufung, Ausnahme: sog. Bagatellfälle.

---

1) Das Wort *crime* bedeutet in der Umgangssprache auch *Mord*.

14.2 Gerichte

Das französische Gerichtswesen besteht

a) aus der Verwaltungsgerichtsbarkeit (*justice administrative*) und

b) den ordentlichen Gerichten *(juridiction judiciaires)*.

Die ordentlichen Gerichte wenden das Recht im

> Strafrecht (*droit pénal*) und im
>
> Zivilrecht (*droit privé*) an.

Bei der Strafgerichtsbarkeit und der Zivilgerichtsbarkeit gibt es jeweils drei Instanzen, wobei bei der letzteren die Zuweisung zu einer der drei Instanzen i.d.R. von der Höhe des Streitwertes abhängt.

Der Oberbegriff für alle Gerichte lautet *juridiction*. Er umfaßt die niedrigen Gerichte (*les tribunaux*) und die höheren Gerichte (*les cours*). Die Urteile der niedrigen Gerichte werden *jugement* genannt, die der höheren Gerichte *arrêt* (nicht zu verwechseln mit *arrêté*, den Verordnungen, die Minister, Präfekten und Bürgermeister erlassen).

In jedem Departement gibt es neben besonderen Gerichten (S. 173):

1. ein **Tribunal d'instance** mindestens, vergleichbar mit dem Amtsgericht,
2. ein **Tribunal de grande instance**, T.G.I., vergleichbar mit dem Landgericht,
3. einen **Cour d'assisses**, ein Schwurgericht.

Das **Tribunal d'instance** ist zuständig:

a) für Streitfälle mit einem Streitwert von maximal 13 000 Francs ohne Möglichkeit der Berufung und bis zu 30 000 Francs mit der Möglichkeit, Berufung einzulegen,

b) für Ordnungswidrigkeiten. (Dann nennt man das Gericht auch *Tribunal de police*).

Insgesamt gibt es 471 *Tribunaux d'instance*, davon 5 in Übersee, eines mindestens in jedem Arrondissement.

Die Schwere der Ordnungswidrigkeit, die von der Höhe der Strafe abhängt, bestimmt darüber, wer sie verfolgt. Bei Ordnungswidrigkeiten der ersten vier Klassen (bis maximal 5 000 Francs) ist das *Tribunal de police* als ein Teil des *Tribunal d'instance* mit einem Einzelrichter (*Juge unique*) zuständig. Die Staatsanwaltschaft (*Ministère public*) ist durch den *Commissaire de police* des zuständigen *Commissariat* vertreten (auch in Bereichen, die ansonsten in die örtliche Zuständigkeit der Gendarmerie fallen).

Für Ordnungswidrigkeiten der 5. Klasse (bis zu 10 000 Francs Geldbuße, im Wiederholungsfalle bis zu 20 000 Francs) ist ebenfalls ein Einzelrichter *(Juge unique)* zuständig. Dieser kann sogar eine Gefängnisstrafe von bis zu zwei Monaten aussprechen. Die Staatsanwaltschaft ist durch einen *Substitut* (Staatsanwalt) vertreten, Anwaltszwang besteht nicht.

Das **Tribunal de grande instance** ist zuständig:

a) für Zivilsachen, die nicht bereits in die Zuständigkeit eines besonderen Gerichtes, wie z.B. des Handelsgerichts, fallen und

b) für Vergehen.

Dieses Gericht kommt dreimal wöchentlich zusammen und handelt an einem Vormittag etwa 30 Fälle ab. Kurze Verhandlungen sind hier möglich, da die durch den Untersuchungsrichter geleiteten Vorermittlungen hier rechtswirksam verwertet werden können (Grundsatz der Schriftlichkeit).

Zu dem *Tribunal de grande instance* gehören

- die Staatsanwaltschaft (genannt *Ministère Public* oder auch *Parquet* nach dem „Parkett", auf dem sie stehen),
- die Untersuchungsrichter (*Juges d'instruction*),
- eine Zivilkammer (*Chambre civile*),
- eine Strafkammer (*Tribunal correctionnel*).

Am *Tribunal de grande instance* tagen i.d.R. drei Richter, im Einzelfall kann hier der Urteilsspruch aber auch durch einen Einzelrichter (*Juge unique*) ergehen.

Es gibt 181 *Tribunaux de grande instance*, davon 6 in Übersee.

Der **Cour d'assise** ist zuständig für die Aburteilung von Verbrechen.

Als Verbrechen sind hier Straftaten zu verstehen, die mit einer schweren Freiheitsstrafe oder einer entehrenden Strafe geahndet werden.

Der *Cour d'assise* setzt sich zusammen aus drei Richtern, die aus den nächstgelegenen *Cours d'appel* kommen, und neun Geschworenen (*Jury populaire*). Die Geschworenen werden in mehreren Verfahren aus verschiedenen Listen der Gemeinden ausgelost. Richter und Geschworene beraten gemeinsam.

Die Urteile (*condamnation* = Verurteilung oder *acquittement* = Freispruch) ergehen in letzter Instanz und ohne Begründung, so daß keine Berufung möglich ist. Lediglich wegen formeller Fehler kann beim *Cour de cassation* Revisionsantrag gestellt werden.

Für schwere Straftaten, die durch Jugendliche unter 16 begangen wurden, ist der **Cour d'assise des mineurs** zuständig.

Der **Cour d'appel** ist zuständig in einer *région administrative:*

a) in Zivilsachen für Berufungen gegen Urteile der *Tribunaux d'instance* und der *Tribunaux de grande instance* sowie gegen Urteile anderer Gerichte, z.B. der Arbeitsgerichte.

b) in Strafsachen für Berufungen gegen Urteile der *Tribunaux de police* sowie der *Tribunaux correctionnels*.

Wichtige Senate beim *Cour d'appel* sind:

- *Chambre d'accusation*,
  dieser Senat entscheidet über Beschlüsse des Untersuchungsrichters, welche hier aufgehoben werden können.
- *Chambre des appels correctionnels*,
  der Berufungsstrafsenat, der über Urteile der *Tribunaux correctionnels* und der *Tribunaux de police* entscheidet,
- *Chambre spéciale des mineurs*,
  ein besonderer Strafsenat, zuständig für Berufungen gegen Entscheidungen des Jugendgerichts und des Jugendrichters sowie auch gegen Entscheidungen des Amtsrichters in Jugendsachen.
- Chambre sociale, für Verfahren der Sozialgerichtsbarkeit.

Eine weitere Aufgabe des *Cour d'appel* ist die Aufsicht über die Strafvollzugsanstalten.

Der **Cour de cassation** (etwa OLG oder BGH) ist die oberste Instanz der Justiz in Zivil- und Strafsachen. Er ist zuständig für Revisionsanträge (*pourvois en cassation*), nicht für Berufungen (*appels*). Er behandelt zwei Fragen:

a) Ist das geltende Recht korrekt angewendet worden, oder gibt es Formverstöße?

b) Ist die richtige Gesetzesmaterie zugrundegelegt worden (Subsumption)?

Damit hat er allein die formellen Elemente des Urteils zum Gegenstand. Er hebt Urteile auf (*Il casse les jugements*), wenn sie durch formelles Recht verletzt wurden.

Besondere Gerichte sind:

– das Jugendgericht (*Tribunal pour enfants*).

Wenigstens ein *Tribunal de grande instance* innerhalb der Zuständigkeit eines *Cour d'appel* verfügt über ein Jugendgericht. Es setzt sich zusammen aus einem Richter und zwei Beisitzern und urteilt über Verbrechen, die von Minderjährigen unter 16 Jahren und über Vergehen, die von Minderjährigen unter 18 Jahren begangen wurden.

– das Verwaltungsgericht.

Insgesamt 31 *Tribunaux administratifs* sind zuständig für Streitigkeiten zwischen einer Privatperson und der öffentlichen Verwaltung sowie für Streitigkeiten zwischen öffentlichen Körperschaften (*litiges entre collectivités publiques*). Der *Conseil d'Etat* ist das höchste französische Verwaltungsgericht und auch Berufungsgericht für die *Tribunaux administratifs*.

– das Handelsgericht (*Tribunal de commerce*).

– das Arbeitsgericht (*Conseil de prud'hommes*).

Es gibt insgesamt 282 Arbeitsgerichte. Der *Conseil de prud'hommes* ist ein berufsständisches Gericht, das zu gleichen Teilen aus Vertretern der Arbeitgeber und Arbeitnehmer zusammengesetzt ist. Diese werden für fünf Jahre gewählt. Berufungsinstanz ist der *Cour d'appel*, Revision zur *Cour de cassation* ist möglich.

– das Sozialgericht (gehört zum *Tribunal de grande instance*).

– das Finanzgericht (*juridiction financière*) mit dem Obersten Rechnungshof (*Cour de compte*), der Rechnungsprüfungsinstanz für die Haushalte der öffentlichen Verwaltung.

– der Hohe Gerichtshof (*Haute Cour de Justice*), auf nationaler Ebene zuständig für den Staatspräsidenten (bei Hochverrat) und für Regierungsmitglieder, ahndet Vergehen oder Verbrechen bei Amtsausübung oder Verschwörung gegen die Sicherheit des Staates.

14.3 Die Magistrats

Der Ausdruck *Magistrat* bzw. *Magistrature* ist im Französischen der Oberbegriff für Richter und Staatsanwälte. Beide werden an der *Ecole Nationale de la Magistrature* ausgebildet.

Richter werden auch *Magistrats assis* genannt (*Magistrature assise* für die Richterschaft). Im Gegensatz dazu nennt man die Staatsanwälte, die ebenfalls zu den Magistraten gerechnet werden, *Magistrats debout* (*Magistrature debout*).

Zu den *Magistrats* gehören auch die Untersuchungsrichter.

1. Die Staatsanwälte (*les procureurs*)

Staatsanwälte (*Substituts*, oft beim *Tribunal de police*, *Procureurs de la République* bei den *Tribunaux de grande instance*, *Procureurs généraux* bei *Cour d'appel* und *Cour d'assise*) bilden das *Ministère Public* bzw. *Parquet*. Sie vertreten die Interessen der Öffentlichkeit.

Aufgaben eines Staatsanwaltes:

– Er ist an jedem Gericht vertreten.

– Er veranlaßt alle Schritte zur Aufdeckung und Verfolgung von Verstößen gegen die Strafgesetzgebung.

– Er leitet teilweise die kriminalpolizeilichen Ermittlungen der Police Nationale bzw. Gendarmerie Nationale (bei Ermittlungsaufträgen durch den Staatsanwalt spricht man von *réquisition*). Er bestimmt auch, welche der beiden Einrichtungen die Ermittlungen durchführt. Bei komplexen Straftaten oder schwierigen Ermittlungen fällt diese Aufgabe auch dem Untersuchungsrichter zu.
– Er muß die von Police Nationale bzw. Gendarmerie Nationale vorgelegten Ermittlungsergebnisse weiterbearbeiten.
– Er nimmt auch von Opfern direkt Anzeigen entgegen.
– Er entscheidet, ob ein Verfahren eingeleitet wird.
– Entsprechend des Falles ersucht er einen Untersuchungsrichter um die Ermittlungsführung. So darf der Staatsanwalt beispielsweise selbst niemals die Haft für eine Person anordnen, vielmehr muß er sich dafür immer an einen Untersuchungsrichter oder an eine Spruchkammer wenden. Auch kann er keinen Polizeigewahrsam (*garde à vue*) anordnen. Diese Entscheidung trifft der OPJ.
– Er legt die Ermittlungsergebnisse dem Gericht vor.

Dafür gibt es, entsprechend des Falles, verschiedene Wege:
– Er erhebt öffentlich Klage vor den Strafgerichten.
– Er beantragt eine Voruntersuchung beim Untersuchungsrichter (*Il demande l'ouverture d'une information*). Man spricht dann von *réquisition du juge d'instruction* oder auch allgemein vom *réquisitoire introductif d'instance*.
– Er kann den Beschuldigten unmittelbar vor die Strafkammer laden.
– Bei Betreffen auf frischer Tat (*flagrant délit*) kann er den Betroffenen unmittelbar dem Gericht vorführen lassen.

Vor Gericht fordert er eine Strafe und überwacht die Durchführung des richterlichen Urteils.
Der Staatsanwalt kann auch ein Verfahren einstellen (*classement sans suite*). Dabei kann er eine mündliche oder schriftliche Verwarnung aussprechen oder auch Schadenswiedergutmachung (*réparation*) durch den Täter verlangen.
Gegen die Entscheidung des Staatsanwaltes kann das geschädigte Opfer vor dem Untersuchungsrichter Einspruch einlegen.

2. Die Richter (*les juges*)

Richter sind nicht absetzbar (*inamovibles*) und können ohne ihre Zustimmung nicht versetzt werden.
Beim *Tribunal de grande instance* und höheren Gerichten wird das Urteil i.d.R. durch drei Richter gesprochen, beim *Cour d'assise* wirken darüber hinaus noch neun Geschworene mit.

3. Der Untersuchungsrichter (*juge d'instruction*)

Der Untersuchungsrichter gehört zum *Tribunal de grande instance*. Seine Amtszeit beträgt 3 Jahre. Während der Ermittlungen nimmt er richterliche Aufgaben wahr. Er kann Ermittlungen nicht eigenmächtig, sondern nur in folgenden Fällen einleiten:
– wenn er vom Staatsanwalt um die Ermittlungsführung bzw. um eine Voruntersuchung ersucht wird (*Le procureur demande l'ouverture d'une information.*). Dann erhält er von diesem die von Police bzw. Gendarmerie bereits vorgelegten Ermittlungsergebnisse;
– wenn er durch eine mit einer Zivilklage (*plainte avec constitution de partie civile*) verbundenen Strafanzeige direkt mit der Sache befaßt wird, weil das geschädigte Opfer sich mit der Klage direkt an ihn wendet. Es ist auch möglich, daß das geschädigte Opfer auf diesem

Wege Berufung gegen die Entscheidung des Staatsanwaltes, das Verfahren einzustellen, einlegt.

Der Untersuchungsrichter hat die Möglichkeit, sich für örtlich nicht zuständig zu erklären. Auch kann er eine Voruntersuchung ablehnen, wenn er der Meinung ist, daß eine Strafverfolgung nicht in Betracht kommt.

Ist die örtliche Zuständigkeit gegeben und der Untersuchungsrichter hat eine Straftat erkannt, so muß er die Voruntersuchung durchführen. Dabei hat er die be- und entlastenden Umstände des Falles zu ermitteln.

Er überträgt einen Teil der Ermittlungsaufgaben an die Police bzw. Gendarmerie. Dieser Auftrag wird *commission rogatoire* genannt und zieht weitreichendere Kompetenzen nach sich als die *réquisition*. Nicht übertragen kann er die Vernehmung des Beschuldigten. Diese führt er selbst durch. Er teilt dem Betroffenen die gegen ihn vorgetragene Beschuldigung mit, von diesem Augenblick an spricht man von einem „Beschuldigten" (*le mis en examen* oder *la personne mise en examen*). Nach der Feststellung der Personalien erfolgt die Belehrung über das Aussageverweigerungsrecht sowie über das Recht, einen Anwalt hinzuzuziehen. Innnerhalb dieser Ermittlungen hat der Untersuchungsrichter alle strafprozessualen Rechte (z.B. Ladung zum Erscheinen vor dem Gericht, Vorführungsbefehl, Haftbefehl für Untersuchungshaft, Vernehmungen, auch Zeugenvernehmungen, Gegenüberstellungen, Termine am Tatort, Bestellung von Gutachten, erkennungsdienstliche Behandlungen, Telephonüberwachungen, Durchsuchungen usw.).

Nach Abschluß der Ermittlung hat der Untersuchungsrichter zwei Möglichkeiten:
– er erläßt einen Einstellungsbeschluß (*ordonnance de non-lieu*).
– er verweist an den zuständigen Staatsanwalt (dies nennt man *ordonnance de renvoi*) mit der Empfehlung, die Straftat zu verfolgen. Der Staatsanwalt ist allerdings nicht an diese Empfehlung gebunden. Zugleich leitet er das Dossier an das zuständige Gericht. Dies kann das Amtsgericht (*Tribunal d'instance*), die Strafkammer (*Tribunal correctionnel* im *Tribunal de grande instance*) oder, falls es sich um ein Verbrechen handelt, die *Chambre d'accusation* (innerhalb des *Cour d'appel*) sein. Im letzteren Fall werden innerhalb der *Chambre d'accusation* die Ermittlungsergebnisse des Untersuchungsrichters vor dem Hintergrund der Frage, ob sie für eine Klageerhebung vor dem *Cour d'assise* ausreichen, erneut überprüft. Wird eine Klageerhebung beschlossen, so spricht man von *arrêt de mise en accusation*.

Grundsätzlich kontrolliert das Gericht den Untersuchungsrichter *(le pouvoir de contrôle de la chambre d'accusation sur le juge d'instruction)*, und der Untersuchungsrichter ist verpflichtet, seine Entscheidung zu begründen *(Il doit motiver sa décision)*.

14.4 Ermittlungsverfahren

Grundsätzlich gibt es drei Fälle, die eine Ermittlungshandlung begründen:

1. Einleitendes Ermittlungsverfahren *(enquête préliminaire)*

Die Polizei bzw. die Gendarmerie kann die Einleitung einer solchen Ermittlung selbstständig bestimmen oder dem Staatsanwalt überlassen. Herrin der Ermittlung ist die Staatsanwaltschaft. Seitens der Polizei bzw. Gendarmerie kann diese Ermittlung durch einen *Agent de police (APJ)* durchgeführt werden; dieser darf allerdings keine Ingewahrsamnahme *(garde à vue)* veranlassen.

Von einer Vorermittlung spricht man, wenn die Tat der Polizei mit einem gewissen zeitlichen Verzug angezeigt wurde. Sie ermöglicht nur eine eingeschränkte Zahl von polizeilichen Maßnahmen. Die Gendarmerie bzw. Police nationale kann selbständig ermitteln, in Abhängigkeit von der Schwere der Straftat ist jedoch auch möglichst bald der Staatsanwalt zu informieren.

2. Ermittlung bei Betreffen auf frischer Tat *(flagrant délit)*

Dieser Tatbestand erlaubt dem *Officier de police judiciaire* (*OPJ*) bei Police und Gendarmerie (oder dem *APJ* unter der Aufsicht eines *OPJ*) eine Reihe von besonderen Rechten im Hinblick auf polizeiliche Maßnahmen: Ingewahrsamnahme, Hausdurchsuchung, körperliche Durchsuchung, Beschlagnahmung. Staatsanwalt bzw. Untersuchungsrichter müssen möglichst frühzeitig (Richtlinie: fünf Tage, dieser Zeitraum ist jedoch ausdehnbar) informiert werden. Herrin der Ermittlungen ist auch hier die Staatsanwaltschaft.

3. Ermittlung nach Erteilung eines richterlichen Untersuchungsauftrages (commission rogatoire)

Die *commission rogatoire* wird durch den Untersuchungsrichter erteilt (*délivrer une commission rogatoire*). Im Rahmen dieser Ermittlung kann der Hilfsbeamte der Staatsanwaltschaft an Stelle des Untersuchungsrichters die polizeilichen Maßnahmen durchführen, die zur Wahrheitsfindung beitragen. Die Vernehmung der Person, gegen die ermittelt wird, ist allerdings auch dann dem Untersuchungsrichter vorbehalten.

4. Erstatten einer Anzeige

Eine Anzeige erfolgt i.d.R. als Anzeige gegen Unbekannt (*plainte contre X*), bei Verdacht gegen eine bestimmte Person als *plainte contre X pouvant être M. Y.* Es wird nach Möglichkeit vermieden, die Anzeige auf einen Beschuldigten konkret zu beschränken. Dies läßt der Police bzw. Gendarmerie die Möglichkeit, einen möglichst weitgefaßten Personenkreis als Verdächtige zu vernehmen (*audition*), da sie eine konkret beschuldigte Person nicht mehr selbst vernehmen darf. Bei Ermittlungen des Typs 1 und 2 (*enquête préliminaire* und *flagrant délit*) können Police bzw. Gendarmerie auch die Person, die als Täter verdächtigt wird, vernehmen, und zwar solange diese Person (*la personne mise en cause*) nicht geständig ist .

Wird ein Verstoß bei der Police oder Gendarmerie Nationale angezeigt oder bekannt, so nimmt diese zunächst die Ermittlungen auf, muß aber die Ermittlungsführung sehr schnell in die Hand eines Staatsanwaltes legen.

Nach der Täterfestnahme und der Feststellung der Personalien durch die Exekutive wird die Akte i.d.R. ohne zeitlichen Verzug dem Staatsanwalt vorgelegt (Ausnahme: *flagrant délit*).

Der Staatsanwalt kann nach Prüfung der Akte:

a) die Ermittlung einstellen (*classement sans suite*),

b) die Vorführung beim zuständigen Gericht verfügen, d.h. beim *Tribunal de police* bei Ordnungswidrigkeiten, beim *Tribunal correctionnel* bei Vergehen, wobei dann ein Bereitschaftsrichter über Haft oder Vorführung zum nächstmöglichen Termin entscheidet,

c) ein Verfahren eröffnen und mit der Durchführung einen Untersuchungsrichter beauftragen. Diesen Auftrag nennt man *réquisitoire introductif*. Bei schweren Straftaten muß ein Untersuchungsrichter die Ermittlungen führen.

Hat der Ermittlungsrichter die Akte abgeschlossen, sind zwei Verfahrenswege möglich:

a) er stellt das Verfahren ein (*ordonnance de non-lieu*) oder

b) er leitet die Ergebnisse weiter an die Staatsanwaltschaft.

Bis die Verhandlung eröffnet wird, müssen die Ermittlungsergebnisse feststehen. Die schriftlich vorgelegten Ermittlungsergebnisse sind, im Gegensatz zu dem Verfahren in Deutschland, auch bereits gerichtsverwertbar. Dies verkürzt das Verfahren erheblich.

Exemple de procédure en cas de crime

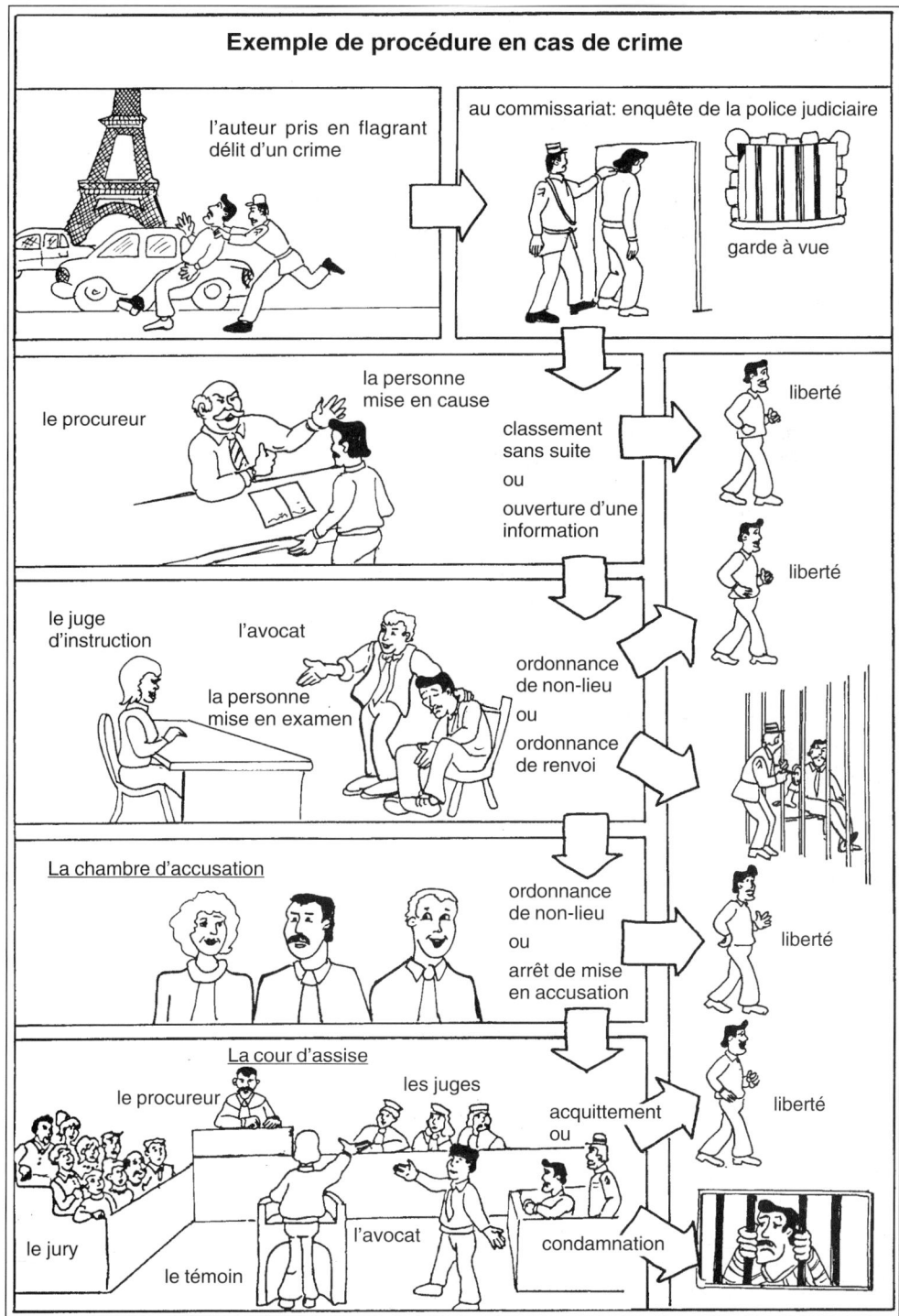

l'auteur pris en flagrant délit d'un crime

au commissariat: enquête de la police judiciaire

garde à vue

le procureur

la personne mise en cause

classement sans suite

ou

ouverture d'une information

liberté

liberté

le juge d'instruction

l'avocat

la personne mise en examen

ordonnance de non-lieu

ou

ordonnance de renvoi

La chambre d'accusation

ordonnance de non-lieu

ou

arrêt de mise en accusation

liberté

La cour d'assise

le procureur

les juges

acquittement

ou

liberté

le jury

l'avocat

le témoin

condamnation

Vous voulez épeler (Sie wollen buchstabieren)

Tableau d'épellation (Buchstabiertafel)

	OTAN (NATO)	**FRANCE (FRANKREICH)**
A	ALFA	ANATOLE
B	BRAVO	BERTHE
C	CHARLIE	CHARLES
D	DELTA	DÉSIRÉE
E	ECHO	EUGENE
F	FOXTROTT	FRANÇOISE
G	GOLF	GASTON
H	HOTEL	HENRI
I	INDIA	IRMA
J	JULIETT	JOSEF
K	KILO	KLÉBER
L	LIMA	LOUIS
M	MIKE	MAURICE
N	NOVEMBER	NOÉMI
O	OSCAR	OSCAR
P	PAPA	PIERRE
Q	QUEBEC	QUINTAL
R	ROMEO	RAOUL
S	SIERRA	SUZANNE
T	TANGO	THÉRESE
U	UNIFORM	URSULE
V	VICTOR	VICTOR
W	WHISKEY	WILLIAM
X	X-RAY	XAVIER
Y	YANKEE	YVONNE
Z	ZULU	ZOÉ

Vous voulez discuter avec un collègue français

Vous voulez discuter avec un collègue français
(Sie wollen mit einem französischen Kollegen fachsimpeln)

balance *f.*	wörtl.: eine Schaukel. Bedeutung: Eine Person, die ihre Komplizen verrät
balancer qn	jdn. verraten
ballon *m.*	wörtl.: ein Ballon. Bedeutung: Gefängnis
baveux *m.*	wörtl.: eine Person, die sabbert. Bedeutung: Anwalt
boeufs-carottes *m.pl.*	wörtl.: eine Speise (Rind mit Karotten), die eine lange Kochzeit braucht. Bedeutung: Beamtenvernichtungskommando (*la police des polices*)
bracelets *m.pl.*	wörtl.: die Armbänder. Bedeutung: Handschellen
braquage *m.*	wörtl.: das Einschlagen. Bedeutung: der Überfall
cage *f.*	wörtl. der Käfig. Bedeutung: die Zelle für den Gewahrsam
casse *m.*	wörtl. der Bruch. Bedeutung: der Einbruch
casseur *m.*	Bedeutung: der Demonstrant, der darauf aus ist, Zerstörungen anzurichten
chanter	singen, verraten (ugs)
cognes *m.pl.*	die Polypen, die Bullen (ugs)
couverture *f.*	die Decke, die Legende (Polizeifachsprache)
faire chanter qn	jdn. erpressen
fauche *f.*	die Klauerei, der Diebstahl
flag *m.*	Abkürzung von *flagrant délit*. Bedeutung: auf frischer Tat erwischt
foirer	schiefgehen, platzen, in die Hose gehen (ugs)
gratter	wörtl.: kratzen. Bedeutung: schreiben (Protokoll/Strafzettel/...)
hold-up *m.*	Bedeutung: der Banküberfall
Jules, Julot *m.*	wörtl.: Julius. Bedeutung: Zuhälter, Kerl
Julot casse-croûte	Bedeutung: Gelegenheitszuhälter
loubard *m.*	der Halbstarke (ugs)
mec *m.*	der Typ, der Kerl, der Zuhälter (ugs)
paluches *f.pl.*	Bedeutung: Flossen, Pfoten
pandores *m.pl.*	Bedeutung: *Gendarmes* (ironisch)
perquise *f.*	Abkürzung von faire une *perquisition*. Bedeutung: eine Hausdurchsuchung machen

pétard *m.*	wörtl.: ein Knallkörper. Bedeutung: die Kanone, der Ballermann (ugs)
planque *f.*	Bedeutung: Versteck
poulet *m.*	das Hähnchen, der Bulle (ugs)
prendre les paluches	Bedeutung: Fingerabdrücke nehmen
Proc. *m.*	Abkürzung von *Procureur de la République*. Bedeutung: Staatsanwalt
sous-marin *m.*	wörtl.: U-Boot. Bedeutung: Zivilfahrzeug zu Observationszwecken
tôle *m.*	wörtl.: das Blech. Bedeutung: Gefängnis
toxico *m.*	Abkürzung von toxicomane. Bedeutung: BTM-ler, Giftler
travelo *m.*	Abkürzung für *travesti*. Bedeutung: Transvestit
trou *m.*	wörtl.: das Loch. Bedeutung: Gefängnis
vérif f.	Abkürzung von *vérification*. Bedeutung: Identitätsüberprüfung
zonzons *m.pl.*	Bedeutung: die Telefonüberwachungen

Vokabeln

A

à quoi bon	wozu ist es gut
abandonner qc ou qn	etw. oder jdn. verlassen, aufgeben
abcès *m.* cutané	der Hautabszeß
abcès *m.* veineux	der Venenabszeß
abondant/e *adj*	dicht
abonné *m.* du téléphone	der Anschlußteilnehmer
à bord de	an Bord des
absent/e *adj*	abwesend
absolument *adv*	absolut, völlig, selbstverständlich, genau
absorber	aufnehmen
absorption *f.*	die Aufnahme
abus *m.* de confiance	der Veruntreuung
abus *m.* sexuel	der sexuelle Mißbrauch
abusif/ve *adj.*	widerrechtlich
accélération *f.*	die Beschleunigung
accepter qc	etw. akzeptieren, annehmen
accès *m.*	die Zufahrt, der Zugang
accès *m.* d'autoroute	die Autobahnzufahrt
accident *m.*	der Unfall
accident *m.* corporel	der Unfall mit Verletzten
accident *m.* de la circulation	der Verkehrsunfall
accompagner qn	jdn. begleiten
accord *m.*	die Übereinkunft, die Vereinbarung
accorder qc à qc	einer Sache etw. beimessen, etw. gewähren
accoutumance *f.*	die Gewöhnung
accueillir qn	jdn. aufnehmen, empfangen
accusé/e *m./f.*	der Angeklagter, die Angeklagte
accusé *m.* de réception	die Empfangsbestätigung
accuser qn	jdn. anklagen
à cette différence *f.* près que …	mit dem einzigen Unterschied, daß …
achat *m.*	der Einkauf
acheminer	befördern
acheter	kaufen
acheter qc à qn	jdm. etw. abkaufen
acheteur *m.*	der Käufer
acoustique *adj*	akustisch
acquisition *f.*	der Erwerb
acquitter	bezahlen, begleichen, entrichten
acte *m.*	die Handlung, die Tat
acte *m.* de décès	die Sterbeurkunde
adapter qc à qc	etw. einer Sache anpassen
à des fins *f.* frauduleuses	zu betrügerischen Zwecken
adéquat/e *adj*	angemessen
à deux	zu zweit
adjoint *m.*	der Stellvertreter
administratif/ve *adj*	verwaltungs-, die Verwaltung betreffend
administration *f.* (d'un médicament)	die Verabreichung

admirer	bewundern
adolescent *m.*	der Jugendliche, der Heranwachsende
adorer qn	jdn. anbeten, lieben
à droite/à gauche	rechts/links
aérer	lüften
aéroport *m.*	der Flughafen
affaiblissement *m.*	die Schwächung
affaire *f.*	der Fall
✳ affectation *f.*	Bestimmung, dienstl. Verwendung,
	✳ Versetzung
afférent/e *adj*	verbunden mit, verknüpft mit
affreux/se *adj*	schrecklich, furchtbar
afin de	um zu
âge *m.*	das Alter
agence *f.*	die Agentur
agent *m.* immobilier	der Immobilienmakler
agglomération *f.*	die geschlossene Ortschaft
agresseur *m.*	der Angreifer
agressif/ve *adj*	aggressiv
agir	wirken
agité/e *adj*	unruhig, erregt
aide *f.* sociale	die Sozialhilfe
aider qn (à faire qc)	jdm. helfen (etw. zu tun)
aile *f.*	der Kotflügel
ainsi	ebenso, so
air *m.*	die Art, das Aussehen
à l'abri *m.* de qc	geschützt vor
à l'aide *f.* de	mit Hilfe von
à la lettre	wortwörtlich *Bsp. Vorrichtung*
à la recherche de qn	auf der Suche nach jdm.
alarmer qn	jdn. beunruhigen
à la sortie de	am Ausgang von, am Ende von
à la suite de	nach, im Anschluß an
à l'attention *f.* de	zu Händen von
alcool *m.*	der Alkohol
alcoolémie *f.*	der Alkoholspiegel, der Blutalkoholspiegel
à l'égard *m.* de	hinsichtlich von
à l'époque *f.* de	im Zeitalter der
à l'heure *f.* où nous mettons sous presse	zum Zeitpunkt der Drucklegung
alimentation *f.*	das Nahrungsmittel, die Ernährung
à l'intention *f.* de	speziell für jdn.
Allemagne *f.*	Deutschland
allemand/e *adj*	deutsch
aller	gehen, fahren
allocation *f.* chômage	das Arbeitslosengeld
allumer qc	etw. anzünden, entzünden
allumette *f.*	das Streichholz
allure *f.*	die Fahrt, die Gangart,
	die Geschwindigkeit
à long terme *m.*	langfristig, auf lange Sicht
altérer qc	etw. verändern, ändern
à manches *f.* longues/courtes	mit langen Ärmeln, mit kurzen Ärmeln
amateur *m.*	der Liebhaber, der Abnehmer,
	der Amateur

améliorer qc	etw. verbessern
amende f.	die Geldbuße, die Geldstrafe
amical/e adj	freundschaftlich
amitié f.	die Freundschaft
amphétamine f.	das Amphetamin
ampoule f.	die Glühbirne, die Ampulle
amputation f.	die Kürzung
amputer	kürzen, entfernen, amputieren
an m.	das Jahr
analyser qc	etw. analysieren
ancien/ne adj	ehemalig, früher (vorangestellt)
anguleux/se adj	eckig
année f.	das Jahr (in seinem Verlauf)
année f. précédente	das vorausgegangene Jahr
anniversaire m.	der Geburtstag
annuaire m. téléphonique	das Telephonbuch
anodin/e adj.	harmlos
anonyme adj	anonym
antivol m.	die Diebstahlsicherung, die Lenkrad-sperre
à part ceux	außer denen
à partir de	von ... ab/an (Zeitlich u. räumlich)
apercevoir qc	etw. bemerken, wahrnehmen
aperçu m.	die Übersicht
à peu près	ungefähr
à pleine/toute vitesse f.	mit voller Geschwindigkeit
apparaître	erscheinen
✳ appareil-photo m.	✳ der Fotoapparat
apparemment adv.	anscheinend
appel m. à témoins	die Zeugensuche
appel m. téléphonique	der Telephonanruf
appétit m.	der Appetit
appliquer qc	etw. anwenden
apporter qc à qc	hier: einer Sache etw. beifügen
apporter qc à qn	jdm. etw. bringen
apprécier qc	etw. schätzen, würdigen
apprendre qc	etw. erfahren, lernen
approximatif/ve adj	ungefähr
appuyer sur qc	auf etw. drücken
après-midi m.	der Nachmittag
aquilin adj	adlerartig gebogen
à quoi bon	wozu ist es gut
argent m. liquide	das Bargeld
argent m.	das Geld
arme f. à feu	die Schußwaffe
armoire f.	der Schrank
arracher qc	etw. herausreißen
arrestation f.	die Festnahme, die Verhaftung
arrêt m. d'autobus	die Bushaltestelle
arrêt m. obligatoire	die Stopstelle
arrêter de faire qc	aufhören, etw. zu tun
arrêter qn	jdn. anhalten, verhaften
arrière adj	hinter
arrière m.	der hintere Teil

arrivée *f.*	die Ankunft
arriver	ankommen
arriver à faire qc	es fertigbringen, schaffen, etwas zu tun
article *m.*	der Artikel
aspect *m.*	das Aussehen
assassin *m.*	der Mörder
assassinat *m.*	der Mord
assez *adv*	ziemlich
assez de	genug
assister à qc	etw. beiwohnen
assorti/e *adj*	passend, entsprechend
assortir	ordnen, abstimmen
assurance *f.*	die Versicherung — *karte*
assurance *f.* maladie	die Krankenkasse — *karte*
assurance *f.* tous risques	die Vollkaskoversicherung
assuré *m.*	der Versicherungsnehmer
assurer qc à qn	jdm. etw. versichern
assureur *m.*	der Versicherer
astreinte *f.*	die Bereitschaft
à titre *m.* illégal	auf illegale Weise
à toute à l'heure	bis gleich
à travers	über, durch
attacher qc	etw. befestigen, verbinden mit
attaque *f.*	der Angriff
attaquer qn	jdn. angreifen
atteindre qc	erreichen, sich belaufen auf
atteinte *f.* à	der Angriff, die Verletzung
atteinte *f.* aux biens	*etwa:* die Eigentumsverletzung
atteinte *f.* aux personnes	Körperverletzung sowie Straftaten gegen das Leben und die sexuelle Selbstbestimmung
attendre qn	auf jdn. warten
attention *f.*	die Aufmerksamkeit, die Achtung
atténuant/e *adj*	mildernd, abschwächend
attestation *f.*	der Nachweis
attirer qn/qc	jdn./etw. anziehen
attitude *f.*	die Haltung
attraper qn	jdn. fangen
attribuer qc à qn	jdm. etw. zuteilen, zuweisen
au bout *m.* de	nach, innerhalb von
au cas où	in dem Fall, daß
au complet	vollständig
au cours de	im Laufe von
audience *f.*	die Sitzung, Tagung *(auch bei Gericht)*
audition *f.*	die Vernehmung
audition *f.* d'un témoin	die Zeugenanhörung
augmentation *f.*	die Erhöhung, die Vergrößerung
augmenter qc	etw. erhöhen, vergrößern, zunehmen
aujourd'hui *adv*	heute
au maximum *m.*	höchstens
au moment *m.* de	im Moment des
auparavant *adv*	früher, zuvor
au pied *m.* de	am Fuße von
au point que	so sehr, daß

la carte d' (handschriftlich, links bei assurance)
la carte d' (handschriftlich, links bei assurance f. maladie)

auprès de	bei
au sein de	bei, innerhalb von
aussi que	ebenso wie
auteur *m.*	der Täter, der Urheber, der Autor
auteur *m.* de l'attentat	der Attentäter
auteur *m.* du crime	der Verbrecher
automobiliste *m./f.*	der Autofahrer, die Autofahrerin
autopsier	einer Autopsie unterziehen
autoradio *f.*	das Autoradio
autorisation de travail	die Arbeitserlaubnis
autorisé, e	zugelassen
autoroute *f.*	die Autobahn
autour de qc	um etw. herum
autre	andere/anderer/anderes
au verso *m.*	auf der Rückseite
au volant *m.*	am Lenkrad, am Steuer
aux yeux *m.pl.* de	in den Augen der
avancer	voranschreiten, fortschreiten
avant *adv*	vor, eher als
avant-hier *adv*	vorgestern
avenir *m.*	die Zukunft
avertir qn de qc	jdn. vor etw. warnen, jdm. etw. ankündigen
avertissement *m.*	die Verwarnung
avertissement oral	die mündliche Verwarnung
avion *m.*	das Flugzeug
avis *m.*	die Meinung
avocat *m.*	der Rechtsanwalt
avoir	haben
avoir affaire à qc/à qn	mit etw./ jdm. zu tun haben
avoir besoin de qc	etw. brauchen, benötigen
avoir des ennuis *m.pl.*	Ärger haben
avoir du punch *m.*	schlagkräftig sein, Energie haben
avoir envie *f.* de faire qc	Lust haben, etw. zu tun
avoir intérêt à faire qc	gut beraten sein, etw. zu tun
avoir l'air *m.*	aussehen
• avoir l'apparence *f.* de	• aussehen wie
avoir la priorité	die Vorfahrt haben
avoir l'habitude *f.* de faire qc	gewohnt sein etw. zu machen
avoir lieu	stattfinden, sich ereignen
avoir l'impression *f.*	den Eindruck haben
• avoir soin *m.* de	• darauf achten
avoir un casier judiciaire	vorbestraft sein
avoir un casier judiciaire vierge	nicht vorbestraft sein
avoir une gueule de bois	einen "Kater haben" (ugs)
avoisinant/e *adj*	benachbart
à votre disposition *f.*	zu Ihrer Verfügung
avouer qc	etw. gestehen

B

bagages *m.pl.*	das Gepäck
bagnole *f.*	die Wagen, die Karre (ugs)
bâillement *m.*	das Gähnen
balle *f.*	die Kugel, Centime (ugs)

banalisation *f.*	die Banalisierung
bande *f.*	das Band, der Streifen, die Bande
bande *f.* d'arrêt d'urgence	der Nothaltestreifen
banlieue *f.*	der Stadtrand, die Vorstadt
bar *m.*	die Kneipe, das Lokal
barbe *f.*	der Bart, der Vollbart
barème *m.*	die Tabelle, die Liste
barré/e *adj*	gesperrt
barrer qc	etw. sperren, etw. streichen
barrière *f.* linguistique	die Sprachbarriere
bas-côté *m.* / bas-côtés *pl.*	der Randstreifen, die Randstreifen
bateau *m.*	das Schiff
bâtiment *m.*	das Gebäude
bâton *m.* lumineux	der Leuchtstab
battre qn	jdn. schlagen
beau, bel, belle *adj*	schön
beaucoup de *adj*	viel, viele
bibliothèque *f.*	die Bibliothek
✳ bidon *m.*	✳ der Kanister
bien *adv*	gut
bien-être *m.*	das Wohlbehagen, das Wohlbefinden
bientôt *adv*	bald
bifurcation *f.*	die Gabelung, die Abzweigung
bijou *m.*	das Schmuckstück, das Juwel
bijouterie *f.*	das Schmuck-, das Juweliergeschäft
bilan *m.*	die Bilanz
biologique *adj*	biologisch
bizarre *adj*	seltsam
blanc / blanche *adj*	weiß
bled *m.*	das Nest, das Kaff (ugs)
blessé *m.*	der Verletzte
blessé *m.* léger	der Leichtverletzte
blessé *m.* grave	der Schwerverletzte
blessé/e *adj*	verletzt
blesser qn	jdn. verletzen
blessure *f.*	die Verletzung, Wunde
bleu/e *adj*	blau
bloc *m.*	der Block
blocage *m.*	die Blockierung
blocage *m.* respiratoire.	die Blockierung der Atemwege
blond/e *adj*	blond, hell
bloquer la vue	die Sicht versperren
bloquer	blockieren
blouson *m.*	die Jacke
boire qc	etw. trinken
bois *m.*	der Wald, das Holz
boîte *f.*	die Schachtel, die Dose
boîte *f.* à gants	das Handschuhfach
✳ bon sang	Verflixt nochmal!
bon/ne *adj*	gut
bonne direction *f.*	die richtige Richtung
bonne entrée *f.*	die richtige Zufahrt/Einfahrt
bonne route	Gute Fahrt!
borne *m.* d'appel d'urgence	die Notrufsäule

Notruf

Bosnie f.	Bosnien
botte f.	der Stiefel
bottines f.pl.	die Stiefeletten
bouche f.	der Mund
boucle f. d'oreilles	der Ohrring
bouclé/e adj	lockig
boucler qc	etw. absperren, verschlossen halten
bouger	sich bewegen
boule f. de neige	der Schneeball
bousculer qn	jdn. anrempeln, über den Haufen werfen
bout m.	das Ende
bouteille f.	die Flasche
bracelets m.pl.	die Armbänder. die Handschellen (ugs)
branche f.	die Branche, der Zweig
braquage m.	das Einschlagen, der Überfall (ugs)
bras m.	der Arm
break f.	der Kastenwagen, der Kombiwagen
bref/brève adj	kurz
bretelle f. de l'autoroute	der Autobahnzubringer
breton/ne adj	bretonisch
brièvement adv	kurz
brigade f.	die Truppe, hier: der Gendarmerieposten (Tag u. Nacht besetzt)
brillant/e adj	glänzend, schimmernd
briser qc	etw. zerbrechen
bronchite f.	die Bronchitis
brouillard m.	der Nebel
broussailles f.pl.	das Gestrüpp, das Buschwerk
brumeux/se adj	neblig
brusquement adv	plötzlich
brutal/e adj	brutal
bureau m.	das Arbeitszimmer
bureau m. d'accueil	der Empfangsraum
busqué/e adj	krumm
but m.	das Ziel
butin m.	die Beute

C

câble m.	das Kabel
cacher qc	etw. verstecken, verheimlichen
cachet m.	die Tablette
cadavre m.	die Leiche
cage f.	der Käfig, die Gewahrsamszelle (ugs)
caillou m.	der Kieselstein (hier: Rauschgift)
caisse f.	die Kiste, die Kasse
caisse f. de Sécurité sociale	die Sozialversicherungskasse
calme adj	ruhig
calme m.	die Ruhe
cambriolage m.	der Einbruchdiebstahl
cambrioleur m.	der Einbrecher
caméra f. de surveillance	die Überwachungskamera
caméra f. vidéo	die Videokamera
ça m'étonnerait (Conditionnel présent)	das würde mich wundern
camion m.	der Lastkraftwagen

camionneur *m.*	der LKW-Fahrer
camping-car *m.*	das Wohnmobil
cancer *m.*	der Krebs
candidat *m.*	der Kandidat, der Anwärter
cannabis *m.*	das Cannabis
canne *f.*	der Stock, die Krücke
cantine *f.*	die Kantine
capitaine *m.*	der Kommissar
capital *m.* points	das Punktekapital
capot *m.*	die Motorhaube
capsule *f.*	die Kapsel
capuche *f.*	die Kapuze
car *conj.*	denn
caractériser qc	etw. kennzeichnen
carnet *m.*	das Notizbuch, das Büchlein
carrefour *m.*	die Kreuzung
carte *f.*	die Karte, der Plan
carte *f.* de crédit	die Kreditkarte
carte *f.* de visite	die Visitenkarte
carte *f.* d'identité	der Personalausweis
carte *f.* grise	der Kraftfahrzeugschein
carte *f.* verte.	die grüne Versicherungskarte
cas *m.*	der Fall
cas *m.pl.* particulièrement graves	besonders schwere Fälle
case *f.*	das Kästchen
ça s'est passé où?	wo ist das passiert?
casier *m.* judiciaire	das Strafregister
casque *m.* bleu	der Blauhelm
casque *m.*	der Helm
casse *m.*	der Einbruch, der Bruch (ugs)
casse-croûte *m.*	die Vesper, der Imbiß, die Stulle (ugs)
casser qc	etw. kaputtmachen, zerschlagen
casseur *m.*	*hier:* gewalttätiger Demonstrant
catégorie *f.*	die Klasse
cause *f.*	der Grund, die Ursache
causer	hervorrufen, verursachen
caution *f.*	die Sicherheitsleistung, die Kaution
cavalier *m.*	der Reiter
cave *f.*	der Keller
ce, cet, cette	dieser/diese/dieses
céder qc	*hier:* etw. gewähren
ceinture *f.* de sécurité	der Sicherheitsgurt
ceinture *f.*	der Gürtel
cela m'est égal	das ist mir gleich(gültig)
cela vous va?	paßt Ihnen das?
célibataire *adj*	ledig
cendrier *m.*	der Aschenbecher
centre *m.* de tourisme	das Touristikbüro
centre ville *m.*	das Stadtzentrum, die Innenstadt
cependant	dennoch
cercle *m.* vicieux	der Teufelskreis
cérémonie *f.*	die Zeremonie
certainement *adv*	sicherlich, gewiß
ce soir	heute abend

c'est dommage	das ist schade
chacun/e	jede/r/s
chagrin *m.*	der Kummer
chaînes *f.pl.*	*hier:* die Schneeketten
chair *f.* de poule	die Gänsehaut
chambre *f.* à coucher	das Schlafzimmer
chambre *f.* double	das Doppelzimmer
champ *m.*	das Feld
champ *m.* sémantique	das Wortfeld
chance *f.*	die Chance, die Gelegenheit
changement *m.*	die Änderung, Veränderung
changement *m.* de direction.	die Richtungsänderung
changer	wechseln, sich verändern
changer de qc	etw. wechseln
changer de file *f.*	die Spur, die Fahrbahn wechseln
chantage *m.*	die Erpressung
chanter	singen, verraten (ugs)
chantier *m.*	die Baustelle
chapeau *m.*	der Hut
charge *m.*	die Last, die Aufgabe, Bürde
charger qc	etw. laden, beladen
charger qn de faire qc	jdn. beauftragen, etw. zu tun
château *m.*	das Schloß
chaud/e *adj*	warm
chauffer	erwärmen, aufheizen
chaussée *f.*	die Fahrbahn, die Straße
chaussée *f.* rétrécie	die verengte Fahrbahn
chaussette *f.*	der Strumpf
chaussure *f.*	der Schuh
chemin *m.*	der Weg
chemin *m.* de terre	der Feldweg
chemin *m.* forestier	der Waldweg
chemise *f.*	das Hemd
chemisier *m.*	die Bluse
chèque *m.*	der Scheck
chèque *m.* sans provision	der ungedeckte Scheck
cher/ère *adj*	teuer
chéri/e *adj*	geliebt
chevauchement *m.* de la ligne continue	das Überfahren der durchgezogenen Linie
chevelure *f.*	die Behaarung
cheveux *m.pl.*	das Haar, die Haare
cheville *f.*	der Fußknöchel
chez *prép*	bei
chien *m.*	der Hund
chiffre *m.*	die Zahl
chimique *adj*	chemisch
choc *m.*	der Schock, der Stoß, der Zusammenstoß
choc *m.* initial	der erste Zusammenstoß
choisir qc	etw. auswählen, aussuchen
chômage *m.*	die Arbeitslosigkeit
chômeur *m.*	der Arbeitslose
chose *f.*	die Sache

vgl. quel dommage – was für eine Schande

cicatrice *f.*	die Narbe
ci-dessous	nachstehend
ci-dessus	weiter oben
cimetière *m.*	der Friedhof
circonstance *f.*	der Umstand, die Einzelheit
circulation *f.*	der Straßenverkehr
circulation dans les deux sens	Gegenverkehr
circuler	fahren, verkehren, sich bewegen
citoyen *m.*	der Bürger
clair/e *adj*	hell, klar
clairement *adv*	deutlich
clandestin/e *adj*	heimlich
classer une affaire sans suite	das Verfahren einstellen
clé *f.* / clef *f.*	der Schlüssel
cliché *m.* (photographique)	das Negativ (eines Fotos)
client *m.*	der Kunde
clientèle *f.*	die Klientel
clignotant *m.*	der Blinker
cloison *f.*	die Zwischenwand
cloisons *f.pl.* nasales	die Nasenscheidewand
cloître *m.*	das Kloster
clou *m.*	der Nagel
clous *m.pl.*(les pneus à clous)	die Spikes
coca *m.*	der Kokastrauch
cocaïne *f.*	das Kokain
Code *m.* de la Route	die Straßenverkehrsordnung
code *m.* postal	die Postleitzahl
coffre *m.*	der Kofferraum
coffret *m.*	das Köfferchen
cognes *m.pl.*	die Polypen, die Bullen (ugs)
coincer qc	etw. festkeilen, einklemmen
coïncider avec qc	sich mit etw. decken
colique *f.*	die Kolik
collant *m.*	die Strumpfhose
collègue *m./f.*	der Kollege, die Kollegin
collier *m.* de perles	das Perlenkollier
colline *f.*	der Hügel
colonne *f.* vertébrale	die Wirbelsäule
coma *m.*	das Koma
combattre qc	etw. bekämpfen
combien de	wieviel, wieviele
commandant *m.*	der Kommandant, der Leiter
comme	wie (Vergleich)
commencer à faire qc	beginnen etw. zu tun
comment	wie (Fragewort)
commerçant *m.*	der Händler, der Kaufmann
commerce *m.*	der Handel
commettre qc	etw. begehen
commettre un vol	einen Diebstahl begehen
commis/e *adj*	begangen
commission *f.* rogatoire	der Untersuchungsauftrag
commun/e *adj*	gemeinsam
communauté *f.*	die Gemeinschaft
compagnie *f.* d'assurance	die Versicherungsgesellschaft

comparaison *f.*	der Vergleich
compas *m.*	der Zirkel, der Kompass
complet/ète *adj*	vollständig
compléter qc	etw. vervollständigen
comportement *m.*	das Verhalten, das Benehmen
composer un numéro	eine Nummer wählen
comprendre qc	etw. verstehen
comprimer	zusammenpressen, drücken
compte *m.*	das Konto, der Betrag
concentration *f.*	die Konzentration
concerner qc	etw. betreffen
concert *m.*	das Konzert
concevoir qc	etw. entwerfen
conclu/e *adj.*	abgeschlossen
concurrence *f.*	die Konkurrenz
condamnation *f.*	die Verurteilung
condamner qn à qc	jdn. zu etw. verurteilen
condition *f.*	der Zustand, die Bedingung
conducteur *m.*	der Fahrer
conduire à qc	führen zu
conduire qc	etw. fahren, lenken, steuern
conduite *f.*	die Fahrweise
confection *f.*	die Konfektion
confirmer qc	etw. bestätigen
confisquer qc	etw. beschlagnahmen
conformément *adv*	entsprechend
confortablement *adv*	bequem
conjoint/e *m., f.*	der Ehemann, die Ehefrau
connaître qc/qn	etw./jdn. kennen
connecter qc avec qc	etw. mit etw. verbinden
consciencieux/se *adj*	sorgfältig
conseil *m.*	der Rat
conseiller à qn de faire qc	jdm. raten etw. zu tun
conséquence *f.*	die Folge
considération *f.*	die Beachtung, die Berücksichtigung
consigner qc	etw. festhalten, verzeichnen
consommateur *m.*	der Verbraucher
consommation *f.*	der Verbrauch, der Konsum, die Einnahme
consommer qc	etw. konsumieren, anwenden, zu sich nehmen
constamment *adv*	ständig, unaufhörlich
constat *m.* amiable	der Unfallbericht zwischen Unfallbeteiligten
constatation *f.*	die Tatbestandsaufnahme, die Feststellung
constater qc	etw. feststellen, bemerken
constituer qc	etw. bilden, darstellen
constructeur *m.*	der Erbauer
consulter qn/qc	jdn./etw. um Rat ersuchen
contacter qn	mit jdm. Kontakt aufnehmen
conteneur (auch container) *m.*	der Container, der Großbehälter
contenir qc	etw. enthalten
content/e *adj*	zufrieden

contenu *m.*	der Inhalt
contexte *m.*	der Zusammenhang
continuer à/de faire qc	etw. weiterhin tun
contraire *m.*	das Gegenteil
contravention *f.*	die Ordnungswidrigkeit, die Zuwiderhand-lung
contre „X"	gegen Unbekannt
contre *prep*	gegen
contribuer à qc	zu etw. beitragen
contrôle *m.*	die Kontrolle
contrôle *m.* routier	die Verkehrskontrolle
convaincu/e *adj* de qc	überzeugt von etw.
convenir	passen, geeignet sein
conversation *f.*	das Gespräch
convoquer qn	jdn. vorladen
coopération *f.*	die Zusammenarbeit
coordonnées *f.pl.*	die Personalien (Name, Anschrift, Telefon))
copain *m.*	der Freund (ugs)
copie *f.*	die Kopie, die Abschrift
copine *f.*	die Freundin (ugs)
cordial/e *adj*	herzlich
corporel/le *adj*	körperlich
corps *m.*	der Körper, die Leiche
corps *m.* humain	der menschliche Körper
corpulent/e *adj*	korpulent
correspondance *f.*	die Korrespondenz, der Schriftverkehr
correspondant *m.*	der Korrespondent, der Partner
correspondant/e *adj.*	entsprechend
correspondre à qc	einer Sache entsprechen
corriger qc	etw. korrigieren
corrosion *f.*	die Korrosion
côté *m.*	die Seite
couche *f.*	die Schicht, die Windel
couler	fließen, durchlaufen
couleur *f.*	die Farbe
couloir *m.*	der Flur
coup *m.*	der Schlag, das Vorhaben, der Coup
coupable *m.*	der Schuldige
couple *m.*	das Paar, das Ehepaar
courageux/se *adj*	mutig
couramment *adv*	ständig
coureur/se à pied	der Läufer / die Läuferin, der Jogger / die Joggerin
courir	laufen, rennen
courir derrière qn	hinter jdm. herrennen, jdm. nachlaufen
courir un danger	Gefahr laufen
courrier *m.*	die Post, der Brief
cours *m.*	der Kurs, der Unterricht
cours *m.* de français	der Französischkurs
course *f.*	der Lauf
courses *f.pl.*	die Einkäufe
court/e *adj*	kurz
courtier *m.*	der Makler

coûter cher	teuer sein
coûteux/se *adj*	teuer
couverture *f.*	die Decke, die Legende (Polizeifachsprache)
crack *m.*	das Crack
craie *f.*	die Kreide
craindre qc	etw. befürchten
crampons *m.pl.*	die Stollen, die Steigeisen, die Spikes
crâne *m.*	der Schädel
cravate *f.*	die Kravatte
crayon *m.*	der Bleistift
crayon *m.* de maquillage	der Schminkstift
Crédit *m.* Agricole	*franz. Bank*
crépuscule *m.*	die Dämmerung
crever (J'ai crevé)	einen Platten haben (Ich habe einen Platten)
crime *m.*	das Verbrechen
crime *m.* de sang	das Kapitalverbrechen
criminalistique *f.*	die Kriminalistik
criminel *m.*	der Verbrecher
criminologue *m.*	der Kriminologe
criminologiste *m.*	der Kriminologe
crochet *m.*	der Haken
crocheter qc	etw. mit einem Dietrich öffnen
croire qn/qc	jdm./etw. glauben
croisement *m.*	die Kreuzung
croiser	entgegenkommen, kreuzen
croix *f.*	das Kreuz
croquis *m.*	die Skizze
croquis *m.* de l'accident	die Unfallskizze
cuir *m.*	das Leder
cuisine *f.*	die Küche
cuisse *f.*	der Schenkel
culture *f.*	der Anbau
curieux *m.*	der Schaulustige
curieux/se *adj*	neugierig, merkwürdig, seltsam

D

d'abord	zuerst
d'accord	einverstanden
d'ailleurs *adv*	übrigens
de la façon suivante	auf folgende Weise
danger *m.*	die Gefahr
dangereux/se *adj*	gefährlich
dans les cinq jours	innerhalb von fünf Tagen
dans un premier/deuxième temps	zunächst/ als zweites
d'après	nach, gemäß
date *f.*	das Datum
date *f.* de naissance	das Geburtsdatum
d'autant plus que	umso mehr als
d'autrui	des anderen
davantage *adv*	mehr
dealer *m.*	der Dealer
décapotable *f.*, la (voiture) décapotable	das Kabriolett

décès *m.*	der Tod
déchargement *m.*	das Abladen, das Entladen
déchet *m.*	der Abfall
décidément *adv*	wirklich, wahrhaftig, entschieden
décider qc	etw. beschließen, entscheiden
décision *f.*	die Entscheidung
déclaration *f.*	die Erklärung
déclaration *f.* de vol	die Diebstahlsanzeige
déclarer qc	etw. erklären, angeben, anzeigen
déclencher qc	etw. auslösen
décliner son identité *f.*	seine Identität bekanntgeben
décourager qn de faire qc	jdn. abhalten, entmutigen, etw. zu tun
découverte *f.*	die Entdeckung, die Aufdeckung
découvrir qc	etw. entdecken
décrire qc	etw. beschreiben
déçu/e *adj*	enttäuscht
dédommager qn	jdn. entschädigen
défaillance *f.*	die Schwäche
défaillance *f.*cardiaque	die Herzschwäche
défaut *m.*	das Nichtvorhandensein, das Fehlen
déformé/e *adj*	verkrüppelt
dégât *m.*	der Schaden
dégâts *m.pl.*	die Schäden
dégâts *m. pl.* apparents	die sichtbaren Schäden
dégâts *m. pl.* matériels	die Sachschäden
dégradation *f.*	die Beschädigung, die Verschlechterung
dégradation *f.* de biens	die Sachbeschädigung
déjà *adv*	schon
déjeuner *m.*	das Mittagessen
de jour *m.* en jour	von Tag zu Tag
délictueux/se *adj*	strafbar, unerlaubt
délinquance *f.*	das Vergehen, die Kriminalität
délinquant,e *m./f.*	der Delinquent, die Delinquentin
délire *m.*	das Delirium, der Wahn
délit *m.*	das Vergehen, die Straftat
délit *m.* de fuite	die Fahrerflucht
délivré par	ausgestellt von
délivrer qc	etw. ausstellen
de l'ordre de	in der Größe von
demain *adv*	morgen
demande *f.*	die Frage
demande, on vous ~	Sie werden verlangt
demander qc à qn	jdn. etw. fragen, bitten
démangeaison *f.*	der Juckreiz
démantèlement *m.*	die Zerschlagung, die Aufdeckung
démarrer	starten
démasquer qn	jdn. entlarven, demaskieren
dément,e *m./f.*	der Verrückte, die Verrückte
démissionner	zurücktreten, demissionieren
de moins de	von weniger als
dénommé/e *adj*	sogenannt/e
de nouveau	wieder
dense *adj*	dicht
dent *f.*	der Zahn

de nuit *f.*	in der Nacht
dépanner qn	eine Panne beheben, jdn. abschleppen
dépanneur *m.*	der Mechaniker, der Pannen behebt
dépanneuse *f.*	der Abschleppwagen
départ *m.*	der Weggang, die Abfahrt
département *m.*	das Departement
de passage *m.*	auf der Durchreise
dépassement *m.*	das Überholen, die Überschreitung
dépasser qc	etw. überholen, überschreiten
dépénaliser	entkriminalisieren
dépendance *f.*	die Abhängigkeit
dépendant/e *adj*	abhängig
dépenser qc	etw. ausgeben
dépistage *m.* d'alcoolémie	der Alkoholtest
déplacé/e *adj*	fehl am Platz
déplacement *m.*	das Entfernen
déplacer	verlegen, verrücken, umstellen
déposer plainte *f.* contre qn	eine Anzeige gegen jdn. erstatten
déposer	aussagen
déposer qc	abstellen, hinterlegen
déposition *f.*	die Aussage
dépourvu de	ohne
de préférence *f.*	vorzugsweise
dépression *f.*	die Depression
depuis	seit
depuis la gare	vom Bahnhof aus
député *m.*	der Abgeordnete
de quoi	wovon
déranger qn	jdn. stören
déraper	rutschen, schleudern
de rien	nichts zu danken
dérivé/e de	abgeleitet von
dernier/ère *adj*	letzte/r/s
dérober qc	etw. stehlen, entwenden, rauben
déroulement *m.*	der Ablauf
dès le plus jeune âge	von klein an
dès que	sobald
désagréable *adj*	unangenehm
descendre	hinuntergehen, aussteigen
description *f.*	die Beschreibung
désolé/e *adj*	betrübt, untröstlich
désordre *m.*	die Unordnung
dessin *m.*	die Zeichnung
destinataire *m./f.*	der Empfänger, die Empfängerin
destiner qc à qc	etw. zu etw. bestimmen
détail *m.*	die Einzelheit
détection *f.*	das Aufspüren, das Auffinden
détective *m.*	der Detektiv
détérioration *f.*	die Beschädigung, die Verschlechterung
détester faire qc	es verabscheuen etw. zu tun
détourner qc	ablenken, unterschlagen
de toute façon *f.*	auf jeden Fall, auf alle Fälle, sowieso
de travers	schief
dette *f.*	die Schuld, die Verpflichtung

deuxième	zweiter/zweite/zweites
développement *m.*	die Entwicklung
devenir	werden
déviation *f.*	die Umleitung
devinette *f.*	das Rätsel
devoir	müssen
d'habitude	gewöhnlich
DICCILEC	frz. Polizeigruppe zur Kontrolle v. illegaler Einwanderung u. v. Schwarzarbeit
différence *f.*	der Unterschied
différent/e *adj*	verschieden, unterschiedlich
difficile à *adj*	schwierig zu
difficulté *f.*	die Schwierigkeit
diffuser qc	etw. verbreiten
diffusion *f.*	die Verbreitung
dilater	ausdehnen
dimension *f.*	die Dimension
diminuer qc	etw. verringern, reduzieren
dîner	zu Abend essen
dingue *adj*	verrückt (ugs)
dire qc à qn	jdm. etw. sagen
direction *f.*	die Richtung
discuter	diskutieren, erörtern
disparaître	verschwinden
disparition *f.*	das Verschwinden
disparu/e *adj*	verschwunden
disperser qc	etw. zerstreuen, vertreiben
disponible *adj*	verfügbar
disposé/e à faire qc	bereit sein, etw. zu tun
disposer de qc	über etw. verfügen
dispositif *m.* antivol	die Vorrichtung gegen Diebstahl
dispositif *m.* d'alarme	die Alarmanlage
disposition *f.*	die Verfügung
disque *m.*	die Schallplatte
dissimuler	verstecken
dissuasion *f.*	die Abschreckung
distance *f.*	der Abstand, die Entfernung
distance *f.* de sécurité	der Sicherheitsabstand
distillation *f.*	die Destillation
distingué/e *adj*	vornehm, vorzüglich, ausgezeichnet
distribuer qc	etw. verteilen, austeilen
distributeur *m.*	der Verteiler
distributeur d'argent	der Geldautomat
distributeur de billets	der Geldautomat
dites donc	sagen Sie mal
divorce *m.*	die Scheidung
divorcé/e *adj*	geschieden
dizaine *f.*, une ~	etwa zehn
doberman *m.*	der Dobermann
documentaire *m.*	der Dokumentarfilm
doigt *m.*	der Finger
domicile *m.*	der Wohnort, der Wohnsitz
domiciliaire *adj*	den Wohnsitz betreffend, Haus-
dommage *m.* aux biens	*etwa:* Schädigung von Eigentum

(Handwritten margin notes:)
(Comme)
direction centrale du contrôle de l'immigration et de la lutte contre l'emploi des clandestins
(wie)

donc	also
donnée *f.*	die Angabe
donner lieu à	Grund sein für
donner qc à qn	jdm. etw. geben
donner sur un parking	in Richtung eines Parkplatzes liegen
doper	aufputschen
dopant/e *adj*	aufputschend
dormir	schlafen
dose *f.*	die Dosis
doter qc de qc	etw. mit etw. ausstatten
douane *f.*	der Zoll
doubler qn ou qc	jdn. oder etw. überholen
douille *f.*	die Hülse
douleur *f.*	der Schmerz
douloureux/se *adj.*	schmerzhaft
doute *m.*	der Zweifel
douteux/se *adj*	zweifelhaft, undurchsichtig
doux/ce *adj*	weich
dresser un procès-verbal	eine Vernehmung durchführen
drogue *f.*	die Droge
droit/e *adj*	gerade, ehrlich
dû, due à qc	dank, wegen des/der
dûment *adv*	gebührend, gemessen
durant	während
durer	dauern, andauern

E

eau *f.*	das Wasser
éblouir	blenden
écarté/e *adj*	abstehend
échange *m.*	der Austausch
échangeur *m.* d'autoroutes	das Autobahnkreuz
échapper	entkommen
écharpe *f.*	der Schal, das Halstuch
éclairage *m.*	die Beleuchtung
éclaircir qc	etw. aufklären, etw. beleuchten
école *f.*	die Schule
école *f.* de police	die Polizeischule
économie *f.*	die Wirtschaft, *pl.* die Ersparnisse
écouter qc/qn	etw./jdm. zuhören
écrire	schreiben
ecstasy *m.*	das Exstasy (Designerdroge)
édicter qc	etw. erlassen, verordnen
éducateur *m.*	der Erzieher
effectuer	durchführen, ausführen, ausüben
effet *m.*	die Wirkung
efficacité *f.*	die Wirksamkeit
effraction *f.*	der Einbruch
égal/e *adj* égaux pl.	egal, gleich
également *adv*	ebenfalls
église *f.*	die Kirche
élaborer qc	etw. genau/ausführlich ausarbeiten
élargir qc	etw. erweitern
élection *f.*	die Wahl

électricité *f.* de France (E.D.F.)	franz. Elektrizitätsgesellschaft (staatlich)
élevé/e *adj*	groß, bedeutend
élève-policier *m.*	der Polizeianwärter
élucidation *f.*	die Aufklärung *(einer Tat)*
élucider qc	etw. aufklären
émanation *f.*	die Ausdünstung, das Ausströmen
emballage *m.*	die Verpackung
embolie *f.* gazeuse	die Luftembolie
emmener qn	jdn. mitnehmen
empêcher qn de faire qc	jdn. hindern etw. zu tun
empiéter sur qc	auf etw. übergreifen
emploi *m.*	die Arbeitsstelle
employé/e *m./f.*	der Angestellte, die Angestellte
employé *m.* de banque	der Bankangestellte
employeur *m.*	der Arbeitgeber
empreinte *f.*	der Abdruck
empreinte *f.* digitale	der Fingerabdruck
en cas *m.* de	im Falle von
en ce moment *m.*	zur Zeit
en direction *f.* de	in Richtung von, nach
endommager	beschädigen
endroit *m.*	der Ort
en face de	gegenüber von
enfant *m./f.*	das Kind
enfer *m.*	die Hölle
enfoncer qc	etw. eindrücken, einstoßen
en fonction *f.* de	je nach, entsprechend
en forme *f.* de	in Form von
enjeu *m.*	der Einsatz
enlèvement *m.*	die Entführung, das Entfernen
enlever	hochheben, entfernen, entführen
en matière *f.* de	hinsichtlich, betreffend
enneigé/e *adj*	verschneit
ennui *m.*	der Ärger, die Unannehmlichkeit
énormément *adv*	gewaltig, mächtig
en outre	im übrigen
en particulier	insbesonders
en permanence	andauernd
en plus *adv*	noch dazu, zudem, außerdem
enquête *f.*	die Ermittlung
enquêteur *m.*	der Ermittler
en rase campagne *f.*	auf dem (flachen) Land
enregistrer	registrieren
en retard	verspätet
ensanglanté/e *adj*	blutig, blutverschmiert
ensemble *m.* de	die Gesamtheit von
ensuite *adv*	dann
en tant que	als, in der Funktion als
entendre par	verstehen unter
entendre qn/qc	jdn./etw. hören
entourage *m.*	die Umgebung
en tout cas *m.*	in jedem Fall
entraînement *m.*	das Training
entraîner	mit sich bringen, zur Folge haben

entrave *f.*	das Hindernis
entre *prép*	zwischen
entre autres	unter anderem, anderen
entre parenthèses *f.*	in Klammern
entrebaîller	*hier:* kippen
entrée *f.*	die Einfahrt, der Eingang
entrée *f.* de l'autoroute	die Autobahnauffahrt
entreprise *f.*	das Unternehmen
entrer	eintreten
entretenir qc	etw. unterhalten, pflegen
entretien *m.* téléphonique	das Telephongespräch
en vain	vergeblich
environ *adv*	ungefähr
environnement *m.*	die Umwelt
en voiture *f.*	mit dem Auto
envoyer qc	etw. schicken
épaule *f.*	die Schulter
épeler	buchstabieren
éprouver	empfinden
épuisé/e *adj*	erschöpft, leer
épuisement *m.*	die Erschöpfung
équipe *f.* cynophile	die Hundestaffel
équipe *f.*	die Mannschaft, die Dienstgruppe
équipement *m.*	die Ausstattung
équiper qc de qc	etw. ausstatten mit etw.
escroquerie *f.*	der Betrug
espace *m.*	der Raum
espérer faire qc	hoffen etw. zu tun
espoir *m.*	die Hoffnung
essayer qc/de faire qc	etw. versuchen; versuchen, etw. zu tun
essentiel/le *adj*	erforderlich, wesentlich
essuie-glace *m.*	der Scheibenwischer
est *m.*	der Osten
estimer	schätzen
et ainsi de suite	und so weiter
établir qc	etw. erstellen
établir un procès-verbal	ein Protokoll aufnehmen
étage *m.*	das Stockwerk
étaler qc	etw. verbreiten
étant donné que	angesichts der Tatsache, daß
état *m.*	der Zustand
état *m.* actuel	der derzeitige Stand
état *m.* civil	der Familienstand
état *m.* général	der Allgemeinzustand
Etats-Unis *m.pl.*	die Vereinigte Staaten
été *m.*	der Sommer
étiquette *f.*	die Aufschrift, der Aufkleber
étonner qn	jdn. erstaunen
étrange *adj*	merkwürdig, seltsam, sonderbar
étranger/ère *m.f.*	der Ausländer, die Ausländerin
étranger/ère *adj*	fremd, ausländisch
être	sein
être à bord d'un véhicule	in einem Fahrzeug sein
être à la maison	zuhause sein

être à l'aise *f.*	sich wohl fühlen
être appelé/e	*hier:* verhandelt werden (vor Gericht)
être assis/e	sitzen
être au chômage *m.*	arbeitslos sein
être chauve	eine Glatze haben
être concerné	betroffen sein
être de taille *f.* moyenne	von mittlerer Größe sein
être dû/due à qc	zurückzuführen sein
être en baisse	*hier:* fallen
être en communication avec	in Verbindung sein mit
être en tort	schuldig sein, im Unrecht sein
être en train de faire qc	gerade dabei sein, etw. zu tun
être endommagé	beschädigt sein
être impliqué/e dans qc	in etw. einbezogen/hineingezogen sein
être lié/e à	verbunden sein mit
être muni/e de	ausgestattet sein mit
être né/e	geboren sein
euphorie *f.*	die Euphorie, die Hochstimmung
euphorisant *m.*	das Euphorikum
évacuer qc	etw. räumen
éventuel/le *adj*	eventuell, möglich
éviter	ausweichen, vermeiden
éviter de faire qc	vermeiden, etw. zu tun
exact/e *adj*	genau
examiner qc	etw. untersuchen
excellent/e *adj*	ausgezeichnet
excès *m.* de vitesse	die Geschwindigkeitsüberschreitung
excessif/ve *adj*	übermäßig
excusez-moi	entschuldigen Sie mich
exemplaire *m.*	das Exemplar, die Ausfertigung
exercice *m.*	die Übung
exercice *m.* linguistique	die Sprachübung
exiger qc	etw. fordern
exister	existieren
expansion *f.*	die Ausdehnung
expérience *f.*	die Erfahrung
explication *f.*	die Erklärung
expliquer	erklären
exportation *f.*	die Ausfuhr
exposé *m.*	der Vortrag
exposé/e *adj.*	ausgesetzt
expressément *adv*	ausdrücklich
expression *f.*	der Ausdruck
expulser	vertreiben, ausweisen, verweisen
extérieur *m.*	das Äußere
extincteur *m.*	der Feuerlöscher
extraction *f.*	die Gewinnung, die Förderung
extraire	gewinnen, fördern
extrêmement *adv*	extrem, äußerst

F

fabrication *f.*	die Herstellung
fabrique *f.*	die Fabrik
fabriquer	herstellen

F. F. F.

Fédération
Française de
Football

face à	gegenüber
fâché/e *adj*	verärgert
facile *adj* à trouver	einfach zu finden
faciliter qc	etw. vereinfachen
façon *f.*	Art und Weise
façon *f.* suivante	die folgende Art
facteur *m.*	der Faktor, der Briefträger
faible *adj*	schwach
faim *f.*	der Hunger
faire	tun, veranlassen
faire admirer qc à qn	jdn. etw. bewundern lassen
faire bon voyage *m.*	eine gute Reise haben
faire chanter qn	jdn. erpressen
faire de l'auto-stop *m.*	per Autostop/Anhalter fahren
faire demi-tour *m.*	umdrehen, umkehren
faire des courses *f.pl.*	Besorgungen machen
faire des randonnées *f.pl.*	Ausflüge machen
faire du combien ? (Elle fait du combien?)	wie schnell fahren? (Wie schnell fährt es?)
faire du zèle *m.*	sich anstrengen, übereifrig sein
faire étape *f.*	Zwischenstation machen
faire faillite *f.*	Konkurs machen
faire la connaissance de qn	jds. Bekanntschaft machen
faire la cuisine	kochen
faire le plein	volltanken
faire l'interprète *m./f.*	dolmetschen, den Dolmetscher "spielen"
faire partie de qc	zu etw. gehören
faire preuve *f.* de qc	etw. unter Beweis stellen, zeigen
faire un peu de prison	*etwa*: ein wenig ins Gefängnis gehen
faire un résumé	eine Zusammenfassung machen
faire une confrontation	eine Gegenüberstellung machen
fait *m.*	die Tat
faits *m. pl.*	die Tatsachen, die Ereignisse
falloir	müssen, sollen, es ist notwendig, daß
falsifier qc	etw. fälschen
fameux/se *adj*	berühmt, berüchtigt, bekannt
familial/e *adj*	familiär, die Familie betreffend
fatigue *f.*	die Müdigkeit
fatigué/e *adj*	müde
fauche *f.*	die Klauerei, der Diebstahl
fausse carte *f.* de séjour	gefälschte Aufenthaltserlaubnis
faut, il vous ~	*etwa:* Sie brauchen
faute *f.*	der Fehler
faux/fausse *adj*	falsch
faux billet *m.*	das Falschgeld
fermer	schließen
ferrailleur *m.*	der Schrotthändler
festivités *f. pl.* de Noël	die Weihnachtsfeierlichkeiten
fêter qc	etw. feiern
feu *m.* arrière	das Rücklicht
feu *m.* de changement de direction	das Blinklicht
feu *m.* de croisement	das Abblendlicht
feu *m.* de route	das Aufblendlicht, das Fernlicht
feu *m.* de stop	das Bremslicht

feu *m.* rouge	die Ampel
feu *m.* tricolore	die Lichtzeichenanlage
feuille *f.* de papier	das Blatt Papier
feuille *f.* de route	Begleitbrief
feuille *f.* transparente	die (Klarsicht)Folie
feuille *f.*	das Blatt
feux *m.pl.* de brouillard.	die Nebellichter
fibre *f.*	die Faser
fibre *f.* textile	die Textilfaser
ficeler	anbinden, festbinden
fiche *f.*	Zettel, Blatt
fichier *m.*	das Verzeichnis
fichier automatisé des empreintes *f.pl.* digitales	automatisiertes System zur Identifizierung von Fingerabdrücken/AFIS
figurer dans	vorkommen in
fil *m.*	der Faden
fil *m.* de sécurité	der Sicherheitsfaden (z.B. in einem Geldschein)
file *f.* de droite, file *f.* de gauche	die rechte Spur, die linke Spur
file *f.*	die Reihe, die Fahrspur
filer qc à qn	jdm. etw. herausrücken (ugs)
filet *m.* d'huile	feine Ölspur
filière *f.*	die Reihe, das Netz (v. Zwischenstationen)
fils *m.*	der Sohn
fin *f.*	das Ende, das Ziel
fin/e *adj*	fein, dünn
financier/ière *adj.*	finanziell
finir	beenden
finir par faire qc	schließlich, endlich etwas tun
firme *f.*	die Firma
fixer des limites	Grenzen stecken
flacon *m.*	das Flakon, Fläschchen
flag *m.*/flagrant délit	Bedeutung: die frische Tat (flag: ugs)
flash *m.*	das Blitzlicht
fléau *m.*	die Geißel, die Plage
flèche *f.*	der Pfeil
flexion *f.*	die Biegung
floraison *f.*	die Blüte
flou/e *adj*	undeutlich
foire *f.*	die Messe
foirer	schiefgehen, platzen, in die Hose gehen (ugs)
fois *f.*	das Mal
folie *f.*	der Wahnsinn
foncé/e *adj*	dunkel
fonctionnaire *m./f.*	der Beamte, die Beamtin
fonctionnement *m.*	das Funktionieren
fonctionner	funktionieren
fondamentalement *adv*	grundlegend
force *f.*	die Kraft
force *f.* de police	*hier:* die Polizei (als Institution)
forcément *adv*	zwangsläufig
forcer la porte	die Tür aufbrechen

forces *f.pl.* de l'ordre	die Polizeikräfte
forestier/ère *adj*	forstlich, forstwirtschaftlich
forêt *f.*	der Wald
forfaitaire *adj*	pauschal
formation *f.* continue	die Weiterbildung
forme *f.* négative	verneinte Form
formulaire *m.*	das Formular
fort/e *adj.*	stark
fou/folle *adj*	verrückt
fouiller qc	etw. durchstöbern, etw. durchsuchen
foule *f.*	die Menschenmenge
fournir qc	etw. liefern
fracture *f.*	der Bruch
frais *m.pl.* de procédure	die Verfahrenskosten
frais *m.pl.* de transport	die Transportkosten
frais *m.pl.* de voyage	die Reisekosten
franchisement *m.*	das Überschreiten, die Überquerung
frapper	schlagen, klopfen
frappant/e *adj*	frappierend
frauder	betrügen, täuschen
frein *m.*	die Bremse
frein *m.* à main	die Handbremse
freiner	bremsen
frêle *adj*	schwächlich, schmächtig, zart
fréquenter qc/qn	etw./jdn. häufig besuchen
fréquenter qn	*hier:* mit einem Mädchen gehen
front *m.*	die Stirn
frontière *f.*	die Grenze
fugue *f.*	das Ausreißen
fuite *f.*	die Flucht
fumer	rauchen
furieux/se *adj*	wütend
fût *m.*	das Faß
futur/e *adj*	zukünftig
fuyant/e *adj*	zurückweichend

G

gagner de l'argent	Geld verdienen
gaiement *adv*	fröhlich
gant *m.*	der Handschuh
garage *m.*	die Autowerkstatt, die Garage
garçon *m.*	der Junge
garde *f.* à vue	der Polizeigewahrsam
garde *m.*	der Wächter, der Aufseher
garde *f.*	die Bewachung, die Beaufsichtigung
garder qc	etw. behalten, einhalten
gardien *m.* de la paix	Dienstgrad bei Police nationale (PHWM)
gare *f.*	der Bahnhof
garer qc	etw. parken, abstellen
gauche *adj*	linke, linker
gel *m.*	der Frost, das Einfrieren
gel des lieux	das Absichern des Tatortes
gendarme *m.* mobile	Angehöriger der Gendarmerie *mobile*
gendarmerie *f.* mobile	*etwa:* Bereitschaftspolizei

gêner qn/qc	jdn./etw. genieren, stören
générer	erzeugen
genou *m.*	das Knie
genre *m.*	die Art
gésir	liegen
gouttière *f.*	die Dachrinne
grâce à	dank des/der
grand banditisme *m.*	die organisierte Kriminalität (OK)
grande surface *f.*	das große Kaufhaus, die große Einkaufs-fläche
Grande-Bretagne *f.*	Großbritannien
granulés *m. pl.*	das Granulat
gratter	kratzen, schreiben (ugs)
grave *adj*	schwer, schlimm, ernst
gravement *adv*	ernstlich, schwer, würdig
Grèce *f.*	Griechenland
gris/e *adj*	grau
gros/se *adj*	dick
groupe *m.* spécial d'intervention	*etwa:* Sondereinsatzgruppe (SEK, MEK)
guichet *m.*	der Schalter

H*)

H.L.M. (Habitation *f.* à loyer *m.* modéré)	die Sozialwohnung
habitant *m.*	der Bewohner, der Einwohner
habiter	wohnen
habitude *f.*	die Gewohnheit
habituellement *adv*	üblicherweise
'haché/e *adj.*	zerkleinert, zerhackt
hallucination *f.*	die Halluzination
hallucinogène *adj*	Halluzinationen hervorrufend
hallucinogène *m.*	das Halluzinogen
'haschich *m.*	das Haschisch
'hausse *f.*	der Anstieg, die Erhöhung
'hâve *adj*	hager, eingefallen
hébergement *m.*	die Unterkunft
héro *f.*	Abkürzung für l'héroïne
héroïne *f.*	das Heroin
héroïnomane *m./f.*	der/die Heroinabhängige
hésiter	zögern
heure *f.*	die Uhrzeit
heureusement *adv*	glücklicherweise
heurter qc	etw. anfahren, auf etw. aufprallen
hier *adv*	gestern
histoire *f.*	die Geschichte
histoire *f.* policière	die Kriminalgeschichte
historique *adj*	historisch
'hold-up *m.*	der Banküberfall
homicide *m.* involontaire	die fahrlässige Tötung
homicide *m.* volontaire	die vorsätzliche Tötung
homme *m.*	der Mann
homologue *m.*	der Amtskollege
honneur *m.*	die Ehre

---

*) Das aspirierte 'h ist gekennzeichnet.

honorer qn/qc	jdm./etw. die Ehre erweisen
hôpital *m.*	das Krankenhaus
horaires *m.pl.* de service	die Dienstzeiten
hôtel *m.* de ville	das Rathaus
hôtelier *m.*	der Hotelbesitzer
huile *f.*	das Öl
huit sur dix	acht von zehn
humide *adj.*	feucht

I

ictère *m.*	die Gelbsucht
identification *f.*	die Identifizierung
identifier qn	jdn. identifizieren
identique *adj*	identisch mit
identité *f.* judiciaire	der Erkennungsdienst der Polizei
ignorer	nicht kennen, nicht wissen
il avait environ 20 ans	er war etwa / ungefähr 20 Jahre alt
il en est de même avec	ebenso verhält es sich mit
il est possible qu'elle soit	es ist möglich, daß sie ... ist
il est recommandé	es wird empfohlen
il est utile	es ist nützlich
il fait nuit	es ist Nacht/ dunkel
il faut	es ist notwendig daß, man muß/wir müssen
illégal/e *adj*	illegal, gesetzeswidrig
illisible *adj*	unleserlich
il mesure 1,90 m	er ist 1,90 m groß
il ne faut pas	man soll nicht, darf nicht
îlotier *m.*	der Kontaktpolizist, die Fußstreife
il s'agit de	es handelt sich um
il vaut mieux	es ist besser
il y a	es gibt
il n'y en a qu'un	es gibt nur einen davon
imbécile *m.*	der Dummkopf
immédiatement *adv*	unverzüglich, sofort
immeuble *m.*	das mehrgeschossige Wohnhaus
immigration *f.*	die Einwanderung
immobiliser le véhicule	das Fahrzeug stillegen
impliqué/e *adj*	betroffen, verwickelt
impliquer qn dans qc	jdm. in etw. verwickeln
importance *f.*	die Bedeutung, die Wichtigkeit
important/e *adj*	groß, beträchtlich, wichtig
importation *f.*	die Einfuhr
imprimer qc	etw. drucken
inauguration *f.*	die Einweihung
incendiaire *m.*	der Brandstifter
incendie *m.*	der Brand
inciter à qc	anstiften zu
incomber à qn	jdm. obliegen, zukommen
incomplet/ète *adj*	unvollständig, lückenhaft
inconnu/e *m./f.*	der Unbekannte, die Unbekannte
inconnu/e *adj*	unbekannt
inconsciemment *adv*	unbewußt
incroyable *adj*	unglaublich

inculper qn de qc	jdn. einer Sache beschuldigen
indicatif *m.*	die Vorwahl
indication *f.*	die Angabe
indice *m.*	der Hinweis, die Spur
indiquer qc	etw. anzeigen, auf etw. hinweisen
indiquer	anzeigen
inférieur/e *adj*	unter
infirmière *f.*	die Krankenschwester
informatif/ive *adj*	informativ
information *f.* d'une personne sur ses droits	*etwa:* die Rechtsbelehrung
informer qn de qc	jdn. über etw. informieren
infraction *f.*	der Verstoß, der Rechtsbruch
infusion *f.*	der Tee, der Aufguß, die Infusion
inhalation *f.*	die Inhalation, das Schnüffeln
injecter	injizieren
injection *f.* intraveineuse	intravenöse Injektion
injuste *adj*	ungerecht
inoffensif/ive *adj*	harmlos, ungefährlich
inquiéter qn	jdn beunruhigen
inscription *f.*	die Aufschrift, die Beschriftung
inscrit/e *adj*	eingetragen
insomnie *f.*	die Schlaflosigkeit
inspecter qc	etw. inspizieren, genau betrachten
inspecteur *m.*	der Inspektor
installation *f.*	*hier:* die Zimmerübernahme
installer qc	etw. installieren, befestigen
instruction *f.*	die Anweisung, die Untersuchung
insulter qn	jdn. beschimpfen
intègre *adj.*	rechtschaffen
intégrer qc dans qc	etw. in etw. integrieren, einfassen
intellectuel/le *adj.*	intellektuell
intelligent/e *adj*	intelligent
intempérance *f.*	die Zügellosigkeit
intempérie *f.*	das schlechte Wetter
interdiction *f.*	der Verbot
interdire qc à qn	jdm. etw. verbieten
interdit/e *adj*	verboten
intéresser	interessieren
intérêt *m.*	das Interesse
intérieur *f.*	das Innere
interpellation *f.*	die (Polizei-)Festnahme
interpeller qn	jdn. festnehmen
interprète *m.*	der Übersetzer
interpréter	interpretieren
interrogatoire *m.*	das Verhör
interroger qn	jdn. vernehmen, befragen
intervenir	eingreifen, einschreiten
intervention *f.*	der Einsatz, Eingriff
intraveineux/se *adj.*	intravenös
introduction *f.*	die Einführung
inutile *adj*	unnütz
investigation *f.*	die Ermittlung, die Untersuchung
invitation *f.*	die Einladung
inviter qn à faire qc	jdn. einladen, etw. zu tun

involontaire *adj*	unbeabsichtigt
irrégulier/ère *adj*	unregelmäßig
isolé/e *adj*	abgelegen, isoliert
ivre *adj*	betrunken
ivresse *f.*	der Rausch

J

jamais *adv*	nie, niemals
jambe *f.*	das Bein
jaune *adj*	gelb
jean *m.*	die Jeans
je ne l'ai pas sur moi	ich habe ihn/es/sie nicht bei mir
je peux vous joindre	ich kann Sie erreichen
jeter qc	etw. werfen
jeu *m.* de rôle	das Rollenspiel
jeudi	der Donnerstag
jeune *adj*	jung
joindre qn	jdn. erreichen
joue *f.*	die Wange
jouet *m.*	das Spielzeug
jour *m.* précédent	der vorausgegangene Tag
jour *m.*	der Tag
journée *f.* porte ouverte	der Tag der offenen Tür
juge *m.*	der Richter
juge *m.* d'instruction	der Untersuchungsrichter / der Ermitt-lungsrichter
jugement *m.*	das Urteil
jumeau/elle *adj*	Zwillings-, Doppel-
jumeaux *m.pl.*/jumelles *f.pl.*	die Zwillinge
jupe *f.*	der Rock
jusqu'à présent	bis jetzt
juste *adj*	genau, gerade, gerecht
justice *f.*	die Justiz
justifier de son identité *f.*	seine Identität nachweisen
juvénil/e *adj*	jugendlich, Jugend-

K

kaki *adj.*	khakifarben

L

laboratoire *m.*	das Labor
laisser qn faire qc	jdn. etw. tun lassen
laisser	*hier:* zulassen
lampe *f.* de poche	die Taschenlampe
lancer un appel à témoins	einen Zeugensuche starten
langue *f.*	die Sprache
l'année *f.*	das Jahr
large *adj*	breit
latex *m.*	der Latex
légal/e *adj*	legal
légaliser qc	etw. legalisieren
léger/ère *adj*	leicht
législation *f.* sur les stupéfiants	das Betäubungsmittelgesetz
le lendemain	am nächsten Tag

lentement *adv*	langsam
le plus proche	der nächstgelegene
les plus faibles	die Schwächsten
lessive *f.*	das Waschmittel
lettre *f.*	der Brief, der Buchstabe
lettre *f.* recommandée	der Einschreibebrief
lèvre *f.*	die Lippe
lexical/e *adj*	lexikalisch, Wort-
lexique *m.*	der Wortschatz
libération *f.*	die Befreiung
libérer qn	jdn. freilassen
lien *m.*	die Bindung
lieu *m.* connu	der bekannte Ort
lieu *m.*	der Ort, die Stelle
lieu *m.* de l'accident	die Unfallstelle
lieu *m.* de naissance	der Geburtsort
lieu *m.* du crime	der Tatort
lieu *m.* privé	das private Grundstück
ligne *f.*	die Leitung
ligne *f.* continue	durchgezogene Linie
limitation *f.* de vitesse	die Geschwindigkeitsbegrenzung
limite *f.*	die Grenze, der Grenzwert
limiter	einschränken
limitrophe *adj*	benachbart, angrenzend
lisse *adj*	glatt
livraison *f.*	die Lieferung
local/e *adj*	lokal, örtlich
localiser qc	etw. lokalisieren, einordnen
localité *f.*	die Ortschaft, der Ort
locaux *m.pl.*	*hier:* die Diensträume
loi *f.*	das Gesetz
loi *f.* sur les stupéfiants	das Betäubungsmittel-Gesetz
loin *adv*	weit
long/ue *adj*	lang
longer qc	an etw. entlanggehen, entlangfahren
longtemps *adv*	lange
lors de *adv*	während, anläßlich von
lorsque *conj*	als
lot *m.* de	die Menge von, der Posten
loubard *m.*	der Halbstarke (ugs)
louer qc	etw. mieten
loupe *f.*	die Lupe
lui-même	er selbst
lumière *f.*	das Licht
lunettes *f.pl.*	die Brille
lunettes *f.pl.* de soleil	die Sonnenbrille
lutte *f.*	der Kampf
luxe *m.*	der Luxus

M

macabre *adj*	makaber
magasin *m.*	das Geschäft
maigre *adj*	mager
main *f.*	die Hand

main-courante *f.*	die Mitschrift, das Einsatztagebuch
maintenant *adv*	jetzt
maire *m.*	der Bürgermeister
mais	aber
maison *f.*	das Haus
maison *f.* close	das Bordell
majuscule *f.*	der Großbustabe
majuscule *adj*	groß (geschrieben)
mal *adv*	schlimm, schlecht
mal *m.* au coeur	das Unwohlsein
malade *adj*	krank
maladie *f.*	die Krankheit
maladif/ive *adj.*	kränklich
malfaiteur *m.*	der Übeltäter, der Täter
malheureusement *adv*	unglücklicherweise
mandat d'arrêt *m.*	der Haftbefehl
manger	essen
manière *f.*	die Art und Weise
manipuler qc	etw. verändern, manipulieren
manque *m.* de qc	der Mangel an etw., der Entzug
manteau *m.*	der Mantel
manuel *m.*	das Lehrbuch
maquiller qc	etw. schminken, übermalen
marché *m.*	der Handel
marche-arrière *f.*	der Rückwärtsgang
marcher comme sur des roulettes	wie am Schnürchen laufen
marcher	laufen, gehen, funktionieren
mariage *m.*	die Eheschließung
mariage *m.* blanc	die Scheinehe
marié/e *adj*	verheiratet
marijuana *f.*/marihuana *f.*	das Marihuana
marque *f.*	die Marke
marquer qc	etw. markieren, kennzeichnen
marron *adj*	braun
marron *m.*	die Eßkastanie
masque *m.*	die Maske
masquer qc	etw. maskieren
match *m.*	das Spiel
matériel *m.*	das Material, das Werkzeug
maternelle *f.*	der Kindergarten
matin *m.*	der Morgen
mauvais/e *adj*	schlecht, schlimm
maximum de, le ~	das Maximale an
mec *m.*	der Typ, der Kerl, der Zuhälter (ugs)
mécanicien *m.*	der Mechaniker
médecin *m.* légiste	der Gerichtsarzt
médicament *m.*	die Medizin, das Medikament
méfait *m.*	die Missetat, die Straftat
meilleur/e *adj*	besser/e/es
mélange *m.*	die Mischung
mélanger qc	etw. vermischen
membre *m.*	das Mitglicd
même	selbst, sogar
menacer qc/qn	etw./jdn. bedrohen

ménage *m.*	der Haushalt
mener une lutte	einen Kampf führen
mensonge *m.*	die Lüge
mentir	lügen
menton *m.*	das Kinn
merde!	Scheiße! (Kraftausdruck)
message *m.*	die Botschaft, die Nachricht
message *m.* d'alerte	die Unfallmeldung
message *m.* radio	die Nachricht per Funk
message *m.* téléphonique	die telephonische Nachricht
mesure *f.*	die Maßnahme, das Maß
mesurer	messen, groß sein
métabolisme *m.*	der Stoffwechsel
méthode *f.*	die Methode
métier *m.*	der Beruf, die Arbeit, das Handwerk
mètre *m.*	der Meter
mètre *m.* à ruban	das Bandmaß
mettre qc	etw. setzen, stellen, legen, anziehen
mettre en garde	warnen
mettre le clignotant	blinken, den Blinker einschalten
mettre le feu à qc	etw. in Brand setzen
mettre qc au point	genau planen
meuble *m.*	das Möbelstück
meurtre *m.*	die vorsätzliche Tötung, der Totschlag, der Mord
meurtrier/ière *m./f.*	der Mörder, die Mörderin
microcaractère *m.*	der sehr kleine Buchstabe
micro-ordinateur *m.*	der Taschenrechner
mieux *adv*	besser
milieu *m.*	die Mitte, die Unterwelt
mince *adj*	dünn, schmal
mineur/e *adj*	minderjährig
minimiser qc	etw. bagatallisieren, herunterspielen
minutieusement *adv*	minuziös
mis *m.* en cause	der Verdächtige
miser sur	setzen auf
misère *f.*	das Elend
mission *f.*	die Aufgabe, der Auftrag
mitraillette *f.*	die Maschinenpistole
mobylette *f.*	das Mofa
modalité *f.*	die Art u. Weise, Modalität
mode *m.*	die Art, die Weise
modification *f.*	die Veränderung, die Modifizierung
moindre détail, le~	die geringste Einzelheit
moins que	weniger als
moitié *f.*	die Hälfte
monde, le ~	die Leute, die Menschen(menge)
monnaie *f.*	das Geld, Kleingeld
montagneux/se *adj*	bergig
montant *m.*	die Höhe (Summe)
monter	besteigen, einsteigen, hinauffahren, hinaufsteigen
montre *f.*	die Armbanduhr
montrer qc à qn	jdm. etw. zeigen

morceau *m.*	das Stück
morphine *f.*	das Morphium
mort *f.*	der Tod
mort/e *adj*	tot
moteur *m.*	das Motor
motif *m.*	der Grund, das Motiv
motivation *f.*	die Motivation
motocyclette *f.*	das Motorrad
mots *m.pl.* croisés	das Kreuzworträtsel
mouchoir *m.*	das Taschentuch
moustache *f.*	der Schnurrbart
moyen *m.*	das Mittel
moyen *m.* de transport *m.*	das Transportmittel
moyen *m.* lumineux	das Leuchtmittel
moyenne *f.*	der Durchschnitt
multiple	zahlreich
multiplier qc	etw. vervielfachen
munition *f.*	die Munition
mur *m.*	die Wand
muscle *m.*	der Muskel
musée *m.*	das Museum
musique *f.* techno	die Techno-Musik
mutilé/e *adj*	verstümmelt, entstellt

N

nationalité *f.*	die Staatsangehörigkeit
nature *f.*	die Art, die Beschaffenheit, die Natur
naturel/le *adj*	natürlich
naturellement *adv*	natürlich
néanmoins *adv*	nichtsdestotrotz
nécessaire *adj*	notwendig
négliger qc	etw. vernachlässigen
neige *f.*	der Schnee, das Kokain (ugs)
ne ... plus	nicht ... mehr
ne ... rien	nichts
net/te *adj*	deutlich, klar
nettoyage *m.*	die Reinigung, das Reinigen
neuf/neuve *adj*	neu
nez *m.*	die Nase
nez *m.* retroussé	die Stupsnase
n'importe qui	jeder, jedweder
nocif/ive *adj*	schädlich
noir/e *adj*	schwarz
noix *f.*	die Nuß
nom *m.*	der Name
nombre *m.*	die Zahl
nombreux/se *adj*	zahlreich
nommer	nennen
non surveillé/e *adj*	nicht überwacht
non-fumeur *m.*	der Nichtraucher
non-respect *m.*	die Nichtbeachtung
normalement *adv*	normalerweise
notamment *adv*	insbesondere
note *f.*	die Notiz

nouveau *m.* / nouvelle *f.*   der Neue, die Neue
nouveau, nouvel, nouvelle *adj*   neu
nouvelles *f.pl.*   die Nachrichten
nuit *f.*   die Nacht
numéro *m.* de contrat d'assurance   die Versicherungsnummer/die Police-
                                          nummer
numéro *m.* de moteur   die Motornummer
numéro *m.* de téléphone   die Telefonnummer
numéro *m.* d'immatriculation   das amtl. Kennzeichen

O
objectif *m.*   das Ziel
objet *m.*   der Gegenstand
objet *m.* de valeur   der Wertgegenstand
obligatoirement *adv*   zwangsläufig
obligé/e de faire qc   verpflichtet etw. zu tun
obscurité *f.*   die Dunkelheit
observation *f.*   die Beobachtung, die Anmerkung, die
                                          Observation
observer   beobachten, beachten
obstacle *m.*   das Hindernis
obtempérer   Folge leisten
obtenir qc   etw. erhalten
occasion *f.*   die Gelegenheit
occuper   besetzen
ocre *adj.*   ockerfarben
oedème *m.* du poumon   das Lungenödem
oeil *m* /yeux *m.pl.*   das Auge, die Augen
oeuvre *f.* d'art   das Kunstwerk
officiel/le *adj*   offiziell
offrir qc à qn   jdm. etw. anbieten
on peut vous aider?   kann man/ich Ihnen helfen
on va s'en occuper   wir werden uns darum kümmern
opiacé *m.*   das opiumhaltige Arzneimittel, das Opiat
opinion *f.*   die Meinung
opinion *f.* publique sur qc   die öffentliche Meinung zu etw.
opportun/e *adj*   angemessen, geeignet
ordinateur *m.*   der Computer
ordonner qc à qn   jdm. etw. befehlen, auftragen
oreille *f.*   das Ohr
organiser qc   etw. organisieren
organisme *m.*   der Organismus
orientation *f.*   die Orientierung
oser   wagen
otage *m.*   die Geisel
ou   oder
où   wo, wohin
oublier qc   etw. vergessen
ouïe *f.*   das Hörvermögen, das Gehör
outillage *m.*   das Werkzeug
outrage *m.* à la pudeur   das Sittlichkeitsdelikt
ouvert/e *adj*   geöffnet
ouvrier *m.*   der Arbeiter

ouvrir qc	etw. öffnen
oval/e *adj*	oval

P

page *f.*	die Seite
palais *m.*	der Palast
pâle *adj.*	blaß
panneau *m.*	das Schild, das Verkehrsschild
pantalon *m.*	die Hose
papier *m.* hygiénique	das Toilettenpapier
papiers *m. pl.*	die Papiere
papiers *m.pl.* de chargement	die Ladepapiere
par	über, durch, vermittels
paraître	scheinen, erscheinen
par an	pro Jahr
paranoïa *f.*	die Paranoia, der Verwolgungswahn
parc *m.*	der Park
parce que	weil
par contre	hingegen
pardonner qc à qn	jdm. etw. verzeihen
pare-brise *m.*	die Windschutzscheibe
pare-chocs *m.*	die Stoßstange
pareil/le *adj*	gleich
parenthèse *f.*	die Klammer
parents *m. pl.*	die Eltern
par hasard	durch Zufall, zufällig
pari *m.*	die Wette
parier	wetten
parking *m.*	der Parkplatz
parking *m.* couvert	der Parkhaus
par la présente correspondance	durch vorliegendes Schreiben
par la présente lettre	durrch vorliegendes Schreiben
parler	sprechen
parler à voix haute/basse	laut/leise reden
parler fort	laut reden
parmi	unter, bei
parole *f.*	das Wort, die Sprache, die Stimme
paroles *f.pl.*	die Sprüche, die leeren Worte
parquet *m.*	die Staatsanwaltschaft
par rapport à	im Verhältnis zu
part *f.* de	der Anteil/Teil an/von
partager qc	etw. teilen
par terre	zu Boden, auf der Erde
participant/e *m./f.*	der Teilnehmer, die Teilnehmerin
participer à qc	an etw. teilnehmen
particule *m.* métallique	das Metallteilchen
particulier/ère *adj.*	besondere,r,s
partie *f.* arrière	der hintere Teil
partir	weggehen, wegfahren
partout *adv*	überall
parvenir à	etw. erreichen, ankommen bei/an
par voie *f.* chimique	in einem chemischen Verfahren,
pas grand-chose	nicht viel, nichts Besonderes
passage *m.* pour piétons	der Fußgängerüberweg

passage *m.*	das Vorbeifahren, die ~fahrt, der Durchgang, die ~fahrt
passager *m.*	der Insasse, der Passagier
passant/e *m./f.*	der Fußgänger, die Fußgängerin
passeport *m.*	der Reisepass
passer	verbringen, vorbeigehen, durchgehen
passer par	durch einen Ort gehen,fahren
passer prendre qn	jdn. abholen
passer qn à qn	*hier.* jdn. mit jdm. verbinden (am Telefon)
passeur *m.*	der Menschenschmuggler, der Schleuser
pâte *f.*	die Paste
patience *f.*	die Geduld
patrouille *f.*	die Streife
patrouiller	Streife gehen, ~ fahren
pause *f.*	die Pause
pauvre *adj*	arm
pavot *m.* oriental	orientalischer Mohn
pavot *m.* somnifère	der Schlafmohn
payant/e *adj*	gebührenpflichtig
payer	bezahlen
payer des dommages *m.pl.* et intérêts *m. pl.*	Schadensersatz zahlen
pays *m.*	das Land
pays *m.* d'origine	das Herkunftsland
peau *f.*	die Haut
pédagogue *m./f.*	der Pädagoge, die Pädagogin
peine *f.*	die Strafe
peine *f.* d'emprisonnement	die Gefängnisstrafe
peinture *f.*	die Farbe
pendant	während
péniblement *adv*	mühsam
penser	denken
percevoir qc	etw. wahrnehmen
perdre qc	etw. verlieren
perdu/e *adj*	verloren, verirrt
périmé/e *adj*	abgelaufen
période *f.* des vacances	die Ferienzeit
permanence *f.*	die Bereitschaft
permettre qc à qn	jdm. etw. erlauben
permis *m.* de conduire	der Führerschein
perquisition *f.*	die Durchsuchung, die Hausdurchsuchung
persécution *f.*	die Verfolgung
persistant/e *adj*	andauernd
personnage *m.*	die Person
personne ... ne	niemand, keiner
personne *f.*	die Person
personne *f.* mise en cause	der Verdächtige, die verdächtige Person
personnellemement *adv*	persönlich
perte *f.*	der Verlust
perte *f.* de poids	der Gewichtsverlust
peu de	wenig
phare *m.*	der Scheinwerfer, der Leuchtturm
phénomène *m.*	das Phänomen

phraséologie *f.*	die Redewendung
physique *adj*	physisch
pickpocket *m.*	der Taschendieb
pièce *f.* justificative	der Nachweis
pied *m.*	der Fuß
piège *m.*	die Falle
pierre *f.*	der Stein
piéton/ne *m./f.*	der Fußgänger, die Fußgängerin
pilule *f.*	die Pille
pincette *f.*	die Pinzette
piqûre *f.*	die Einspritzung, die Injektion, die Spritze
pire *adv*	schlimmer
piste *f.*	die Spur, die Fährte
pistolet *m.*	die Pistole
place *f.*	der Platz
placer qn en garde à vue	jdn. in Polizeigewahrsam nehmen
plaie *f.*	die Wunde
plaine *f.*	die Ebene
plaire à qn	jdm. gefallen
plaisir *m.*	die Freude
plan *m.* Milan	*Ringalarmfahndungsplan d. frz. Gendarmerie*
planification *f.*	die Planung
plaque *f.* d'immatriculation	das Nummernschild
plaque *f.* minéralogique	das Nummernschild
plein/e *adj*	voll
pli *m.* recommandé	der Einschreibebrief
pli *m.*	der Briefumschlag, die Falte
plonger	tauchen, eintauchen
plongeur/se *m./f.*	der Taucher, die Taucherin
pluie *f.*	der Regen
plus *adv*	mehr
plus de	mehr als
plusieurs	mehrere
plus près	näher
plus que	mehr als
plus que de raison	mehr als vernünftig ist
plus tard	später
plutôt *adv*	eher, lieber
pluvieux/se *adj*	regnerisch
pneu *m.*	der Reifen
pneus-neige *m.pl.*	die Winterreifen
poche *f.*	die (Hosen-, Mantel-)Tasche
poilu/e *adj*	behaart
point *m.*	der Punkt
point *m.* de rencontre	der Treffpunkt
pointe *f.* de l'iceberg	die Spitze des Eisberges
pointu/e *adj*	spitz
police *f.* de la route	die Verkehrspolizei
police *f.* judiciaire	die Kriminalpolizei
policier *m.* de permanence	der diensthabende Polizeibeamte
politique *adj*	politisch
politique *f.*	die Politik

politique *m.*	der Politiker
Pologne *f.*	Polen
pompier *m.*	der Feuerwehrmann
pompiers *m. pl.*	die Feuerwehr
population *f.*	die Bevölkerung
porte *f.*	die Tür
porte *f.* arrière	die hintere Tür
porte *f.* de derrière	die Hintertür
porte *f.* de la ville	das Stadttor
porte-monnaie *m.*	die Geldbörse
porter	tragen
porter des lunettes *f.*	Brille tragen
porter plainte	Anzeige erstatten
porter un toast à	einen Trinkspruch auf ... aussprechen
portière *f.*	die Autotür
portrait-robot *m.*	das Phantombild
poser des questions *f.pl.*	Fragen stellen
poser une question	eine Frage stellen
position *f.*	die Stellung, die Lage
possession *f.*	der Besitz
possible *adj*	möglich
poste *f.*	die Post
poste *m.*	der Posten, die Polizeidienststelle
pot *m.* de bienvenue	der Willkommenstrunk
pot *m.* de départ	der Abschiedstrunk
poudre *f.*	das Pulver, der Puder
poulet *m.*	das Hähnchen, der Bulle (ugs)
poumon *m.*	die Lunge
pour la dernière fois	zum letzten Mal
pour moi-même	für mich selbst
pour	um zu
pourcentage *m.*	der Prozentsatz, der prozentuale Anteil
pourquoi	warum
poursuite *f.* de l'affaire	das Betreiben des Verfahrens
poursuivre qc/qn	einer Sache/jdm. folgen
pourtant	dennoch
pouvoir faire qc	etw. machen können
précaution *f.*	die Vorsichtsmaßnahme
précieux/se *adj*	kostbar
précisément *adv*	genau entsprechend
préciser qc	etw. präzisieren, genau angeben
préférer qc	etw. bevorzugen
préjudice *m.*	der Schaden
prélèvement *m.*	die Entnahme, die Probe
prélever qc	etw. entnehmen, einbehalten
premier/ère *adj*	erster, erstes, erste
prendre en flagrant délit	auf frischer Tat ertappen
prendre feu	Feuer fangen, sich entzünden
prendre la fuite	die Flucht ergreifen
prendre qc	etw. nehmen, etw. wegnehmen
prendre une mesure	eine Maßnahme ergreifen
prendre une plainte	eine Anzeige aufnehmen
preneur *m.* d'otage	der Geiselnehmer
prénom *m.*	der Vorname

préparer qc	etw. vorbereiten
prescrire qc	etw. vorschreiben
présence *f.* de qn	die Gegenwart von jdm.
présent/e *adj*	anwesend, vorhanden
présenter qn	jdn. vorstellen
préservation *f.*	der Schutz, die Rettung, die Asservierung von Beweisstücken
préserver qc	etw. asservieren
presque *adv*	fast
pressé/e *adj*	in Eile
pression *f.*	der Druck
pression *f.* des pneus	der Reifendruck
pression *f.* de l'huile	der Öldruck
prétendre faire qc	vorgeben, etw. zu tun
preuve *f.*	der Beweis
prévenir	benachrichtigen, in Kenntnis setzen
prévenir qn	jdn. benachrichtigen, jdn. warnen
prévoir	einplanen, vorsehen
prévoir qc	etw. voraussehen
prévoyants, les plus ~	diejenigen, die am besten Vorsorge treffen
prier qn de faire qc	jdn. bitten, etw. zu tun
prime *f.*	die Prämie
principal/e *adj*	hauptsächlich
priorité *f.*	die Vorfahrt
prise *f.* de fonction	die Amtsübernahme
prise *f.* de photos	das Photographieren
prise *f.* en charge	die Übernahme, das Abholen
prise *f.* nasale	das Schnupfen
prison *f.*	das Gefängnis
privé/e *adj*	privat
prix *m.*	der Preis
probable *adj*	wahrscheinlich
procédé *m.* chimique	chemische Vorgehensweise
procéder	verfahren, vorgehen
procédure *f.*	das Verfahren, die Verfahrensweise
procédure *f.* engagée contre	das gegen ... angestrengte Verfahren
procès-verbal *m.*	das Protokoll, die Vernehmung
prochain/e *adj*	nächste/r/s, kommende/r/s
proche *adj*	nah
proche de	nahe bei
procureur *m.*	der Staatsanwalt
procureur *m.* général	der Generalstaatsanwalt
production *f.*	die Herstellung
produit *m.* stupéfiant	das Rauschmittel
produit *m.*	das Produkt
proéminent/e *adj*	vorspringend
profession *f.*	der Beruf
professionnel, le *adj.*	beruflich
profiter de l'occasion	die Gelegenheit nützen, wahrnehmen
profiter de qc	etw. ausnützen, von etw. profitieren
profond/e *adj*	tief
programme *m.*	das Programm
progression *f.*	die Steigerung

promettre qc	etw. versprechen
promettre qc à qn	jdm. etw. versprechen
proposer qc à qn	jdm. etw. vorschlagen, anbieten
proposition *f.*	der Vorschlag
propriétaire *m.*	der Eigentümer, der Besitzer
propriété *f.*	das Eigentum
proscrire	verwerfen, ablehnen
prostitution *f.*	die Prostitution
protection *f.*	der Schutz
protéger	schützen, beschützen
prouver	beweisen
provençal/e *adj*	provenzalisch
provenir de	stammen von, herkommen von
proviseur *m.*	der Direktor eines staatlichen Gymnasiums
provoquer	hervorrufen, erzeugen
provoquer un accident	einen Unfall verursachen
proxénète *m.*	der Zuhälter
prudence *f.*	die Vorsicht
prudent/e *adj*	vorsichtig
publier qc	etw. veröffentlichen
puis *adv*	dann
puisque	da, weil
puissance *f.*	die Stärke
puits *m.*	der Brunnen
pull-over *m.*	der Pullover
punir qn	jdn. bestrafen
punir d'emprisonnement *m.*	mit Gefängnis bestrafen
punition *f.*	die Bestrafung
pupille *f.*	die Pupille

Q

quadrupler	vervierfachen
qualifier qc de crime	etw. als Verbrechen einstufen
quand	wann
quand *conj*	als, wenn
quand même	trotzdem, dennoch
quantité *f.*	die Menge
quart *m.* d'heure	die Viertelstunde
quartier *m.* chaud	„heißes" Viertel, Stadtviertel mit sozialen Spannungen
que puis-je faire pour vous?	was kann ich für Sie tun?
que	den, die, das (Relativpronomen)
que *conj*	dass
quel/quelle	welche/r/s
quelle direction	welche Richtung
qu'est-ce que vous faites dans la vie?	was machen Sie beruflich?
qu'est-ce que	was (objektivisch)
qu'est-ce qui	was (subjektivisch)
queue *f.* de cheval	der Pferdeschwanz
qui	der/die/das (Relativpronomen)
qui	wer, wen, was
quitter	verlassen
quotidien/ne *adj*	täglich

R

rabatteur *m.*	der Werber, der Drücker
racket *m.*	Erpressung u. Bedrohung durch Gewalt-anwendung
raconter qc à qn	jdm. etwas erzählen
raid/e *adj*	steif
raison *f.*	der Grund, die Vernunft
ralentir	verlangsamen
ramasser qc	etw. aufheben
randonnée *f.*	der Ausflug
rapide *adj*	schnell
rappeler qc	etw. in Erinnerung rufen
rappeler qn	jdn. wiederanrufen
rapport *m.*	die Beziehung, das Verhältnis
rapporter qc	etw. einbringen
rare *adj*	selten, wenig
rasé/e *adj*	rasiert, kahl
rassuré/e *adj*	sicher, beruhigt
rayon *m.*	die Abteilung, der Strahl
recel *m.*	die Hehlerei, die Unterschlagung
receleur *m.*	der Hehler
récemment *adv*	kürzlich
recenser qc	etw. erfassen
recette *f.*	die Einnahme, der Ertrag, das Rezept
recevoir qc	etw. erhalten
recherche *f.*	die Suche, die Fahndung
récidiver	rückfällig werden
réclamer qc	etw. fordern
recommandation *f.*	die Empfehlung
recommander	empfehlen
recommencer qc/à faire qc	etw. wiederanfangen
reconnaissance *f.*	die Anerkennung
reconstituer	wiederherstellen
recouvrir	zudecken
récréation *f.*, récré	die Pause (in der Schule)
reculer	rückwärtsfahren, zurückfahren, zurück-weichen
récupérer qc	wiedererlangen, etw. zurückholen
rédiger qc	etw. verfassen, aufsetzen
redoubler	verdoppeln
réduire	einschränken, reduzieren
réfléchissant/e *adj*	reflektierend
réflexe *m.*	der Reflex
refouler	zurückdrängen
refus *m.*	die Verweigerung
refuser qc	etw. ablehnen, verweigern
regagner qc	*hier:* zurückgehen in/zu
regarder qc	etw. anschauen, betrachten
registre *m.*	das Register
réglement *m.*	die Regelung, die Abrechnung, die Zahlung
réglementation *f.*	die gesetzliche Regelung, die Verordnung
régler qc	etw. regeln
regretter qc	etw. bedauern

régulièrement *adv*	regelmäßig
reine *f.*	die Königin
réitérer	wiederholen
rejoindre qc	etw. erreichen, erlangen
relater qc	etw. berichten
relatif/ve	bezüglich
relation *f.*	die Beziehung, Verbindung
relever	aufheben, sichern
relevé *m.* d'identité	die Erhebung der Personalien
relever l'identité *f.* de qn	jds. Identität feststellen
remarquer qc	etw. bemerken, wahrnehmen, feststellen
remboursement *m.*	die Rückzahlung
rembourser	Kosten erstatten, ersetzen
remercier qn de / pour qc	jdm. für etw. danken
remise *f.*	der Schuppen
remplir	ausfüllen, füllen
rencontre *f.*	das Treffen
rendre qc à qn	jdm. etw. zurückgeben
renfort *m.*	die Verstärkung
renoncer à qc	auf etw. verzichten
renseignement *m.*	die Auskunft, die Angabe
rentrer dans une catégorie	in eine Kategorie gehören
rentrer	heimkehren, nach Hause kommen
renverser qn	jdn. mit einem Fahrzeug anfahren
réparation *f.*	die Reparatur
répartir	verteilen
repas *m.*	das Essen, die Mahlzeit
repasser	*hier:* wieder bekommen (ugs)
répéter qc	etw. wiederholen
répondre à qc	auf etw. antworten, einer Sache entsprechen
reprendre qc	etw. wiederaufnehmen, zurücknehmen
représentant/e *m./f.*	der Vertreter / die Vertreterin, der Stellvertreter / die Stellvertreterin
représenter	repräsentieren, darstellen
répression *f.*	die Repression, Ahndung
reproche *m.*	der Vorwurf
reprocher qc à qn	jdm. etw. vorwerfen
réseau *m.*	das Netz, die Reihe
réserver qc	etw. reservieren
réservoir *m.*	der Tank
résidence *f.* secondaire	der zweite Wohnsitz
résineux/se *adj.*	harzig, harzhaltig
résistance *f.*	der Widerstand
résoudre	lösen
respecter qc	etw. beachten, etw. einhalten, respektieren
respectif/ve *adj*	jeweilig
respectueux/se *adj*	respektvoll, ehrerbietig
responsabilité *f.*	die Verantwortung
responsabilité *f.* civile	die zivilrechtliche Haftung/Verantwortung
responsabilité *f.* pénale	die strafrechtliche Haftung/Verantwortung
responsable *adj* pour	verantwortlich für
responsable *m.*	der Verantwortliche

ressortir de	*hier:* sich herausstellen bei
ressortissant/e *m./f.*	der (Staats-)angehörige, die (Staats-)an-
	gehörige
restauration *f.*	die Instandsetzung, die Ernährung
rester en ligne	*hier:* am Telephonapparat bleiben
résultat *m.*	das Ergebnis
résulter	folgen
résumer qc	etw. zusammenfassen
rétablir qc	etw. wiederherstellen
retenir qn	jdn. zurückhalten
retirer de l'argent m.	*hier:* Geld abheben
retirer	entnehmen
retomber	zurückfallen
retour *m.*	die Rückkehr
retourner	umkehren, zurückfahren
retraite *f.*	der Ruhestand, die Rente
rétrécir	verengen
retroussé/e *adj*	wulstig
retrouver	wiederfinden
rétroviseur *m.*	der Rückspiegel
réunion *f.*	die Versammlung
réussir qc/à faire qc	gelingen etw. zu tun, etw. zustande
	bringen
révéler qc	etw. enthüllen, aufdecken
revendre qc	etw. wiederverkaufen
revenir	wiederkommen, zurückkommen
rêver de qc	von etw. träumen
revolver *m.*	der Revolver
rideau *m.*	der Vorhang
risque *m.*	das Risiko
risquer d'avoir un accident	Gefahr laufen, einen Unfall zu haben
rivière *f.*	der Fluß
robe *f.*	das Kleid
rôder	herumstreichen, sich herumtreiben
rond/e *adj*	rund
rond-point *m.*	der Kreisverkehr
roue *m.*	das Rad
rougeâtre *adj.*	rötlich
rougi/e *adj.*	gerötet
route *f.*	die Straße (Landstraße), die Strecke
rouler en marche-arrière	rückwärts fahren
route *f.* départementale.	die Departementstraße
route *f.* nationale	die Nationalstraße (= Bundesstraße)
roux/sse *adj*	rot(haarig)
rue *f.*	die Straße (innerorts)
rue *f.* principale	die Hauptstraße
ruelle *f.*	die Gasse
ruiner qc	etw. ruinieren

S

S.A.M.U. *m.*	der ärztliche Notdienst, Notarzt
(Service d'aide médicale d'urgence)	
sac *m.*	die Tasche, der Beutel
sac *m.* à dos	der Rucksack

sac *m.* à main	die Handtasche
sac *m.* de terre	die mit Erde gefüllte Tasche
s'accorder	zusammenpassen
sacré/e *adj*	verflucht
s'adresser à qn	sich an jdn. wenden
s'agir de	sich handeln um
sain/e et sauf/ve *adj*	heil und gesund, unversehrt
sais, je ~	ich weiß
saisie *f.*	die Beschlagnahme
salaire *m.* de misère	das Elendsgehalt, der geringe Lohn
salir qc	etw. beschmutzen
salle *f.* de musculation	der Kraftraum
salle *f.* des fêtes	der Festsaal
s'allumer	angehen, aufleuchten
s'améliorer	sich verbessern
sanction *f.* pénale	die Strafmaßnahme, die Strafe, die Bestrafung
sang *m.*	das Blut
sans *prép*	ohne
sans doute	zweifellos
sapeur-pompier *m.*	der Feuerwehrmann
s'appeler	heißen
s'approcher de qc/qn	sich etw./jdm. nähern
s'appuyer sur qc	sich auf etw. stützen
s'arranger avec	sich arrangieren, einigen mit
s'arrêter	anhalten, stehenbleiben
sarrois/e *adj*	saarländisch
satisfaction *f.*	die Befriedigung
sauf	außer
sauver qn	jdn. retten
s'avérer	sich erweisen, sich herausstellen
savoir qc	etw. wissen, etw. können
sceller qc	etw. befestigen
scène *f.*	*hier:* die Begebenheit
schizophrénie *f.*	die Schizophrenie
scrupule *m.*	der Skrupel, das Bedenken
se balader	bummeln (ugs)
se borner à	sich beschränken auf
s'échapper	entfliehen, entkommen
seché/e *adj.*	getrocknet
secours *m.* routier	der Straßendienst
sécrétion *f.*	die Sekretion, die Absonderung
secteur *m.*	das Gebiet
sécurité *m.*	die Sicherheit
sédatif *m.*	das Beruhigungsmittel
se débrouiller avec	zurechtkommen mit, auskommen mit
se déclencher	sich auslösen, losgehen, in Gang kommen
se dégourdir les jambes	sich die Beine vertreten
se diriger	auf etw. zugehen, zufahren, ansteuern
se douter de qc	etw. ahnen
se faire racketer	erpreßt werden
se figurer qc	sich etw. vorstellen
se fournir en qc	sich etw. beschaffen

se garer	anhalten, parken
se laisser emporter	sich fortreißen lassen
se lever	aufstehen
selon	je nach, gemäß
semaine *f.*	die Woche
semblable *adj*	ähnlich
sembler	scheinen
se méfier de qc	sich hüten vor etw.
se multiplier	sich häufen
s'enfuir	entfliehen, die Flucht ergreifen
s'engager dans une rue	einbiegen in eine Straße
s'enrichir	sich bereichern
sens *m.*	der Sinn, der Verstand, die Richtung
sens *m.* giratoire	der Kreisverkehr
sensation *f.*	das Gefühl
sensibilisation *f.*	die Sensibilisierung
sentiment *m.* d'insécurité.	das Gefühl der Unsicherheit
sentinelle *f.*	der Posten, die Wache (Militärsprache)
sentir	fühlen, spüren, empfinden
sentir qc	etw. riechen, nach etw. riechen
sentir bon/mauvais	gut/schlecht riechen
sentir l'alcool *m.*	nach Alkohol riechen
s'envoler	davonfliegen, entschwinden
se livrer à	sich beteiligen an, teilnehmen an
se passer	sich ereignen, sich zutragen
se planquer	untertauchen (ugs)
se prendre pour qn	sich für jdn. halten
se présenter	sich vorstellen
se procurer	sich beschaffen, verschaffen
se produire	sich ereignen
se promener	spazieren
septicémie *f.*	die Blutvergiftung, die Sepsis
se ranger	anhalten, zur Seite fahren
se rappeler qc	sich an etw. erinnern
se référer à	sich beziehen auf
se réintégrer	sich wieder eingliedern
se relever	sich wieder erheben
se rendre à	sich begeben nach/zu
se rendre compte de qc	sich einer Sache bewußt werden
se rendre coupable	sich schuldig machen
serrure *f.*	das Türschloß
serveuse *f.*	die Bedienung
service *m.*	die Dienststelle, die Abteilung, der Dienst
service *m.* de consultation sur la drogue	die Drogenberatungsstelle
service *m.* de dépannage	der Abschleppdienst
serviette *f.* de bain	das Badehandtuch
serviette *f.* éponge	das Frottierhandtuch
servir	dienen
servir de	dienen als
servir qn	jdn. bedienen
se sauver	sich retten, fliehen
se sentir protégé	sich beschützt fühlen
se shooter	sich eine Spritze setzen (ugs)
se situer	sich befinden

se soumettre	sich unterziehen
se souvenir de qc	sich einer Sache erinnern
se stabiliser	sich stabilisieren
s'estomper	verschwimmen, verblassen
se suicider	Selbstmord begehen
se terminer	enden
se tromper	sich verirren, sich irren
se trouver	sich befinden
seul/e *adj*	einzig, allein
seulement *adv*	nur
sévère *adj*	streng
shoot *m.*	der Schuß (ugs)
si	wenn, so, ebenso
SIDA *m.*	Aids
(Syndrome Immuno-Déficitaire Acquis)	
siège *m.*	der Autositz, der Sitz
siège *m.* arrière	der Rücksitz
signal *m.* de priorité	das Vorfahrtszeichen
signal *m.* routier	das Verkehrszeichen
signal *m.* sonore	der Signalton
signalement *m.* (d'une personne)	die (Personen)beschreibung
signaler qc	etw. zeigen, zu erkennen geben
signalisation *f.* routière	die Verkehrsbeschilderung
signature *f.*	die Unterschrift
signe *m.*	das Zeichen
signer qc	etw. unterschreiben
significatif/ve *adj*	bedeutsam, bedeutungsvoll
signification *f.*	die Bedeutung
s'il se peut	falls möglich
silhouette *f.*	die Gestalt
s'imaginer qc	sich etw. vorstellen
s'inquiéter	sich beunruhigen, sorgen
s'installer	sich niederlassen, festsetzen
s'intéresser	sich interessieren
situation *f.*	die Lage
situation *f.* de famille	der Familienstand
SNCF (Société Nationale des Chemins de Fer Français)	franz. Eisenbahngesellschaft
s'occuper de qc	sich kümmern um etw., sich befassen mit etw.
société *f.*	die Gesellschaft
société *f.* d'assurance	der Versicherer, die Versicherungsgesellschaft
société *f.* de sécurité	der Sicherheitsdienst
soeur *f.*	die Schwester
soi *(3.pers.sg.refl.)*	er/sie/es selbst *(betont)*
soif *f.*, avoir soif	der Durst, Durst haben
soigneusement *adv*	sorgfältig
soir *m.*	der Abend
soirée *f.* dansante	der Tanzabend
soit ... soit	entweder ... oder
sol *m.*	der Boden
solitaire *adj*	einsam
soluble *adj*	löslich

somme *f.* comprise	die Gesamtsumme
somme *f.* demandée	die verlangte Summe
somnifère *m.*	das Schlafmittel
somnolence *f.*	die Schläfrigkeit
sondage *m.*	die Erhebung, die Umfrage
sortie *f.*	die Ausfahrt, der Ausgang
sortir	ausgehen, herausfahren, herausgehen
souhaiter la bienvenue à qn	jdn. willkommen heißen
soulever qc	etw. hochheben
souligner qc	etw. unterstreichen, betonen
soupçon *m.*	der Verdacht
soupçonner qn	jdn. verdächtigen
sourcil *m.*	die Augenbraue
sous l'appellation *f.* de	unter der Bezeichnung ...
sous l'empire *f.* de l'ivresse/de l'alcool	unter dem Einfluß von Alkohol
souterrain/e *adj*	unterirdisch
soutien *m.*	die Unterstützung
souvent *adv*	häufig, oft
spécialiste *m.*	der Spezialist
spécifique *adj*	spezifisch
spectacles *f.pl.*	die Vorführungen
spontanéité *f.*	die Spontaneität
stage *m.*	der Lehrgang, der Kurs
stagiaire *m.*	der Lehrgangsteilnehmer
stagnant/e *adj*	stagnierend, stockend
standard *m.*	die Vermittlung (Telephon), die Norm
stationnement *m.*	das Parken
stationnement *m.* alterné	das Parken auf wechselnde Straßenseiten
stationner	parken
station-service *f.*	die Tankstelle
statistique *f.*	die Statistik
statut *m.*	die Satzung
stimulant/e *adj*	anregend
stimulation *f.*	der Ansporn, die Anregung
strictement *adv*	streng
structure *f.*	die Struktur
stupéfiant *m.*	die Droge, das Rauschmittel
style *m.*	der Stil
stylo *m.*	der Füller, der Füllfederhalter
subi/e *adj*	erlitten
substance *f.* de base	die Grundsubstanz
succéder	folgen
suffire	ausreichen, genügen
suffisamment *adv*	genügend
suite *f.*	die Folge
suite à	als Folge des
suivant l'exemple *m.*	nach dem Beispiel
suivant/e *adj*	folgende/s/r
suivre qn	jdm. folgen
suivre	folgen, nachziehen
sujet *m.*	das Thema, der Gegenstand
supérieur/e *adj*	obere/r/s, höhere/r/s
supermarché *m.*	der Supermarkt

supplémentaire *adj*	zusätzlich
supporter qc	etw. ertragen
supposer que	annehmen daß
suppression *f.*	die Beseitigung, die Aufhebung
supprimer qc	etw. beseitigen, etw. abschaffen
suppurant/e *adj.*	eiternd
surdosage *m.*	die Überdosierung
surdose *f.*	die Überdosis
sûreté *f.*	die Sicherheit, die Garantie, die Kripo (in Frankreich)
surexcitation *f.*	die Überreizung, die Übererregtheit
sur le coup	sofort
sur le lieu/sur les lieux (du crime)	vor Ort, an dem Tatort
surprendre qn	jdn. überraschen
sursis *m.*	die Bewährung
surtout *adv*	vor allem
sur un signe	auf ein Zeichen
surveillant *m.*	der Aufseher, die Aufsichtsperson
surveiller qc	etw. überwachen
survenir	auftauchen, eintreten, sich ereignen
survoler qc	etw. überfliegen
susceptible	reizbar, empfindlich
susceptible de *adj*	geeignet zu
susmentionné/e *adj*	oben genannt
suspect *m.*	der Verdächtige
suspecter qn de (faire) qc	jdn. einer Sache verdächtigen
suspension *f.*	die Sperre, die Unterbrechung
suspicion *f.*	der Verdacht
sympathique, sympa *adj*	nett, sympathisch
syncope *f.*	die Bewußtlosigkeit
syndrome *m.*	das Krankheitsbild
synonyme *m.*	das Synonym
synthétique *adj*	künstlich hergestellt
système *m.* d'alarme	das Alarmsystem
système *m.* de sécurité	das Sicherheitssystem
système *m.* de 'Transports Publics'	das öffentliche (Nah-)Verkehrsnetz
système *m.* immunitaire	das Immunsystem

T

T.V.A. (taxe *f.* à la valeur ajoutée)	die Mehrwertsteuer
tabac *m.*	der Tabak
tache *f.*	der Fleck
tâche *f.*	die Aufgabe
tachycardie *f.*	das Herzjagen
taille *f.*	die Größe
taille-douce *f.*	der Stich, Kupferstich *(Bild u. Verfahren)*
talkie-walkie *m.*	das Funkgerät
tant de	soviel
tant pis	macht nichts
taux *m.*	der Gehalt
taux *m.* d'alcoolémie	der Blutalkoholgehalt
taux *m.* d'élucidation	die Aufklärungsquote
taux *m.* de réussite	die Erfolgsziffern

technique *f.* de vol	die Arbeitsweise des Täters beim Diebstahl
tel/telle que	wie zum Beispiel
télécommande *f.* (de télévision)	die Fernbedienung (für das Fernsehen)
télécopie *f.*	das Telefax
téléphoner à qn	jdn. anrufen
téléspectateur/trice	der Fernsehzuschauer, die Fernsehzuschauerin
téléviseur *m.*	der Fernseher
télévision f./télé	der Fernseher
témoignage *f.*	das Zeugnis, die Zeugenaussages
témoin *m.*	der Zeuge
temps *m.*	das Wetter
tendance *f.*	die Tendenz
tendre	reichen, halten
tendre à	darauf abzielen, streben nach
teneur *f.*	der Gehalt
tenir compte de qc	etw. berücksichtigen
tenir qn au courant	jdn. auf dem Laufenden halten
tension *f.*	die Spannung
tension *f.* artérielle	der Blutdruck
tentative *f.*	der Versuch
tenter	versuchen
tenue *f.*	die Kleidung, Uniform
terme *m.*	der Fachbegriff, das Ende, das Ziel
terre-plein *m.* central.	der Mittelstreifen (Autobahn)
terroriser	terrorisieren
terroriste *m./f.*	der Terrorist, die Terroristin
tétanos *m.*	der Wundstarrkrampf
tête *f.*	der Kopf
théâtre *m.*	das Theater
thérapie *f.*	die Therapie
tiers *m.*	das Drittel
tirer	ziehen, schießen
tirer en l'air	in die Luft schießen
tolérance *f.*	die Toleranz
tombée *f.* du jour	der Einbruch der Nacht
tomber	fallen
tomber amoureux de	sich verlieben in
tomber en panne	eine Panne haben
tomber par terre	zu Boden fallen
tomber sur	gelangen an, stoßen, fallen auf
torchon *m.*	der Lappen
torsion *f.*	die Verdrehung, die Verwindung (technisch)
total/e *adj*	völlig, total
toucher à la drogue	Drogen zu sich nehmen
toucher qc	etw. berühren, anfassen, erhalten, treffen
toujours *adv*	immer
tourner	drehen, abbiegen
tournoi *m.* de football	das Fußballturnier
tousser	husten
tout/e *adj*	alle/r/s, ganz/er/e/es
tout *adv*	ganz, völlig

tout d'abord	zuerst
tout de suite	sofort
tout droit	geradeaus
toute la journée	den ganzen Tag
toute la semaine f.	die ganze Woche
toxico m.	Abkürzung von toxicomane
toxicomane m./f.	der/die Drogenabhängige, der/die Rauschgiftsüchtige
trace f.	die Spur, die kriminalistische Spur
trace f. des pneus	die Reifenspur
tracé m.	der Verlauf
traces f. pl. de sang	die Blutspuren
trafic m.	der Schwarzhandel, der Schmuggel, der Verkehr
trafic m. de drogues/de stup/de stupéfiants	der Drogenhandel, der Rauschgifthandel
trafic m. illégal de déchets	die illegale Abfallverschiebung
trafiquant m.	der Schmuggler, der Händler
traîner	herumliegen
trait m.	der Strich, die Linie
traite f. des êtres humains	der Menschenschmuggel, der Menschen-handel
traiter qn	jdn. behandeln
trajet m.	die Strecke
tranquille adj	ruhig
transformer qc	etw. umwandeln
transfrontalier/ière adj	grenzüberschreitend
transmettre qc à qn	jdm. etw. übermitteln
transparence f.	die Durchsichtigkeit
transpiration f.	das Schwitzen
trapu/e adj	gedrungen, untersetzt
travail m. type	die typische Arbeit
travailler	arbeiten
travailler dur	hart arbeiten
travaux m. pl.	die Straßenarbeiten
traverser qc	etw. durchqueren, etw. überqueren
traverser le pont	die Brücke überqueren
trébucher	stolpern
tremblement m.	das Zittern
trentaine, une ~ de	etwa dreißig
tressaillement m.	das Zucken
tressaillement m. musculaire	das Muskelzucken
triangle m. de présignalisation	das Warndreieck
tribunal m.	das Gericht
trop de	zuviel
trottoir m.	der Bürgersteig
trou m.	das Loch
trouble m.	die Störung
trousse f.	das Mäppchen
trouvaille f.	der Fund
trouver	finden
truand m.	der Gangster, der Ganove
tuer qn	jdn töten
tuyau m. d'échappement	der Auspuff
type m.	der Typ, der Kerl

U

un bon paquet	*hier*: ein gutes Stück Geld
un peu de	ein wenig
un sur deux	jeder zweite, einer von zweien
une fois	einmal
unité *f.*	die Einheit
université *f.*	die Universität
urgence *f.*	die Dringlichkeit, der Notfall
usagé/e *adj*	abgenutzt
usager *m.*	der Benutzer
usé/e *adj*	abgearbeitet, abgenützt, verbraucht, abgetragen
usine *f.*	die Fabrik
utile *adj*	nützlich
utiliser qc	etw. benutzen

V

valable du ... au ...	gültig vom ... bis zum ...
valable jusqu'à/au	gültig bis
valeur *f.*	der Wert
valise *f.*	der Koffer
vandalisme *m.*	der Vandalismus
variable *adj*	verschiedenartig
varier	variieren, sich ändern
varier qc	etw. wechseln, variieren
véhicule *m.*	das Fahrzeug
véhicule *m.* accidenté	das verunglückte Fahrzeug
véhicule *m.* en stationnement	abgestelltes Fahrzeug
velu/e *adj*	stark behaart
vendeur/euse *m./f.*	der Verkäufer, die Verkäuferin
vendeur *m.* de drogue	der Drogenhändler
vendeuse *f.*	die Verkäuferin
vendre cher	teuer verkaufen
vendredi	der Freitag
venir	kommen
venir de droite	von rechts kommen
venir de faire qc	soeben etw. getan haben
vente *f.*	der Verkauf
ventre *m.*	der Bauch
verglas *m.*	das Glatteis
vérification *f.* de qc	die Kontrolle, die Überprüfung einer Sache
vérifier le contenu, pour en ~ ~	um dessen Inhalt zu überprüfen
vérifier qc	etw. überprüfen, etw. nachweisen
véritable *adj*	wahr, echt
vérité *f.*	die Wahrheit
vernis *m.*	der Lack
verre *m.* d'eau	das Glas Wasser
verre *m.* de l'amitié	ein Glas auf die Freundschaft
version *f.*	die Version
verso *m.*	die Rückseite
vert/e *adj*	grün
vertèbre *f.*	der Wirbelknochen
veste *f.*	die Jacke

vêtement *m.*	das Kleidungsstück
vêtements *m.pl.*	die Kleider
victime *f.*	das Opfer
vider qc	etw. leeren
vieux, vieil, veille *adj*	alt
village *m.*	das Dorf
village *m.* avoisinant	der Nachbarort
ville *f.* jumelée	die Partnerstadt
vingtaine *f.* une ~	etwa zwanzig
vingt-quatre (24) heures sur 24	24 Stunden am Tag, rund um die Uhr
viol *m.*	die Vergewaltigung
violence *f.*	die Gewalt
violer qn	jdn. vergewaltigen
virage *m.*	die Kurve
virer	eine Kurve fahren, hinauswerfen
virer à droite	rechts abbiegen
virer à gauche	links abbiegen
visage *m.*	das Gesicht
vis à vis	gegenüber
visible *adj*	sichtbar
vision *f.*	das Sehvermögen
visite *f.*	der Besuch
visiter qc	etw. besuchen, untersuchen
visqueux/se *adj.*	zähflüssig
vite *adv*	schnell
vitesse *f.*	die Geschwindigkeit
vitesse *f.* autorisée	die zulässige Geschwindigkeit
vitesse *f.* limitée	die Geschwindigkeitsbegrenzung
vitre *f.*	die Scheibe, die Fensterscheibe
vitrine *f.*	das Schaufenster
vivant isolé/e *adj*	alleinlebend
vivre (de)	leben (von)
voie *f.*	die Fahrbahn
voie *f.* aérienne	der Luftweg
voie *f.* d'accès *m.* à l'autoroute	der Autobahnzubringer
voie *f.* illégale	der illegale Weg
voie *f.* sans issue	die Sackgasse
voie *f.* terrestre	der Landweg
voies *f. pl.* publiques	die öffentlichen Verkehrswege
voies *f. pl.* respiratoires	die Atemwege
voire *adv*	sogar, selbst
voir	sehen
voir le jour	aufkommen
voir notice jointe	s. Anlage
voisin/e *m./f.*	der Nachbar, die Nachbarin
voiture *f.*	der Wagen, das Auto
voiture *f.* d'occasion	der Gebrauchtwagen
voiture *f.* de police banalisée	das zivile Polizeifahrzeug
voix *f.*	die Stimme
vol *m.*	der Diebstahl
vol *m.* à la roulotte	der Diebstahl aus einem Wagen
vol *m.* à l'étalage	der Ladendiebstahl
vol *m.* de véhicule	der Fahrzeugdiebstahl
volant *m.*	das Lenkrad, das Steuer

voler qc	etw. stehlen
voleur *m.*	der Dieb
volontaire *adj*	freiwillig, absichtlich, vorsätzlich
volume *m.*	das Ausmaß
vouloir	wollen
vouloir faire qc	etw. machen wollen
voyage *m.*	die Reise
voyant *m.* rouge	die rote Kontrollampe
voyou *m.*	der Gauner, der Ganove
vrai/e *adj*	wahr, richtig, wirklich, echt
vraiment *adv*	wirklich, tatsächlich

Y

yeux *m. pl.*	die Augen

Z

zone *f.* piétonne	die Fußgängerzone

ENGLISCH FÜR DIE POLIZEI

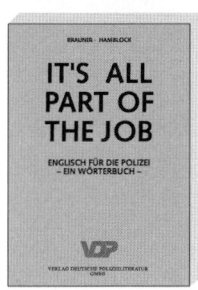

Notizen

Notizen